FECHAMENTO DE BALANÇO
Teoria e Prática

Cleônimo dos Santos

FECHAMENTO DE BALANÇO
Teoria e Prática

4ª Edição

Freitas Bastos Editora

Direitos exclusivos da edição e distribuição em língua portuguesa:

Maria Augusta Delgado Livraria, Distribuidora e Editora

Editor: *Isaac D. Abulafia*

Capa: *Jair Domingos de Sousa*

Diagramação: *Formato Editora e Serviços*

Dados Internacionais de Catalogação na Publicação (CIP) de acordo com ISBD

S237f

    Fechamento de balanço: teoria e prática / Cleônimo dos Santos. –
Rio de Janeiro : Freitas Bastos, 2018.
346 p. ; 23 cm

ISBN: 978-85-7987-332-4

1. Contabilidade. 2. Balanço. 3. Fechamento. I. Título.

2018-1118   CDD 657.3   CDU 657.3

Freitas Bastos Editora

Tel. (21) 2276-4500
freitasbastos@freitasbastos.com
vendas@freitasbastos.com
www. freitasbastos.com

CLEÔNIMO DOS SANTOS é bacharel em Ciências Contábeis, com MBA em Controladoria Estratégica. Professor universitário em cursos de graduação e pós- -graduação. Assessor e consultor de empresas em matéria de Imposto de Renda e Contabilidade.

É autor dos livros:

- *Auditoria Fiscal e Tributária. Depreciação de Bens do Ativo Imobilizado.*
- *Quanto Vale sua Empresa.*
- *PIS E COFINS: como calcular e recolher.*
- *Contribuição Social Sobre o Lucro – Cálculo, Apuração e Recolhimento*
- *Normas contábeis na Prática – Um Guia para o dia a dia das empresas.*
- *Contabilidade Fundamental.*
- *Principais Providências para Fechamento de Balanço.*
- *Auditoria Contábil.*
- *Análise financeira e orçamentária.*

- *Contabilidade Fundamental.*
- *Exame de Suficiência em Contabilidade.*
- *Fechamento de Balanço – Teoria e Prática.*
- *Manual da Demonstração dos Fluxos de Caixa.*
- *Manual das Demonstrações Contábeis.*
- *Contabilidade na Atividade Imobiliária.*
- *Estrutura e Análise de Balanços.*
- *Plano de contas: Uma abordagem prática.*
- *Simples Nacional.*

Apresentação

Ao final de cada ano, o profissional de contabilidade se depara com a necessidade de encerrar a contabilidade.

Naturalmente, para que não ocorram transtornos ou contratempos no encerramento do exercício, é importante que o profissional se preocupe com essa tarefa já no início do ano.

Essa preocupação passa, necessariamente, pela elaboração de um bom plano de contas que atenda perfeitamente as necessidades da empresa .

Um segundo ponto a destacar é a necessidade de comprovação e manutenção da documentação base da escrituração. É fato que muitas empresas não recebem em tempo hábil a documentação para contabilização, o que prejudica a fidedignidade do resultado contábil e fiscal. Portanto, é importante que o profissional não deixe para "cobrar" documentos faltantes na escrituração somente no encerramento do ano. Essa cobrança precisa ser permanente.

Observadas essas orientações preliminares, e que não podem ser deixadas para o final do exercício, pode-se dizer que boa parte do trabalho de fechamento do balanço está concluída.

Procedendo dessa forma, o que restam são "ajustes" que podem ser feitos ao final do ano.

Esses ajustes muitas vezes são decorrentes das conciliações dos saldos contábeis, que consistem no confronto do saldo contábil com uma fonte de informação externa à contabilidade. Por exemplo, saldo bancário conforme extrato fornecido pelo banco e saldo bancário conforme razão contábil.

Outros ajustes decorrem da iniciativa do contador e/ou da necessidade/obrigação da empresa. São exemplos os ajustes referentes à verificação da adequação dos saldos e da constituição das provisões, avaliação de investimento pelo método da equivalência patrimonial, ajustes dos estoques, ajuste a valor presente de direitos e obrigações, entre outras.

Naturalmente, a obra não aborda todos os ajustes, mas pode ser utilizada como uma diretriz inicial para a execução do trabalho.

O autor

Entre com contato com o autor pelo *e-mail*: <cleonimo@hotmail.com>.

Sumário

1

Regras Gerais de Escrituração Contábil

1   INTRODUÇÃO

Engana-se quem pensa que a obrigatoriedade de manutenção da escrita contábil seja uma imposição somente às pessoas jurídicas tributadas com base no lucro real.

A obrigatoriedade da escrita contábil aplica-se a todas as pessoas jurídicas, **sejam elas sociedades ou empresas individuais tributadas com base no lucro real, no lucro presumido ou no Simples Nacional.**

O que devemos ter em mente, sempre, é que a obrigação de manutenção da escrita contábil é uma imposição comercial, e não fiscal.

Essa obrigatoriedade consta claramente do Código Civil, nos seguintes termos:

> *"Art. 1.179. O empresário e a sociedade empresária são obrigados a seguir um sistema de contabilidade, mecanizado ou não, com base na escrituração uniforme de seus livros, em correspondência com a documentação respectiva, e a levantar anualmente o balanço patrimonial e o de resultado econômico."*

NOTA

Existe, porém, uma exceção à regra acima. Trata-se do empresário individual caracterizado como microempresa na forma Lei Complementar nº 123/2006 que aufira receita bruta anual de até R$ 81.000,00 (§ 2º do art. 1.179 do Código Civil, combinado com o art. 68 da Lei Complementar nº 123/2006).

A Lei das Sociedades Anônimas (Lei nº 6.404/1976) também estabelece essa obrigatoriedade fazendo referência explícita à legislação comercial. O *caput* do art. 177 do referido diploma legal assim estabelece:

> *"Art. 177. A escrituração da companhia será mantida em registros permanentes, com obediência aos preceitos da legislação comercial e desta Lei e aos princípios de contabilidade geralmente aceitos, devendo observar métodos ou critérios contábeis uniformes no tempo e registrar as mutações patrimoniais segundo o regime de competência."* [negrito do autor]

Diante desses fatos e considerando a atribuição legal, o Conselho Federal de Contabilidade baixou a Resolução CFC nº 1.330/2011 que estabelece critérios e procedimentos a serem adotados pela entidade para a escrituração contábil de seus fatos patrimoniais, por meio de qualquer processo, bem como a guarda e a manutenção da documentação e de arquivos contábeis e a responsabilidade do profissional da contabilidade.

2 QUEM DEVE ADOTAR A ESCRITURAÇÃO CONTÁBIL SEGUNDO O CFC

A escrituração contábil deve ser adotada por todas as entidades, independente da natureza e do porte, na elaboração da escrituração contábil, observadas as exigências da legislação e de outras normas aplicáveis, se houver.

3 Formalidades da escrituração contábil

A escrituração contábil deve ser realizada com observância aos Princípios de Contabilidade.

O nível de detalhamento da escrituração contábil deve estar alinhado às necessidades de informação de seus usuários. Nesse sentido, esta Interpretação não estabelece o nível de detalhe ou mesmo sugere um plano de contas a ser observado.

3.1 Detalhamento da escrituração contábil

O detalhamento dos registros contábeis é diretamente proporcional à complexidade das operações da entidade e dos requisitos de informação a ela aplicáveis e, exceto nos casos em que uma autoridade reguladora assim o requeira, não devem necessariamente observar um padrão predefinido.

A escrituração contábil deve ser executada:

a) em idioma e em moeda corrente nacionais;

b) em forma contábil;

c) em ordem cronológica de dia, mês e ano;

d) com ausência de espaços em branco, entrelinhas, borrões, rasuras ou emendas; e

e) com base em documentos de origem externa ou interna ou, na sua falta, em elementos que comprovem ou evidenciem fatos contábeis.

3.2 Detalhes do lançamento contábil

A escrituração em forma contábil (lançamento contábil) deve conter, no mínimo:

a) data do registro contábil, ou seja, a data em que o fato contábil ocorreu;

b) conta devedora;

c) conta credora;

d) histórico que represente a essência econômica da transação ou o código de histórico padronizado; neste caso, baseado em tabela auxiliar inclusa em livro próprio;

e) valor do registro contábil;

f) informação que permita identificar, de forma unívoca, todos os registros que integram um mesmo lançamento contábil.

3.3 Formalidades intrínsecas do lançamento contábil

O registro contábil deve conter o número de identificação do lançamento em ordem sequencial relacionado ao respectivo documento de origem externa ou interna ou, na sua falta, em elementos que comprovem ou evidenciem fatos contábeis.

A terminologia utilizada no registro contábil deve expressar a essência econômica da transação.

4 FORMALIDADES EXTRÍNSECAS DOS LIVROS CONTÁBEIS

Os livros contábeis obrigatórios, entre eles o livro Diário e o livro Razão, em forma não digital, devem revestir-se de formalidades extrínsecas, tais como:

a) serem encadernados;

b) terem suas folhas numeradas sequencialmente;

c) conterem termo de abertura e de encerramento assinados pelo titular ou representante legal da entidade e pelo profissional da contabilidade regularmente habilitado no Conselho Regional de Contabilidade.

5   Formalidades extrínsecas dos livros contábeis

Os livros contábeis obrigatórios, entre eles o livro Diário e o livro Razão, em forma digital, devem revestir-se de formalidades extrínsecas, tais como:

a) serem assinados digitalmente pela entidade e pelo profissional da contabilidade regularmente habilitado;

b) quando exigível por legislação específica, serem autenticados no registro público ou entidade competente.

Os livros ou fichas do Diário, bem como os livros auxiliares deverão conter termos de abertura e de encerramento, e ser submetidos à autenticação no órgão competente. Tal obrigatoriedade consta expressamente do Decreto-lei 486/69, art. 5, § 2º).

Isso se aplica tanto aos livros convencionais (papel) e digitais.

6 UTILIZAÇÃO DE CÓDIGOS E ABREVIATURAS

Admite-se o uso de códigos e/ou abreviaturas, nos históricos dos lançamentos, desde que permanentes e uniformes, devendo constar o significado dos códigos e/ou abreviaturas no livro Diário ou em registro especial revestido das formalidades extrínsecas acima comentadas.

7 RESPONSABILIDADE PELA ESCRITURAÇÃO

A escrituração contábil e a emissão de relatórios, peças, análises, demonstrativos e demonstrações contábeis são de atribuição e de responsabilidade exclusivas do profissional da contabilidade legalmente habilitado.

8 TRANSCRIÇÃO DAS DEMONSTRAÇÕES CONTÁBEIS NO LIVRO DIÁRIO

As demonstrações contábeis devem ser transcritas no livro Diário, completando-se com as assinaturas do titular ou de representante legal da entidade e do profissional da contabilidade legalmente habilitado.

9 ASPECTOS GERAIS SOBRE LIVRO DIÁRIO E LIVRO RAZÃO

No livro Diário, devem ser lançadas, em ordem cronológica, com individualização, clareza e referência ao documento probante, todas as operações ocorridas, e quaisquer outros fatos que provoquem variações patrimoniais.

Quando o livro Diário e o livro Razão forem gerados por processo que utilize fichas ou folhas soltas, deve ser adotado o registro "Balancetes Diários e Balanços".

No caso de a entidade adotar processo eletrônico ou mecanizado para a sua escrituração contábil, os formulários de folhas soltas devem ser numerados mecânica ou tipograficamente e encadernados em forma de livro.

Na hipótese de escrituração contábil em forma digital, não há necessidade de impressão e encadernação em forma de livro, porém, o arquivo magnético autenticado pelo registro público competente deve ser mantido pela entidade.

Os registros auxiliares, quando adotados, devem obedecer aos preceitos gerais da escrituração contábil.

A entidade é responsável pelo registro público de livros contábeis em órgão competente e por averbações exigidas pela legislação de recuperação judicial, sendo atribuição do profissional de contabilidade a comunicação formal dessas exigências à entidade.

10 ESCRITURAÇÃO CONTÁBIL DE FILIAL

A entidade que tiver unidade operacional ou de negócios, quer como filial, agência, sucursal ou assemelhada, e que optar por sistema de escrituração descentralizado, deve ter registros contábeis que permitam a identificação das transações de cada uma dessas unidades.

A escrituração de todas as unidades deve integrar um único sistema contábil.

A opção por escrituração descentralizada fica a critério da entidade.

Na escrituração descentralizada, deve ser observado o mesmo grau de detalhamento dos registros contábeis da matriz.

As contas recíprocas relativas às transações entre matriz e unidades, bem como entre estas, devem ser eliminadas quando da elaboração das demonstrações contábeis da entidade.

As despesas e as receitas que não possam ser atribuídas às unidades devem ser registradas na matriz e distribuídas para as unidades de acordo com critérios da administração da entidade.

11 DOCUMENTAÇÃO CONTÁBIL

Documentação contábil é aquela que comprova os fatos que originam lançamentos na escrituração da entidade e compreende todos os documentos, livros, papéis, registros e outras peças, de origem interna ou externa, que apoiam ou componham a escrituração.

A documentação contábil é hábil quando revestida das características intrínsecas ou extrínsecas essenciais, definidas na legislação, na técnica-contábil ou aceitas pelos "usos e costumes".

Os documentos em papel podem ser digitalizados e armazenados em meio magnético, desde que assinados pelo responsável pela entidade e pelo profissional da contabilidade regularmente habilitado, devendo ser submetidos ao registro público competente.

12 CONTAS DE COMPENSAÇÃO

Contas de compensação constituem sistema próprio para controle e registro dos fatos relevantes que resultam em assunção de direitos e obrigações da entidade cujos efeitos materializar-se-ão no futuro e que possam se traduzir em modificações no patrimônio da entidade.

Exceto quando de uso mandatório por ato de órgão regulador, a escrituração das contas de compensação não é obrigatória.

Nos casos em que não forem utilizadas, a entidade deve assegurar-se de que possui outros mecanismos que permitam acumular as informações que de outra maneira estariam controladas nas contas de compensação.

13 RETIFICAÇÃO DE LANÇAMENTO CONTÁBIL

Retificação de lançamento é o processo técnico de correção de registro realizado com erro na escrituração contábil da entidade e pode ser feito por meio de:

a) estorno;

b) transferência; e

c) complementação.

Em qualquer das formas acima citadas, o histórico do lançamento deve precisar o motivo da retificação, a data e a localização do lançamento de origem.

O estorno consiste em lançamento inverso àquele feito erroneamente, anulando-o totalmente.

Lançamento de transferência é aquele que promove a regularização de conta indevidamente debitada ou creditada, por meio da transposição do registro para a conta adequada.

Lançamento de complementação é aquele que vem posteriormente complementar, aumentando ou reduzindo o valor anteriormente registrado.

Os lançamentos realizados fora da época devida devem consignar, nos seus históricos, as datas efetivas das ocorrências e a razão do registro extemporâneo.

14 ADOÇÃO INICIAL DA LEI Nº 12.973/2014, APURAÇÃO DO IRPJ/CSL E EXTINÇÃO DO RTT

Por meio Instrução Normativa RFB nº 1.469/2014 – DOU 1 de 29.05.2014, a Secretaria da Receita Federal do Brasil (RFB) estabeleceu as regras para a opção pela aplicação, no ano-calendário de 2014, das disposições constantes da Lei nº 12.973/2014, conforme previsão em seu art. 75.

Referida lei altera a legislação tributária federal relativa ao Imposto de Renda Pessoa Jurídica (IRPJ), à Contribuição Social sobre o Lucro (CSL), à contribuição para o PIS-Pasep e à revogação do regime tributário de transição (RTT), instituído pela Lei nº 11.941/2009.

De uma forma geral, a referida IN estabeleceu que a pessoa jurídica pôde optar pela aplicação, para o ano-calendário de 2014, das disposições contidas nos seguintes dispositivos da Lei nº 12.973/2014:

a) arts. 1º, 2º e 4º a 70, que alteram diversos dispositivos da legislação tributária federal; e

b) arts. 76 a 92, que dispõem sobre a tributação em bases universais.

Caso a empresa não tenha feito a opção o RTT será mantido para o ano calendário de 2014. Já a partir de 2015 a adoção das normas da Lei nº 12.973/2014 passou a ser obrigatória.

14.1 Opção

As opções acima são independentes e deverão ser manifestadas na Declaração de Débitos e Créditos Tributários Federais (DCTF).

Observa-se que o exercício da opção não produzirá efeito quando a entrega da DCTF ocorrer fora do prazo.

14.2 "Mecânica" das apurações do IRPJ e da CSL – breve histórico

Até a edição da Lei nº 11.941/2009 (instituidora do RTT), tínhamos a seguinte situação para fins de apuração do IRPJ e da Contribuição Social sobre o Lucro:

> Lucro contábil (padrão 2007)
>
> (±) Ajustes no Lalur
>
> (=) Lucro tributável

Com a edição da Lei nº 11.941 a legislação comercial passou a observar as normas internacionais de contabilidade. No entanto, o aparato fiscal não era adequado para recepcionar as alterações. É nesse momento que surge a necessidade da criação do RTT, até que o fisco alinhasse a legislação fiscal com as novas normas contábeis. Deste modo, a partir da edição da Lei nº 11.941/2009 passamos a ter uma situação especial para fins de apuração do lucro tributável. A situação estava assim estruturada:

> Lucro contábil (padrão IFRS)
>
> (±) Ajustes RTT/Fcont
>
> (=) Lucro contábil (padrão 2007)
>
> (±) Ajustes no Lalur
>
> (=) Lucro tributável.

Como se observa, o RTT teve (e tem para os não optantes em 2014) como principal função trazer a contabilidade das empresas para o padrão 2007, que era o padrão que a legislação fiscal "entendia" e aceitava.

Agora, com a edição da Lei nº 12.973/2014, a legislação fiscal passou a acompanhar a legislação comercial, ou seja, passou a admitir, formalmente, a existência e aplicação das normas internacionais. Desse modo, a partir da edição da referida lei os "ajustes RTT/Fcont" passaram a ser desnecessários na apuração do lucro tributável para os optantes pelas novas normas a partir de 2014. Deste modo, a partir de 2014 para os optantes e a partir de 2015 para todas as empresas passou-se a ter a seguinte configuração na apuração do lucro tributável:

> Lucro contábil (padrão IFRS)
>
> (+-) Ajustes no e-Lalur
>
> (=) Lucro tributável

Do exposto, temos que a partir da edição da Lei nº 12.973/2014, a legislação fiscal passou a "aceitar" e "entender" a nova contabilidade (padrão IFRS).

14.3 Saldos de RTT em 31.12.2013 ou 31.12.2014

Vimos anteriormente que a adoção das regras da Lei nº 12.973/2014 pôde, por opção, ser aplicada já em 2014 e, obrigatoriamente, a partir de 2015.

Diante dessa situação haverá diferenças positivas e negativas em relação às contas do ativo e do passivo proveniente da aplicação das "novas regras" contábeis, tais como ajuste a valor presente, ajuste a valor justo, etc.

Sobre essas diferenças a Lei 12.973/2014 se pronunciou no seguinte sentido:

- **Art. 66**: A diferença positiva entre o valor de ativo e a diferença negativa no valor do passivo mensurado de acordo com as disposições da Lei nº 6.404, de 1976, e o valor mensurado pelos métodos e critérios vigentes em 31 de dezembro de 2007, deve ser adicionada na determinação do lucro real e da base de cálculo da CSLL, **salvo se o contribuinte evidenciar contabilmente essa diferença em subconta vinculada ao ativo**, para ser adicionada à medida de sua realização, inclusive mediante depreciação, amortização, exaustão, alienação ou baixa.

- **Art. 67**: A diferença negativa entre o valor de ativo e a diferença positiva no valor do passivo mensurado de acordo com as disposições da Lei nº 6.404, de 1976, e o valor mensurado pelos métodos e critérios vigentes em 31 de dezembro de 2007, não poderá ser excluída na determinação do lucro real e da base de cálculo da CSLL, **salvo se o contribuinte evidenciar contabilmente essa diferença em subconta vinculada ao ativo** para ser excluída à medida de sua realização, inclusive mediante depreciação, amortização, exaustão, alienação ou baixa.

Na prática isso significa dizer que as diferenças provenientes da aplicação das "novas normas" contábeis em relação às normas aplicáveis até 2007 para não causarem reflexos fiscais deverão ser passíveis de rastreamento na contabilidade.

14.3.1 Alguns exemplos

› **Ajuste a Valor Justo**

O valor positivo e negativo deverá ser segregado em subcontas distintas vinculadas aos respectivos ativos e passivos.

O ganho (ajuste positivo) computado no lucro real pela realização de ativos (depreciação, amortização, exaustão, alienação ou baixa) ou liquidação do passivo será tributado de imediato se o ajuste a valor justo não for controlado em conta específica.

A perda (ajuste negativo) será dedutível pela realização do ativo (depreciação, amortização, exaustão, alienação ou baixa) ou liquidação ou baixa do passivo. A perda não será dedutível caso não seja feito o controle em subconta específica.

› **Ajuste a Valor Presente (AVP)**

Direitos: o AVP deve ser computado na determinação do lucro real no mesmo período em que a receita ou resultado da operação for oferecido à tributação. A receita deve ser computada pelo valor integral, conforme documento fiscal (NF)

Obrigações: o AVP deve ser computado na determinação do lucro real no período em que:

- o bem for revendido;
- o bem for utilizado como insumo na produção de bens ou serviços;
- se der a realização do ativo (via depreciação, exaustão, amortização, alienação ou baixa);
- a despesa for incorrida; e
- o custo for incorrido.

A despesa será computada com base em seu valor "integral" conforme documentos fiscais.

2

Critérios e Procedimentos para a Escrituração Contábil

1 INTRODUÇÃO

Com a publicação da Resolução CFC nº 1.330/2011, que aprovou a ITG 2000 – Escrituração Contábil, foram estabelecidos os novos critérios e procedimentos a serem adotados pela entidade para a escrituração contábil de seus fatos patrimoniais. Nota-se que a escrituração, no âmbito da contabilidade, pode ser efetuada por meio de qualquer processo.

Também foram estabelecidas regras para guarda e manutenção da documentação e de arquivos contábeis, além de estabelecida a responsabilidade do profissional da contabilidade.

2   Aplicação

As normas estabelecidas neste capítulo devem ser adotadas por todas as entidades, independente da natureza e do porte, na elaboração da escrituração contábil, observadas as exigências da legislação e de outras normas aplicáveis, se houver.

3   Formalidades da escrituração contábil

A escrituração contábil deve ser realizada com observância aos Princípios de Contabilidade.

O nível de detalhamento da escrituração contábil deve estar alinhado às necessidades de informação de seus usuários.

Nesse sentido, oficialmente, os órgãos contábeis não estabelecem nível de detalhe ou mesmo sugere um plano de contas a ser observado.

Portanto, o detalhamento dos registros contábeis é diretamente proporcional à complexidade das operações da entidade e dos requisitos de informação a ela aplicáveis e, exceto nos casos em que uma autoridade reguladora assim o requeira, não devem necessariamente observar um padrão predefinido.

4 CRITÉRIOS GERAIS DA ESCRITURAÇÃO CONTÁBIL

A escrituração contábil deve ser executada:

a) em idioma e em moeda corrente nacionais;

b) em forma contábil;

c) em ordem cronológica de dia, mês e ano;

d) com ausência de espaços em branco, entrelinhas, borrões, rasuras ou emendas; e

e) com base em documentos de origem externa ou interna ou, na sua falta, em elementos que comprovem ou evidenciem fatos contábeis.

4.1 Escrituração em forma contábil

A escrituração em forma contábil referida na letra "b" do item 4 deve conter, no mínimo:

a) data do registro contábil, ou seja, a data em que o fato contábil ocorreu;

b) conta devedora;

c) conta credora;

d) histórico que represente a essência econômica da transação ou o código de histórico padronizado; neste caso, baseado em tabela auxiliar inclusa em livro próprio;

e) valor do registro contábil;

f) informação que permita identificar, de forma unívoca, todos os registros que integram um mesmo lançamento contábil.

Nota-se que o registro contábil deve conter o número de identificação do lançamento em ordem sequencial relacionado ao respectivo documento de origem externa ou interna ou, na sua falta, em elementos que comprovem ou evidenciem fatos contábeis.

A terminologia utilizada no registro contábil deve expressar a essência econômica da transação.

Exemplo de lançamento contábil:

Lançamento nº 25
D – Fornecedor "A"   10.000,00
C – Bancos Conta Movimento – Banco Rentável S.A.   10.000,00
Pagamento ao fornecedor "A" nessa data, referente a sua duplicata nº 789, por meio do cheque nº 123.456 do Banco Rentável S.A.
........., 09 de agosto de 20x1

5   FORMALIDADES EXTRÍNSECAS DOS LIVROS CONTÁBEIS OBRIGATÓRIOS

5.1   Livros "convencionais" (em forma não digital)

Os livros contábeis obrigatórios, entre eles o livro Diário e o livro Razão, em forma não digital, devem revestir-se de formalidades extrínsecas, tais como:

a) serem encadernados;

b) terem suas folhas numeradas sequencialmente;

c) conterem termo de abertura e de encerramento assinados pelo titular ou representante legal da entidade e pelo profissional da contabilidade regularmente habilitado no Conselho Regional de Contabilidade.

5.2 Livros em forma digital

Os livros contábeis obrigatórios, entre eles o livro Diário e o livro Razão, em forma digital, devem revestir-se de formalidades extrínsecas, tais como:

a) serem assinados digitalmente pela entidade e pelo profissional da contabilidade regularmente habilitado;

b) serem autenticados no registro público competente.

5.3 Utilização de códigos e abreviaturas

Admite-se o uso de códigos e/ou abreviaturas, nos históricos dos lançamentos, desde que permanentes e uniformes, devendo constar o significado dos códigos e/ou abreviaturas no livro Diário ou em registro especial revestido das formalidades extrínsecas de que tratam os subitens 5.1 e 5.2.

6 Atribuições e responsabilidades do contabilista

A escrituração contábil e a emissão de relatórios, peças, análises, demonstrativos e demonstrações contábeis são de atribuição e de responsabilidade exclusivas do profissional da contabilidade legalmente habilitado.

7 TRANSCRIÇÃO DAS DEMONSTRAÇÕES CONTÁBEIS NO LIVRO DIÁRIO

As demonstrações contábeis devem ser transcritas no livro Diário, completando-se com as assinaturas do titular ou de representante legal da entidade e do profissional da contabilidade legalmente habilitado.

8 ASPECTOS GERAIS SOBRE O LIVRO DIÁRIO E O LIVRO RAZÃO

No livro Diário, devem ser lançadas, em ordem cronológica, com individualização, clareza e referência ao documento probante, todas as operações ocorridas, e quaisquer outros fatos que provoquem variações patrimoniais.

Quando o livro Diário e o livro Razão forem gerados por processo que utilize fichas ou folhas soltas, deve ser adotado o registro "Balancetes Diários e Balanços".

8.1 Adoção de processo eletrônico ou mecanizado e escrituração em forma digital

No caso da entidade adotar processo eletrônico ou mecanizado para a sua escrituração contábil, os formulários de folhas soltas devem ser numerados mecânica ou tipograficamente e encadernados em forma de livro.

Na hipótese de escrituração contábil em forma digital, não há necessidade de impressão e encadernação em forma de livro, porém, o arquivo magnético autenticado pelo registro público competente deve ser mantido pela entidade.

NOTAS

1) Os registros auxiliares, quando adotados, devem obedecer aos preceitos gerais da escrituração contábil.

2) A entidade é responsável pelo registro público de livros contábeis em órgão competente e por averbações exigidas pela legislação de recuperação judicial, sendo atribuição do profissional de contabilidade a comunicação formal dessas exigências à entidade.

8.2 Escrituração contábil de filial

A entidade que tiver unidade operacional ou de negócios, quer como filial, agência, sucursal ou assemelhada, e que optar por sistema de escrituração descentralizado, deve ter registros contábeis que permitam a identificação das transações de cada uma dessas unidades.

A escrituração de todas as unidades deve integrar um único sistema contábil e a opção por escrituração descentralizada fica a critério da entidade.

Na escrituração descentralizada, deve ser observado o mesmo grau de detalhamento dos registros contábeis da matriz.

As contas recíprocas relativas às transações entre matriz e unidades, bem como entre estas, devem ser eliminadas quando da elaboração das demonstrações contábeis da entidade.

As despesas e as receitas que não possam ser atribuídas às unidades devem ser registradas na matriz e distribuídas para as unidades de acordo com critérios da administração da entidade.

9   CARACTERÍSTICAS E ARMAZENAMENTO DA DOCUMENTAÇÃO CONTÁBIL

Documentação contábil é aquela que comprova os fatos que originam lançamentos na escrituração da entidade e compreende todos os documentos, livros, papéis, registros e outras peças, de origem interna ou externa, que apoiam ou componham a escrituração.

A documentação contábil é hábil quando revestida das características intrínsecas ou extrínsecas essenciais, definidas na legislação, na técnica-contábil ou aceitas pelos "usos e costumes".

Os documentos em papel podem ser digitalizados e armazenados em meio magnético, desde que assinados pelo responsável pela entidade e pelo profissional da contabilidade regularmente habilitado, devendo ser submetidos ao registro público competente.

10   CONTAS DE COMPENSAÇÃO

Contas de compensação constituem sistema próprio para controle e registro dos fatos relevantes que resultam em assunção de direitos e obrigações da entidade cujos efeitos materializar-se-ão no futuro e que possam se traduzir em modificações no patrimônio da entidade.

Exceto quando de uso mandatório por ato de órgão regulador, a escrituração das contas de compensação não é obrigatória.

Nos casos em que não forem utilizadas, a entidade deve assegurar-se de que possui outros mecanismos que permitam acumular as informações que de outra maneira estariam controladas nas contas de compensação.

10.1   Comentários sobre a utilização das notas explicativas

As notas explicativas normalmente são utilizadas como mecanismo substitutivo das contas de compensação.

O § 4º do art. 176 da Lei nº 6.404/1976 dispõe que as demonstrações financeiras devem ser complementadas por notas explicativas e outros quadros analíticos ou demonstrações contábeis necessários para esclarecimento da situação patrimonial e dos resultados do exercício.

Criou-se, assim, durante algum tempo, a impressão equivocada de que a legislação comercial teria "substituído" as contas de compensação pelas notas explicativas.

Com efeito, as contas de compensação permanecem como um sistema eficaz de controle que não se incompatibiliza com as notas explicativas – ao contrário, fornece subsídios para a elaboração destas.

10.2 Exemplos de eventos controláveis em contas de compensação

10.2.1 Bens em poder de terceiros

A não contabilização, por meio de contas patrimoniais, do valor da matéria-prima remetida a terceiros para industrialização, implica a manutenção de um controle que pode ser feito em contas de compensação, as quais registrarão toda a movimentação de saída e de retorno, apontando o saldo existente no almoxarifado do industrializador.

Idêntico procedimento poderá ser adotado quando houver remessas em consignação, mercadorias remetidas para demonstração, empréstimos de bens (matérias-primas, máquinas, etc.) ou por ocasião do envio de máquinas, equipamentos, ferramentas ou veículos para conserto.

10.2.2 Fianças, avais, etc.

Fianças a favor de terceiros, títulos de favor, avais, etc. constituem eventos suscetíveis de controle, sobretudo pelas suas possíveis repercussões.

O registro e o controle por meio das contas de compensação, nesses casos, chega a representar um imperativo de boa organização e de técnica contábil e realça a utilidade dessas contas.

10.2.3 Seguros contratados

Se a escrita apenas registrar os prêmios de seguros, não conterá elementos para uma avaliação sobre a adequada cobertura do patrimônio empresarial.

Mais uma vez, as contas de compensação apresentam-se como solução, se registrarem os diversos valores segurados, com a vantagem de mencionar pormenores contratuais em seus históricos.

10.3 Posicionamento das contas de compensação no balanço patrimonial

As contas de compensação posicionam-se, no Balanço Patrimonial, logo após as contas do Ativo e do Passivo. Seus valores totais não podem ser adicionados aos totais destes.

Não se recomenda a soma dos totais (do sistema patrimonial e do extrapatrimonial) porque, como já referido, o segundo registra fatos cujos efeitos ainda não causaram, efetivamente, modificações no patrimônio da entidade.

10.4 Modelo de plano de contas de compensação

Um plano de contas de compensação pode ter a seguinte configuração (este modelo, naturalmente, não é exaustivo):

Contas de Compensação Ativas	Contas de Compensação Passivas
Contratos e Empenhos	**Contratos e Empenhos**
Seguros Contratados	Contratos de Seguros
Arrendamentos Mercantis Contratados	Contratos de Arrendamentos Mercantis
Riscos e Ônus Patrimoniais	**Riscos e Ônus Patrimoniais**
Títulos Avalizados	Avais Concedidos
Títulos Endossados	Endossos para Descontos
Imóveis Hipotecados	Hipotecas de Imóveis
Operações com Materiais Próprios	**Operações com Materiais Próprios**
Materiais Remetidos para Industrialização	Remessas para Industrialização
Materiais Remetidos para Conserto	Remessas para Conserto
Mercadorias Emprestadas	Remessas de Mercadorias por Empréstimo
Mercadorias Remetidas para Demonstração	Remessas de Mercadorias para Demonstração
Bens Cedidos em Comodato	Remessas de Bens em Comodato
Operações com Materiais de Terceiros	**Operações com Materiais de Terceiros**
Entradas para Industrialização	Materiais Recebidos para Industrialização
Entradas para Conserto	Materiais Recebidos para Conserto
Entradas de Mercadorias por Empréstimo	Mercadorias Emprestadas
Entradas para Demonstração	Mercadorias Recebidas para Demonstração
Bens Recebidos em Comodato	Mercadorias Recebidas em Comodato

10.5 Exemplos de registro de eventos

10.5.1 Registro e baixa de contratos e empenhos

Pela contratação de seguro contra incêndio:

Débito	SEGUROS CONTRATADOS	
Crédito	CONTRATOS DE SEGUROS	
Seguro ramo incêndio (sobre matéria-prima) contratado com a Cia. de Seguros "Y", conforme apólice nº 619.491, com vigência de ..... a	2.500,00	

Pela baixa de apólice de seguro (por ocasião de seu vencimento):

Débito	CONTRATOS DE SEGUROS	
Crédito	SEGUROS CONTRATADOS	
Baixa de seguro ramo incêndio (sobre matéria-prima) contratado com a Cia. de Seguros "Y", conforme apólice nº 619.491, que vigorou pelo período de ..... a	2.500,00	

10.5.2 Registro e baixa de valores constitutivos de riscos e ônus patrimoniais

Registro de contrato de hipoteca de imóvel:

Débito	IMÓVEIS HIPOTECADOS	
Crédito	HIPOTECAS DE IMÓVEIS	
Valor de nosso prédio industrial, hipotecado conforme contrato com o Banco Delta S.A.	1.000.000,00	

Registro do levantamento da hipoteca:

Débito	HIPOTECAS DE IMÓVEIS	
Crédito	IMÓVEIS HIPOTECADOS	
Pelo levantamento da hipoteca efetuada com o Banco Delta S.A.	1.000,000,00	

10.5.3 Registro de valores relativos a operações com materiais próprios

Pela remessa de matéria-prima a fornecedor para industrialização:

Débito	MATERIAIS REMETIDOS PARA INDUSTRIALIZAÇÃO	
Crédito	REMESSAS PARA INDUSTRIALIZAÇÃO	
Valor referente a 15 toneladas de matéria-prima remetidas nesta data à Indústria de Plástico Gama Ltda., conforme nota fiscal nº 1.614, para industrialização		210.000,00

Registro do retorno de parte da matéria-prima remetida para industrialização:

Débito	REMESSAS PARA INDUSTRIALIZAÇÃO	
Crédito	MATERIAIS REMETIDOS PARA INDUSTRIALIZAÇÃO	
Retorno de 5 toneladas, já industrializadas, de matéria-prima, conforme nota fiscal nº 618 da Indústria de Plástico Gama Ltda., desta data		70.000,00

11 RETIFICAÇÃO DE LANÇAMENTO CONTÁBIL

Retificação de lançamento é o processo técnico de correção de registro realizado com erro na escrituração contábil da entidade e pode ser feito por meio de:

a) estorno;

b) transferência; e

c) complementação.

Em qualquer das formas citadas acima, o histórico do lançamento deve precisar o motivo da retificação, a data e a localização do lançamento de origem.

Os lançamentos realizados fora da época devida devem consignar, nos seus históricos, as datas efetivas das ocorrências e a razão do registro extemporâneo.

11.1 Estorno

O estorno consiste em lançamento inverso àquele feito erroneamente, anulando-o totalmente.

11.2 Transferência

Lançamento de transferência é aquele que promove a regularização de conta indevidamente debitada ou creditada, por meio da transposição do registro para a conta adequada.

11.3 Complementação

Lançamento de complementação é aquele que vem posteriormente complementar, aumentando ou reduzindo o valor anteriormente registrado.

3

Princípios de Contabilidade

Em outubro de 2016, a comunidade contábil foi abalada pela revogação da Resolução CFC nº 750/1993 que tratava dos princípios contábeis o que levou muitos a pensar que os princípios contábeis estariam extintos.

A revogação se deu por meio da Norma Brasileira de Contabilidade Aplicada ao Setor Público (NBC TSP) – Estrutura Conceitual.

Pouco tempo depois, o Conselho Federal de Contabilidade emitiu nota (ver íntegra em: <http://cfc.org.br/noticias/revogacao-da-resolucao--no-7501993-contexto-e-consideracoes/>) na qual esclarece com muita propriedade que a revogação da Resolução nº 750/1993, não significa que os Princípios de Contabilidade estejam extintos e conclui que a revogação das resoluções visa à unicidade conceitual, indispensável para evitar divergências na concepção doutrinária e teórica, que poderiam comprometer aspectos formais das Normas Brasileiras de Contabilidade (NBCs).

Ao instrumentalizar sua nota, o CFC esclareceu que os Princípios de Contabilidade, sob o ponto de vista das Estruturas Conceituais dos setores privado e público, passaram a ser comportados dentro das normas específicas, respectivamente, a NBC TG Estrutura Conceitual (Resolução nº 1.374/2011) e NBC TSP Estrutura Conceitual, o que tornou necessária a revogação da Resolução nº 750/1993, para evitar eventual conflito de referência conceitual.

Na prática, esse foi mais um passo dado na inserção do Brasil no padrão internacional.

Abaixo é feito o cotejo entre a Resolução CFC 750/1993 (e alterações posteriores) e a NBC TG ESTRUTURA CONCEITUAL – Estrutura

Conceitual para Elaboração e Divulgação de Relatório Contábil-Financeiro e/ou a NBC TSP ESTRUTURA CONCEITUAL – Estrutura Conceitual para Elaboração e Divulgação de Informação Contábil de Propósito Geral pelas Entidades do Setor Público NBC SP EC.

1   PRINCÍPIO DA ENTIDADE

Sobre esse princípio, o art. 4º da Resolução CFC nº 750/1993 assim dispõe:

> *"Art. 4º O Princípio da ENTIDADE reconhece o Patrimônio como objeto da Contabilidade e afirma a autonomia patrimonial, a necessidade da diferenciação de um Patrimônio particular no universo dos patrimônios existentes, independentemente de pertencer a uma pessoa, um conjunto de pessoas, uma sociedade ou instituição de qualquer natureza ou finalidade, com ou sem fins lucrativos. Por conseqüência, nesta acepção, o Patrimônio não se confunde com aqueles dos seus sócios ou proprietários, no caso de sociedade ou instituição.*
>
> *Parágrafo único – O PATRIMÔNIO pertence à ENTIDADE, mas a recíproca não é verdadeira. A soma ou agregação contábil de patrimônios autônomos não resulta em nova ENTIDADE, mas numa unidade de natureza econômico-contábil. "*

Desse modo, o princípio da entidade afirma que o patrimônio deve revestir-se do atributo de autonomia em relação a todos os outros patrimônios existentes, pois pertence a uma entidade, entendida como um sujeito suscetível à aquisição de direitos e obrigações.

Como se observa, o cerne do princípio da entidade está na autonomia do patrimônio a ela pertencente.

No tocante a NBC TG EC é feita referência a entidade que reporta a informação, no entanto, com anotação de que será acrescentado futuramente.

Já a NBC SP EC traz capítulo específico sobre o tema. É o Capítulo 4.

2   PRINCÍPIO DA CONTINUIDADE

O princípio da continuidade pressupõe que a entidade continuará em operação no futuro e, portanto, a mensuração e a apresentação dos componentes do patrimônio levam em conta esta circunstância.

Na NBC TG EC o tema é tratado no subitem 4.1, que assim dispõe:

"4.1. As demonstrações contábeis normalmente são elaboradas tendo como premissa que a entidade está em atividade (going concern assumption) e irá manter-se em operação por um futuro previsível. Desse modo, parte-se do pressuposto de que a entidade não tem a intenção, nem tampouco a necessidade, de entrar em processo de liquidação ou de reduzir materialmente a escala de suas operações. Por outro lado, se essa intenção ou necessidade existir, as demonstrações contábeis podem ter que ser elaboradas em bases diferentes e, nesse caso, a base de elaboração utilizada deve ser divulgada."

3 PRINCÍPIO DA OPORTUNIDADE

Segundo a Resolução CFC nº 750/1993, o princípio da oportunidade refere-se ao processo de mensuração e apresentação dos componentes patrimoniais para produzir informações íntegras e tempestivas.

A falta de integridade e tempestividade na produção e na divulgação da informação contábil pode ocasionar a perda de sua relevância, por isso, é necessário ponderar a relação entre a oportunidade e a confiabilidade da informação.

O princípio da oportunidade abarca dois aspectos distintos, mas complementares: a integridade e a tempestividade. Por isso, muitos autores preferem denominá-lo de "princípio da universalidade".

Em linhas gerais, a integridade diz respeito à necessidade de as variações serem reconhecidas na sua totalidade, isto é, sem qualquer falta ou excesso.

Refere-se, pois, à completeza da apreensão, que não admite a exclusão de quaisquer variações monetariamente quantificáveis.

Como as variações incluem elementos quantitativos e qualitativos, bem como os aspectos físicos pertinentes, e levando-se em conta, ainda, que a avaliação é regida por princípios próprios, a integridade diz respeito, fundamentalmente, às variações em si.

Isso, todavia, não elimina a necessidade do reconhecimento das variações nos casos em que não há certeza definitiva da sua ocorrência, mas somente alto grau de possibilidade.

Já a tempestividade obriga a que as variações sejam registradas no momento em que ocorrerem, mesmo na hipótese de alguma incerteza.

Caso não seja seguido esse preceito, ficarão:

a) incompletos os registros sobre o patrimônio;

b) insuficientes quaisquer demonstrações ou relatos; e

c) falseadas as conclusões, diagnósticos e prognósticos.

Na NBC TG EC o tema é tratado no subitem QC12 a QC16, no QC 19 e no QC 29.

No que diz respeito a representação fidedigna, o QC12 e QC 19 assim estabelecem:

> *"QC12. Os relatórios contábil-financeiros representam um fenômeno econômico em palavras e números. Para ser útil, a informação contábil-financeira não tem só que representar um fenômeno relevante, mas tem também que representar com fidedignidade o fenômeno que se propõe representar. Para ser representação perfeitamente fidedigna, a realidade retratada precisa ter três atributos. Ela tem que ser completa, neutra e livre de erro. É claro, a perfeição é rara, se de fato alcançável. O objetivo é maximizar referidos atributos na extensão que seja possível."*
>
> *(...)*
>
> *QC19. Comparabilidade, verificabilidade, tempestividade e compreensibilidade são características qualitativas que melhoram a utilidade da informação que é relevante e que é representada com fidedignidade. As características qualitativas de melhoria podem também auxiliar a determinar qual de duas alternativas que sejam consideradas equivalentes em termos de relevância e fidedignidade de representação deve ser usada para retratar um fenômeno."*

No que diz respeito a tempestividade, a NBC TG EC Esclarece que:

> *"QC29. Tempestividade significa ter informação disponível para tomadores de decisão a tempo de poder influenciá-los em suas decisões. Em geral, a informação mais antiga é a que tem menos utilidade. Contudo, certa informação pode ter o seu atributo tempestividade prolongado após o encerramento do período contábil, em decorrência de alguns usuários, por exemplo, necessitarem identificar e avaliar tendências."*

4   PRINCÍPIO DO REGISTRO PELO VALOR ORIGINAL

O princípio do registro pelo valor original determina que os componentes do patrimônio devem ser inicialmente registrados pelos valores originais das transações, expressos em moeda nacional.

Nota-se que o referido princípio passou a contemplar as seguintes bases de mensuração:

I.   Custo histórico. Os ativos são registrados pelos valores pagos ou a serem pagos em caixa ou equivalentes de caixa ou pelo valor justo dos recursos que são entregues para adquiri-los na data da aquisição. Os passivos são registrados pelos valores dos recursos que foram recebidos em troca da obrigação ou, em algumas circunstâncias, pelos valores em caixa ou equivalentes de caixa, os quais serão necessários para liquidar o passivo no curso normal das operações; e

II. Variação do custo histórico. Uma vez integrados ao patrimônio, os componentes patrimoniais, ativos e passivos, podem sofrer variações decorrentes dos seguintes fatores:

a) Custo corrente. Os ativos são reconhecidos pelos valores em caixa ou equivalentes de caixa, os quais teriam de ser pagos se esses ativos ou ativos equivalentes fossem adquiridos na data ou no período das demonstrações contábeis. Os passivos são reconhecidos pelos valores em caixa ou equivalentes de caixa, não descontados, que seriam necessários para liquidar a obrigação na data ou no período das demonstrações contábeis;

b) Valor realizável. Os ativos são mantidos pelos valores em caixa ou equivalentes de caixa, os quais poderiam ser obtidos pela venda em uma forma ordenada. Os passivos são mantidos pelos valores em caixa e equivalentes de caixa, não descontados, que se espera seriam pagos para liquidar as correspondentes obrigações no curso normal das operações da entidade;

c) Valor presente. Os ativos são mantidos pelo valor presente, descontado do fluxo futuro de entrada líquida de caixa que se espera seja gerado pelo item no curso normal das operações da entidade. Os passivos são mantidos pelo valor presente, descontado do fluxo futuro de saída líquida de caixa que se espera seja necessário para liquidar o passivo no curso normal das operações da entidade;

d) Valor justo. É o valor pelo qual um ativo pode ser trocado, ou um passivo liquidado, entre partes conhecedoras, dispostas a isso, em uma transação sem favorecimentos; e

e) Atualização monetária. Os efeitos da alteração do poder aquisitivo da moeda nacional devem ser reconhecidos nos registros contábeis mediante o ajustamento da expressão formal dos valores dos componentes patrimoniais.

A NBC TG EC dedicou ao tema os itens 4.54, 4.55 e 4.56 que tratam da mensuração dos elementos das demonstrações contábeis. Referidos itens estão assim retratados:

> *"4.54. Mensuração é o processo que consiste em determinar os montantes monetários por meio dos quais os elementos das demonstrações contábeis devem ser reconhecidos e apresentados no balanço patrimonial e na demonstração do resultado. Esse processo envolve a seleção da base específica de mensuração.*
>
> *4.55. Um número variado de bases de mensuração é empregado em diferentes graus e em variadas combinações nas demonstrações contábeis. Essas bases incluem o que segue:*
>
> *Custo histórico. Os ativos são registrados pelos montantes pagos em caixa ou equivalentes de caixa ou pelo valor justo dos recursos entregues para adquiri-los na data da aquisição. Os passivos são registrados pelos montantes dos recursos recebidos em troca da obrigação ou, em algumas circunstâncias (como, por exemplo, imposto de renda), pelos montantes em caixa ou equivalentes de caixa se espera serão necessários para liquidar o passivo no curso normal das operações.*
>
> *Custo corrente. Os ativos são mantidos pelos montantes em caixa ou equivalentes de caixa que teriam de ser pagos se esses mesmos ativos ou ativos equivalentes fossem adquiridos na data do balanço. Os passivos*

são reconhecidos pelos montantes em caixa ou equivalentes de caixa, não descontados, que se espera seriam necessários para liquidar a obrigação na data do balanço.

Valor realizável (valor de realização ou de liquidação). Os ativos são mantidos pelos montantes em caixa ou equivalentes de caixa que poderiam ser obtidos pela sua venda em forma ordenada. Os passivos são mantidos pelos seus montantes de liquidação, isto é, pelos montantes em caixa ou equivalentes de caixa, não descontados, que se espera serão pagos para liquidar as correspondentes obrigações no curso normal das operações.

Valor presente. Os ativos são mantidos pelo valor presente, descontado, dos fluxos futuros de entradas líquidas de caixa que se espera seja gerado pelo item no curso normal das operações. Os passivos são mantidos pelo valor presente, descontado, dos fluxos futuros de saídas líquidas de caixa que se espera serão necessários para liquidar o passivo no curso normal das operações.

4.56. A base de mensuração mais comumente adotada pelas entidades na elaboração de suas demonstrações contábeis é o custo histórico. Ele é normalmente combinado com outras bases de mensuração. Por exemplo, os estoques são geralmente mantidos pelo menor valor entre o custo e o valor líquido de realização, os títulos e valores mobiliários negociáveis podem em determinadas circunstâncias ser mantidos a valor de mercado e os passivos decorrentes de pensões são mantidos pelo seu valor presente. Ademais, em algumas circunstâncias, determinadas entidades usam a base de custo corrente como resposta à incapacidade de o modelo contábil de custo histórico enfrentar os efeitos das mudanças de preços dos ativos não monetários."

5 PRINCÍPIO DA COMPETÊNCIA

O princípio da competência determina que os efeitos das transações e outros eventos sejam reconhecidos nos períodos a que se referem, independentemente do recebimento ou pagamento.

Também ficou estabelecido que o princípio da competência pressupõe a simultaneidade da confrontação de receitas e de despesas correlatas.

O tema foi tratado pela NBC TG EC em seção própria que aborda a performance financeira refletida pelo regime de competência (*accruals*) – itens OB17 a OB20.

"OB17. O regime de competência retrata com propriedade os efeitos de transações e outros eventos e circunstâncias sobre os recursos econômicos e reivindicações da entidade que reporta a informação nos períodos em que ditos efeitos são produzidos, ainda que os recebimentos e pagamentos em caixa derivados ocorram em períodos distintos. Isso é importante em função de a informação sobre os recursos econômicos e reivindicações da entidade que reporta a informação, e sobre as mudanças nesses recursos econômicos e reivindicações ao longo de um período, fornecer melhor base de avaliação da performance passada e futura da entidade do que a informação puramente baseada em recebimentos e pagamentos em caixa ao longo desse mesmo período.

OB18. Informações sobre a performance financeira da entidade que reporta a informação durante um período que são reflexos de mudanças em seus recursos econômicos e reivindicações, e não da obtenção adicional de recursos diretamente de investidores e credores (ver item OB21), são úteis para avaliar a capacidade passada e futura da entidade na geração de fluxos de caixa líquidos. Essas informações servem de indicativos da extensão em que a entidade que reporta a informação tenha aumentado seus recursos econômicos disponíveis, e dessa forma sua capacidade de gerar fluxos de caixa líquidos por meio de suas operações e não pela obtenção de recursos adicionais diretamente de investidores e credores.

OB19. Informações sobre a performance financeira da entidade que reporta a informação durante um período também podem ser indicativos da extensão em que determinados eventos, tais como mudanças nos preços de mercado ou nas taxas de juros, tenham provocado aumento ou diminuição nos recursos econômicos e reivindicações da entidade, afetando, por conseguinte a capacidade de a entidade gerar a entrada de fluxos de caixa líquidos."

6   PRINCÍPIO DA PRUDÊNCIA

O princípio da prudência determina a adoção do menor valor para os componentes do ATIVO e do maior para os do PASSIVO, sempre que se apresentem alternativas igualmente válidas para a quantificação das mutações patrimoniais que alterem o patrimônio líquido.

A atual versão da Estrutura Conceitual para Elaboração e Divulgação de Relatório Contabil-Financeiro não recepcionou o princípio da prudência, diferentemente do que a ocorreu com sua antecessora – Resolução CFC

1.121/2008. No entanto, isso não significa a extinção do princípio, como tão bem esclareceu o CFC na nota comentada ao início deste capítulo.

Há a expectativa de que, oportunamente, haja a revisão da atual Estrutura Conceitual para Elaboração e Divulgação de Relatório Contabil-Financeiro. Nesse ínterim, recomenda-se a manutenção do conceito trazido pela Resolução CFC 1.121/2008, que embora também revogada, tem a redação mais "moderna" do que a redação trazida pela Resolução nº 750/1993.

Abaixo reproduzimos o item 37 da Resolução CFC 1.121/2008.

> *"37. Os preparadores de demonstrações contábeis se deparam com incertezas que inevitavelmente envolvem certos eventos e circunstâncias, tais como a possibilidade de recebimento de contas a receber de liquidação duvidosa, a vida útil provável das máquinas e equipamentos e o número de reclamações cobertas por garantias que possam ocorrer. Tais incertezas são reconhecidas pela divulgação da sua natureza e extensão e pelo exercício de prudência na preparação das demonstrações contábeis. Prudência consiste no emprego de um certo grau de precaução no exercício dos julgamentos necessários às estimativas em certas condições de incerteza, no sentido de que ativos ou receitas não sejam superestimados e que passivos ou despesas não sejam subestimados. Entretanto, o exercício da prudência não permite, por exemplo, a criação de reservas ocultas ou provisões excessivas, a subavaliação deliberada de ativos ou receitas, a superavaliação deliberada de passivos ou despesas, pois as demonstrações contábeis deixariam de ser neutras e, portanto, não seriam confiáveis."*

4

Apresentação das Demonstrações Contábeis

Por meio do Pronunciamento Técnico CPC 26 do Comitê de Pronunciamentos Contábeis, foram divulgadas normas que definem a base para a apresentação das demonstrações contábeis, o que assegura a comparabilidade tanto com as demonstrações contábeis de períodos anteriores da mesma entidade quanto com as demonstrações contábeis de outras entidades.

Nota-se que referido CPC foi objeto de revisão (R1). Deste modo, devido a sua complexidade, o assunto é dividido em partes que já recepcionam as modificações introduzidas por essa primeira revisão.

Nessas partes, são expostos os requisitos gerais para a apresentação das demonstrações contábeis, diretrizes para a sua estrutura e os requisitos mínimos para seu conteúdo.

Parte I
ASPECTOS INTRODUTÓRIOS

1   INTRODUÇÃO

Nessa primeira parte, são tratados os aspectos introdutórios e gerais sobre a apresentação das demonstrações contábeis.

Lembra-se que o Pronunciamento CPC 26 (R1) foi aprovado pela Comissão de Valores Mobiliários (CVM) e pelo Conselho Federal de Contabilidade.

No âmbito da CVM, a aprovação se deu por meio da Deliberação CVM nº 676/2011, tornando o citado Pronunciamento obrigatório para todas as companhias abertas.

No âmbito do CFC, a aprovação se deu por meio da Resolução nº 1.185/2009 e alterada pela Resolução nº 1.376/2011.

2 APLICAÇÃO

As normas aplicáveis à apresentação das demonstrações contábeis, devem ser aplicadas em todas as demonstrações contábeis elaboradas e apresentadas de acordo com os Pronunciamentos, Orientações e Interpretações do Comitê de Pronunciamentos Contábeis (CPC).

O reconhecimento, a mensuração e a divulgação de transações específicas e outros eventos são objeto de outros Pronunciamentos, Orientações e Interpretações.

Observa-se que as normas aqui tratadas aplicam-se igualmente a todas as entidades, inclusive àquelas que apresentem demonstrações contábeis consolidadas ou demonstrações contábeis separadas, conforme definido nos Pronunciamentos Técnicos CPC 35 – Demonstrações Separadas e CPC 36 – Demonstrações Consolidadas.

3 EXCEÇÕES

O Pronunciamento CPC 26 (R1), aqui tratado, não se aplica à estrutura e ao conteúdo de demonstrações contábeis intermediárias condensadas, elaboradas segundo o Pronunciamento Técnico CPC 21 – Demonstração Intermediária.

4 ENTIDADES SEM FINS LUCRATIVOS E ENTIDADES SEM CAPITAL PRÓPRIO

Ao longo deste capítulo é utilizada terminologia adequada às entidades com fins lucrativos, incluindo entidades de negócios do setor público.

Caso entidades sem fins lucrativos do setor privado ou público venham a aplicar o Pronunciamento CPC 26 (R1), podem ter que retificar as descrições usadas para itens específicos das demonstrações contábeis e mesmo para as próprias demonstrações contábeis.

Analogamente, as entidades que não tenham patrimônio líquido tal como definido na NBC TG 39 – Instrumentos Financeiros: Apresentação, como, por exemplo, alguns fundos de investimento e entidades cujo capital não seja apresentado como patrimônio líquido (por exemplo, algumas entidades cooperativas), também podem ter que adaptar a apresentação nas demonstrações contábeis aos interesses e participações de seus membros ou proprietários.

5 ALGUMAS DEFINIÇÕES

Os termos abaixo são utilizados nas orientações destinadas à apresentação das demonstrações contábeis com os seguintes significados:

- *Demonstrações contábeis de propósito geral* (referidas simplesmente como demonstrações contábeis) são aquelas cujo propósito reside no atendimento das necessidades informacionais de usuários externos que não se encontram em condições de requerer relatórios especificamente planejados para atender às suas necessidades peculiares.

- *Aplicação impraticável* – A aplicação de um requisito é impraticável quando a entidade não pode aplicá-lo depois de ter feito todos os esforços razoáveis nesse sentido.

- Práticas contábeis brasileiras compreendem a legislação societária brasileira, as Normas Brasileiras de Contabilidade, emitidas pelo Conselho Federal de Contabilidade, os pronunciamentos, as interpretações e as orientações emitidos pelo CPC e homologados pelos órgãos reguladores, e práticas adotadas pelas entidades em assuntos não regulados, desde que atendam à NBC TG ESTRUTURA CONCEITUAL – Estrutura Conceitual para Elaboração e Divulgação de Relatório Contábil-Financeiro emitida pelo CFC e, por conseguinte, em consonância com as normas contábeis internacionais.

- *Omissão material ou divulgação distorcida material* – As omissões ou divulgações distorcidas são materiais se puderem, individual ou coletivamente, influenciar as decisões econômicas que os usuários das demonstrações contábeis tomam com base nessas demonstrações. A materialidade depende do tamanho e da natureza da omissão ou da divulgação distorcida, julgada à luz das circunstâncias que a rodeiam. O tamanho ou a natureza do item, ou combinação de ambos, pode ser o fator determinante para a definição da materialidade. Avaliar se a omissão ou a divulgação distorcida pode influenciar a decisão econômica do usuário das demonstrações contábeis e, nesse caso, se são materiais, requer que sejam levadas em consideração as características desses usuários. A Estrutura Conceitual para Elaboração e Divulgação de Relatório Contábil-Financeiro contida na NBC TG ESTRUTURA CONCEITUAL estabelece no item QC32 que: "Relatórios contábil-financeiros são elaborados para usuários que têm conhecimento razoável de negócios e de atividades econômicas e que revisem e analisem a informação diligentemente." Dessa forma, a avaliação deve levar em conta como se espera que os usuários, com seus respectivos atributos, sejam influenciados na tomada de decisão econômica.

- *Notas explicativas* contêm informação adicional em relação à apresentada nas demonstrações contábeis.

NOTA

As notas explicativas oferecem descrições narrativas ou segregações e aberturas de itens divulgados nessas demonstrações e informação acerca de itens que não se enquadram nos critérios de reconhecimento nas demonstrações contábeis.

- *Outros resultados abrangentes* compreendem itens de receita e despesa (incluindo ajustes de reclassificação) que não são reconhecidos na demonstração do resultado como requerido ou permitido pelos Pronunciamentos, Interpretações e Orientações emitidos pelo CPC. Os componentes dos outros resultados abrangentes incluem:

✓ variações na reserva de reavaliação quando permitidas legalmente (veja Pronunciamentos Técnicos CPC 27 – Ativo Imobilizado e CPC 04 – Ativo Intangível);

✓ ganhos e perdas atuariais em planos de pensão com benefício definido, reconhecidos conforme item 93A do Pronunciamento Técnico CPC 33 – Benefícios a Empregados;

✓ ganhos e perdas derivados de conversão de demonstrações contábeis de operações no exterior (ver Pronunciamento Técnico CPC 02 – Efeitos das Mudanças nas Taxas de Câmbio e Conversão de Demonstrações Contábeis);

✓ ganhos e perdas na remensuração de ativos financeiros disponíveis para venda (ver a NBC TG 38 – Instrumentos Financeiros: Reconhecimento e Mensuração);

✓ efetiva parcela de ganhos ou perdas de instrumentos de *hedge* em *hedge* de fluxo de caixa (ver também a NBC TG 38 – Instrumentos Financeiros: Reconhecimento e Mensuração)

- *Proprietário* é o detentor de instrumentos classificados como patrimoniais (de capital próprio, no patrimônio líquido).

- *Resultado do período* é o total das receitas deduzido das despesas, exceto os itens reconhecidos como outros resultados abrangentes no patrimônio líquido.

- *Ajuste de reclassificação* é o valor reclassificado para o resultado no período corrente que foi inicialmente reconhecido como outros resultados abrangentes no período corrente ou em período anterior.

- *Resultado abrangente* é a mutação que ocorre no patrimônio líquido durante um período que resulta de transações e outros eventos que não derivados de transações com os sócios na sua qualidade de proprietários.

- *Resultado abrangente* compreende todos os componentes da "demonstração do resultado" e da "demonstração dos outros resultados abrangentes".

5.1   Utilização de outros termos

Embora Pronunciamento CPC 26 (R1), use os termos "outros resultados abrangentes", "resultado" e "resultado abrangente", a entidade pode usar outros termos para descrever os totais desde que o sentido seja claro.

Por exemplo, a entidade pode usar o termo "lucro líquido" para descrever "resultado". Sugere-se, todavia, por facilidade de comunicação a maior aderência possível aos termos utilizados no Pronunciamento 26 (R1).

5.2   Termos utilizados em outros Pronunciamentos

Os seguintes termos estão descritos no Pronunciamento Técnico CPC 39 – Instrumentos Financeiros: Apresentação e são usados para tratar da apresentação das demonstrações contábeis com os significados lá empregados:

a) instrumento financeiro com opção de venda por parte de seu detentor classificado como instrumento patrimonial (descrito nos itens 16A e 16B do Pronunciamento Técnico CPC 39);

b) instrumento que impõe à entidade a obrigação de entregar a uma contraparte um valor *pro rata* dos ativos líquidos (patrimônio líquido) somente na liquidação da entidade e é classificado como instrumento patrimonial (itens 16C e 16D do Pronunciamento Técnico CPC 39).

Parte II
FINALIDADE, CONSIDERAÇÕES E PEÇAS QUE COMPÕEM AS DEMONSTRAÇÕES CONTÁBEIS

1   INTRODUÇÃO

Nesta parte, são abordadas as peças que compõem as demonstrações contábeis e, também, os aspectos relativos à sua finalidade, apresentação, continuidade, regime de competência, materialidade, frequência de apresentação, consistência, entre outros temas.

NOTA

Lembra-se que o Pronunciamento CPC 26 (R1) foi aprovado pela Comissão de Valores Mobiliários (CVM) e pelo Conselho Federal de Contabilidade. No âmbito da CVM, a aprovação se deu por meio da Deliberação CVM nº 676/2011, tornando o citado Pronunciamento obrigatório para todas as companhias abertas. No âmbito do CFC, a aprovação se deu por meio da Resolução nº 1.185/2009 e alterada pela Resolução nº 1.376/2011.

2   FINALIDADE DAS DEMONSTRAÇÕES CONTÁBEIS

As demonstrações contábeis são uma representação estruturada da posição patrimonial e financeira e do desempenho da entidade. O objetivo das demonstrações contábeis é o de proporcionar informação acerca da posição patrimonial e financeira, do desempenho e dos fluxos de caixa da entidade que seja útil a um grande número de usuários em suas avaliações e tomada de decisões econômicas. As demonstrações contábeis também objetivam apresentar os resultados da atuação da administração, em face de seus deveres e responsabilidades na gestão diligente dos recursos que lhe foram confiados. Para satisfazer a esse objetivo, as demonstrações contábeis proporcionam informação da entidade acerca do seguinte:

a) ativos;

b) passivos;

c) patrimônio líquido;

d) receitas e despesas, incluindo ganhos e perdas;

e) alterações no capital próprio mediante integralizações dos proprietários e distribuições a eles; e

f) fluxos de caixa.

Essas informações, juntamente com outras informações constantes das notas explicativas, ajudam os usuários das demonstrações contábeis na previsão dos futuros fluxos de caixa da entidade e, em particular, a época e o grau de certeza de sua geração.

3 CONJUNTO COMPLETO DE DEMONSTRAÇÕES CONTÁBEIS

O conjunto completo de demonstrações contábeis inclui:

a) balanço patrimonial ao final do período;

b) demonstração do resultado do período;

c) demonstração do resultado abrangente do período;

NOTA

A demonstração do resultado abrangente pode ser apresentada em quadro demonstrativo próprio ou dentro das mutações do patrimônio líquido.

d) demonstração das mutações do patrimônio líquido do período;

e) demonstração dos fluxos de caixa do período;

f) demonstração do valor adicionado do período, conforme Pronunciamento Técnico CPC 09 – Demonstração do Valor Adicionado, se exigido legalmente ou por algum órgão regulador ou mesmo se apresentada voluntariamente;

g) notas explicativas, compreendendo um resumo das políticas contábeis significativas e outras informações explanatórias; e

h) balanço patrimonial no início do período mais antigo comparativamente apresentado quando a entidade aplica uma política contábil retrospectivamente ou procede à reapresentação retrospectiva de itens das demonstrações contábeis, ou ainda quando procede à reclassificação de itens de suas demonstrações contábeis.

NOTA

A entidade deve apresentar com igualdade de importância todas as demonstrações contábeis que façam parte do conjunto completo de demonstrações contábeis.

3.1 Relatório da administração e outros relatórios

Muitas entidades apresentam, fora das demonstrações contábeis, relatório da administração que descreve e explica as características principais do desempenho e da posição financeira e patrimonial da entidade e as principais incertezas às quais está sujeita. Esse relatório pode incluir a análise:

a) dos principais fatores e influências que determinam o desempenho, incluindo alterações no ambiente em que a entidade opera, a resposta da entidade a essas alterações e o seu efeito e a política de investimento da entidade para manter e melhorar o desempenho, incluindo a sua política de dividendos;

b) das fontes de financiamento da entidade e a respectiva relação pretendida entre passivos e o patrimônio líquido; e

c) dos recursos da entidade não reconhecidos nas demonstrações contábeis de acordo com os Pronunciamentos.

Muitas entidades apresentam também, fora das demonstrações contábeis, relatórios e demonstrações tais como relatórios ambientais e sociais, sobretudo nos setores em que os fatores ambientais e sociais sejam significativos e quando os empregados são considerados um importante grupo de usuários. Os relatórios e demonstrações apresentados fora das demonstrações contábeis estão fora do âmbito dos Pronunciamentos emitidos pelo CPC.

4 APRESENTAÇÃO APROPRIADA EM CONFORMIDADE COM AS PRÁTICAS CONTÁBEIS BRASILEIRAS

As demonstrações contábeis devem representar apropriadamente a posição financeira e patrimonial, o desempenho e os fluxos de caixa da entidade. Para apresentação adequada, é necessário a representação fidedigna dos efeitos das transações, outros eventos e condições de acordo com as definições e critérios de reconhecimento para ativos, passivos, receitas e despesas como estabelecidos na Estrutura Conceitual para Elaboração e Divulgação de Relatório Contábil-Financeiro.

4.1 Demonstrações contábeis em conformidade com os Pronunciamentos, Interpretações e Orientações do CPC

Presume-se que a aplicação das normas, interpretações e comunicados técnicos, com divulgação adicional quando necessária, resulta em demonstrações contábeis que se enquadram como representação apropriada.

A entidade cujas demonstrações contábeis estão em conformidade com as normas, interpretações e comunicados técnicos do CFC deve declarar de forma explícita e sem reservas essa conformidade nas notas explicativas. A entidade não deve afirmar que suas demonstrações contábeis estão de acordo com essas normas, interpretações e comunicados técnicos a menos que cumpra todos os seus requisitos.

4.2 Representação apropriada das demonstrações contábeis

Em praticamente todas as circunstâncias, a representação apropriada é obtida pela conformidade com os Pronunciamentos, Interpretações e Orientações aplicáveis.

A representação apropriada também exige que a entidade:

a) selecione e aplique políticas contábeis de acordo com o Pronunciamento Técnico CPC 23 – Políticas Contábeis, Mudança de Estimativa e Retificação de Erro. Esse Pronunciamento estabelece uma hierarquia na orientação que a administração deve considerar na ausência de Pronunciamento, Interpretação e Orientação que se aplique especificamente a um item;

b) apresente informação, incluindo suas políticas contábeis, de forma que proporcione informação relevante, confiável, comparável e compreensível;

c) proporcione divulgações adicionais quando o cumprimento dos requisitos específicos contidos nos Pronunciamentos, Interpretações e Orientações é insuficiente para permitir que os usuários compreendam o impacto de determinadas transações, outros eventos e condições sobre a posição financeira e patrimonial e o desempenho da entidade.

4.3   Utilização de políticas contábeis inadequadas

A entidade não pode retificar políticas contábeis inadequadas por meio da divulgação das políticas contábeis utilizadas ou por meio de notas explicativas ou qualquer outra divulgação explicativa.

Em circunstâncias extremamente raras, nas quais a administração vier a concluir que a conformidade com um requisito de norma, interpretação ou comunicado técnico conduziria a uma apresentação tão enganosa que entraria em conflito com o objetivo das demonstrações contábeis estabelecido na Estrutura Conceitual para Elaboração e Divulgação de Relatório Contábil-Financeiro, a entidade não aplicará esse requisito e seguirá o disposto no subitem a seguir, a não ser que esse procedimento seja terminantemente vedado do ponto de vista legal e regulatório.

4.4   Divulgações necessárias quando a entidade não aplicar um requisito necessário

Quando a entidade não aplicar um requisito de Pronunciamento, Interpretação ou Orientação ou de acordo com o subitem anterior, deve divulgar:

a) que a administração concluiu que as demonstrações contábeis apresentam de forma apropriada a posição financeira e patrimonial, o desempenho e os fluxos de caixa da entidade;

b) que aplicou os Pronunciamentos, Interpretações e Orientações aplicáveis, exceto pela não aplicação de um requisito específico com o propósito de obter representação adequada;

c) o título da norma, interpretação ou comunicado técnico que a entidade não aplicou, a natureza dessa exceção, incluindo o tratamento que a norma, interpretação ou comunicado técnico exigiria, a razão pela qual esse tratamento seria tão enganoso e entraria em conflito com o objetivo das demonstrações contábeis estabelecido na Estrutura Conceitual para Elaboração e Divulgação de Relatório Contábil-Financeiro e o tratamento efetivamente adotado; e

d) para cada período apresentado, o impacto financeiro da não aplicação do Pronunciamento, Interpretação ou Orientação vigente em cada item nas demonstrações contábeis que teria sido informado caso tivesse sido cumprido o requisito não aplicado.

NOTAS

1) Quando a entidade não aplicar um requisito de Pronunciamento, Interpretação ou Orientação em período anterior, e esse procedimento afetar os montantes reconhecidos nas demonstrações contábeis do período corrente, ela deve proceder à divulgação estabelecida nas letras "c" e "d" acima.

2) O disposto na nota 1 acima, se aplica, por exemplo, quando a entidade deixa de adotar em período anterior determinado requisito de mensuração de ativos ou passivos contido em norma, interpretação ou comunicado técnico e esse procedimento tem impactos na mensuração de alterações de ativos e passivos reconhecidos nas demonstrações contábeis do período corrente.

4.5 Conclusões enganosas tendo como base um requisito de Pronunciamento, Interpretação ou Orientação

Em circunstâncias extremamente raras, nas quais a administração vier a concluir que a conformidade com um requisito de norma, interpretação ou comunicado técnico conduziria a uma apresentação tão enganosa que entraria em conflito com o objetivo das demonstrações contábeis estabelecido na Estrutura Conceitual para Elaboração e Divulgação de Relatório Contábil-Financeiro, mas a estrutura regulatória vigente proibir a não aplicação do requisito, a entidade deve, na maior extensão possível, reduzir os aspectos inadequados identificados no cumprimento estrito da norma, interpretação ou comunicado técnico divulgando:

a) o título da norma, interpretação ou comunicado técnico em questão, a natureza do requisito e as razões que levaram a administração a concluir que o cumprimento desse requisito tornaria as demonstrações contábeis tão enganosas e entraria em conflito com o objetivo das demonstrações contábeis estabelecido na Estrutura Conceitual; e

b) para cada período apresentado, os ajustes de cada item nas demonstrações contábeis que a administração concluiu serem necessários para se obter uma representação adequada.

4.6 Item de informação versus objeto das demonstrações contábeis

Para a finalidade dos subitens 4.3 a 4.5, um item de informação entra em conflito com o objetivo das demonstrações contábeis quando não representa fidedignamente as transações, outros eventos e condições que se propõe a representar ou que se poderia esperar razoavelmente que represente e, consequentemente, seria provável que influenciasse as decisões econômicas tomadas pelos usuários das demonstrações contábeis. Ao avaliar se o cumprimento de requisito específico de norma, interpretação ou comunicado técnico resultaria em divulgação tão distorcida a ponto de entrar em conflito com o objetivo das demonstrações contábeis estabelecido na Estrutura Conceitual para Elaboração e Divulgação de Relatório Contábil-Financeiro, a administração deve considerar:

a) a razão pela qual o objetivo das demonstrações contábeis não é alcançado nessa circunstância particular; e

b) a forma como as circunstâncias da entidade diferem das circunstâncias de outras entidades que cumprem o requisito.

NOTA

Se outras entidades em circunstâncias semelhantes cumprem o requisito, há um pressuposto refutável de que o cumprimento do requisito por parte da entidade não resultaria em divulgação tão enganosa e, portanto, não entraria em conflito com o objetivo das demonstrações contábeis estabelecido na Estrutura Conceitual para Elaboração e Divulgação de Relatório Contábil-Financeiro.

5 CONTINUIDADE

Quando da elaboração de demonstrações contábeis, a administração deve fazer a avaliação da capacidade de a entidade continuar em operação no futuro previsível. As demonstrações contábeis devem ser elaboradas no pressuposto da continuidade, a menos que a administração tenha intenção de liquidar a entidade ou cessar seus negócios, ou ainda não possua uma alternativa realista senão a descontinuidade de suas atividades. Quando a administração tiver ciência, ao fazer a sua avaliação, de incertezas relevantes relacionadas com eventos ou condições que possam lançar dúvidas significativas acerca da capacidade de a entidade continuar em operação no futuro previsível, essas incertezas devem ser divulgadas. Quando as demonstrações contábeis não forem elaboradas no pressuposto da continuidade, esse fato deve ser divulgado, juntamente com as bases com as quais as demonstrações contábeis foram elaboradas e a razão pela qual não se pressupõe a continuidade da entidade.

Ao avaliar se o pressuposto de continuidade é apropriado, a administração deve levar em consideração toda a informação disponível sobre o futuro, que é o período mínimo (mas não limitado a esse período) de doze meses a partir da data do balanço. O grau de consideração depende dos fatos de cada caso.

Quando a entidade tiver histórico de operações lucrativas e acesso tempestivo a recursos financeiros, a conclusão acerca da adequação do pressuposto da continuidade pode ser atingida sem análise pormenorizada.

Em outros casos, a administração pode necessitar da análise de vasto conjunto de fatores relacionados com a rentabilidade corrente e esperada, cronogramas de liquidação de dívidas e potenciais fontes alternativas de financiamentos para que possa suportar sua conclusão de que o pressuposto de continuidade no futuro previsível é adequado para essa entidade.

6 REGIME DE COMPETÊNCIA

A entidade deve elaborar as suas demonstrações contábeis, exceto para a demonstração dos fluxos de caixa, utilizando-se do regime de competência.

Quando o regime de competência é utilizado, os itens são reconhecidos como ativos, passivos, patrimônio líquido, receitas e despesas (os elementos das demonstrações contábeis); quando satisfazem as definições e os critérios de reconhecimento para esses elementos contidos na Estrutura Conceitual para Elaboração e Divulgação de Relatório Contábil-Financeiro.

7   MATERIALIDADE E AGREGAÇÃO

A entidade deve apresentar separadamente nas demonstrações contábeis cada classe material de itens semelhantes. A entidade deve apresentar separadamente os itens de natureza ou função distinta, a menos que sejam imateriais.

As demonstrações contábeis resultam do processamento de grandes números de transações ou outros eventos que são agregados em classes de acordo com a sua natureza ou função.

A fase final do processo de agregação e classificação é a apresentação de dados condensados e classificados que formam itens das demonstrações contábeis. Se um item não for individualmente material, deve ser agregado a outros itens, seja nas demonstrações contábeis, seja nas notas explicativas.

Um item pode não ser suficientemente material para justificar a sua apresentação individualizada nas demonstrações contábeis, mas pode ser suficientemente material para ser apresentado de forma individualizada nas notas explicativas.

Nota-se que não é necessário fornecer uma divulgação requerida se a informação não for material.

8   COMPENSAÇÃO DE VALORES

Ativos e passivos, e receitas e despesas não devem ser compensados exceto quando exigido ou permitido por Pronunciamento, Interpretação ou Orientação.

A entidade deve informar separadamente os ativos e os passivos, as receitas e as despesas. A compensação desses elementos no balanço patrimonial ou na demonstração do resultado, exceto quando refletir a essência da transação ou outro evento, prejudica a capacidade dos usuários de compreender as transações, outros eventos e condições que tenham ocorrido e de avaliar os futuros fluxos de caixa da entidade. A mensuração de ativos líquidos de provisões relacionadas, por exemplo, a de obsolescência nos estoques ou a de créditos de liquidação duvidosa nas contas a receber de clientes não é considerada compensação.

O Pronunciamento Técnico CPC 30 – Receitas define o que são receitas e requer que estas sejam mensuradas pelo valor justo do montante recebido ou a receber, levando em consideração a quantia de quaisquer descontos comerciais e abatimentos de volume concedidos pela entidade.

A entidade desenvolve, no decurso das suas atividades ordinárias, outras transações que não geram propriamente receitas, mas que são incidentais às atividades principais geradoras de receitas. Os resultados de tais transações são apresentados, quando esta apresentação refletir a essência da transação ou outro evento, compensando-se quaisquer receitas com as despesas relacionadas, resultantes da mesma transação. Por exemplo:

a) ganhos e perdas na alienação de ativos não circulantes, incluindo investimentos e ativos operacionais, devem ser apresentados de forma líquida, deduzindo-se seus valores contábeis dos valores recebidos pela alienação e reconhecendo-se as despesas de venda relacionadas; e

b) despesas relacionadas com uma provisão reconhecida de acordo com o Pronunciamento Técnico CPC 25 – Provisões, Passivos Contingentes e Ativos Contingentes e que tiveram reembolso segundo acordo contratual com terceiros (por exemplo, acordo de garantia do fornecedor) podem ser compensadas com o respectivo reembolso.

Adicionalmente, ganhos e perdas provenientes de grupo de transações semelhantes são apresentados em base líquida; por exemplo, ganhos e perdas de diferenças cambiais ou ganhos e perdas provenientes de instrumentos financeiros classificados como para negociação.

Não obstante, esses ganhos e perdas devem ser apresentados separadamente se forem materiais.

9 FREQUÊNCIA DE APRESENTAÇÃO DE DEMONSTRAÇÕES CONTÁBEIS

O conjunto completo das demonstrações contábeis deve ser apresentado pelo menos anualmente (inclusive informação comparativa).

Quando se altera a data de encerramento das demonstrações contábeis da entidade e as demonstrações contábeis são apresentadas para um período mais longo ou mais curto do que um ano, a entidade deve divulgar, além do período abrangido pelas demonstrações contábeis:

a) a razão para usar um período mais longo ou mais curto; e

b) o fato de que não são inteiramente comparáveis os montantes comparativos apresentados nessas demonstrações.

10 INFORMAÇÃO COMPARATIVA

A menos que um Pronunciamento, Interpretação ou Orientação permita ou exija de outra forma, informação comparativa deve ser divulgada com respeito ao período anterior para todos os valores apresentados nas demonstrações contábeis do período corrente.

Também deve ser apresentada de forma comparativa a informação narrativa e descritiva que vier a ser apresentada quando for relevante para a compreensão do conjunto das demonstrações do período corrente.

10.1 Apresentação das demonstrações contábeis – Quantidade mínima

A entidade deve, ao divulgar informação comparativa, apresentar no mínimo dois balanços patrimoniais e duas de cada uma das demais demonstrações contábeis, bem como as respectivas notas explicativas.

Quando a entidade aplica uma política contábil retrospectivamente ou faz a divulgação retrospectiva de itens de suas demonstrações contábeis ou, ainda, quando reclassifica itens de suas demonstrações contábeis, deve apresentar, como mínimo, 3 (três) balanços patrimoniais e duas de cada uma das demais demonstrações contábeis, bem como as respectivas notas explicativas.

Os balanços patrimoniais a serem apresentados nesse caso devem ser os relativos:

a) ao término do período corrente;
b) ao término do período anterior (que corresponde ao início do período corrente); e
c) ao início do mais antigo período comparativo apresentado.

Em alguns casos, a informação narrativa apresentada nas demonstrações contábeis relativa a período anterior continua a ser relevante no período corrente. Por exemplo, os pormenores de disputa legal, cujo desfecho era incerto à data do último balanço e está ainda para ser resolvida, são divulgados no período corrente. Os usuários se beneficiam ao serem informados acerca da incerteza existente à data do último balanço e das medidas adotadas durante o período para resolver tal incerteza.

10.2 Reclassificação dos montantes apresentados para fins comparativos

Quando a apresentação ou a classificação de itens nas demonstrações contábeis forem modificadas, os montantes apresentados para fins comparativos devem ser reclassificados, a menos que a reclassificação seja impraticável.

Quando os montantes apresentados para fins comparativos são reclassificados, a entidade deve divulgar:

a) a natureza da reclassificação;
b) o montante de cada item ou classe de itens que foi reclassificado; e
c) a razão para a reclassificação.

10.3 Reclassificação dos montantes – Impossibilidade

Quando for impraticável reclassificar montantes apresentados para fins comparativos, a entidade deve divulgar:

a) a razão para não reclassificar os montantes; e

b) a natureza dos ajustes que teriam sido feitos se os montantes tivessem sido reclassificados.

Aperfeiçoar a comparabilidade de informação entre períodos ajuda os usuários a tomar decisões econômicas, sobretudo porque lhes permite avaliar as tendências na informação financeira para finalidades de previsão. Em algumas circunstâncias, torna-se impraticável reclassificar a informação comparativa para um período anterior para obter a comparabilidade com o período corrente. Por exemplo, podem não ter sido coletados os dados necessários para a apresentação comparativa do período anterior com o período corrente, de modo a permitir a reclassificação e, consequentemente, pode não ser praticável reconstruir essa informação.

O Pronunciamento Técnico CPC 23 – Políticas Contábeis, Mudança de Estimativa e Retificação de Erro define os ajustes requeridos para as informações comparativas quando a entidade altera uma política contábil ou corrige um erro.

11 CONSISTÊNCIA DE APRESENTAÇÃO

A apresentação e a classificação de itens nas demonstrações contábeis devem ser mantidas de um período para outro, salvo se:

a) for evidente, após uma alteração significativa na natureza das operações da entidade ou uma revisão das respectivas demonstrações contábeis, que outra apresentação ou classificação seja mais apropriada tendo em vista os critérios para a seleção e aplicação de políticas contábeis contidos no Pronunciamento Técnico CPC 23; ou

b) outro Pronunciamento, Interpretação ou Orientação requerer alteração na apresentação.

Por exemplo, na aquisição ou alienação significativa, ou na revisão da apresentação das demonstrações contábeis pode ser indicado que as demonstrações contábeis devam ser apresentadas diferentemente.

A entidade altera a apresentação das suas demonstrações contábeis apenas se a modificação na apresentação proporcionar informação que seja confiável e mais relevante para os usuários das demonstrações contábeis e se for provável que a estrutura revista continue, de modo que a comparabilidade não seja prejudicada. Ao efetuar tais alterações na apresentação, a entidade deve reclassificar a informação comparativa apresentada de acordo com os subitens 10.2 e 10.3, acima.

Parte III
IDENTIFICAÇÃO DAS DEMONSTRAÇÕES CONTÁBEIS E ESTRUTURA E CONTEÚDO DO BALANÇO PATRIMONIAL

1 INTRODUÇÃO

O Pronunciamento CPC 26 (R1) requer determinadas divulgações no balanço patrimonial, na demonstração do resultado abrangente, na demonstração do resultado e na demonstração das mutações do patrimônio líquido e requer, também, divulgação de outros itens nessas demonstrações ou nas notas explicativas. O Pronunciamento Técnico CPC 03 – Demonstração dos Fluxos de Caixa estabelece os requisitos para a apresentação da informação sobre os fluxos de caixa.

O termo "divulgação" é utilizado por vezes em sentido amplo, englobando itens apresentados nas demonstrações contábeis e notas explicativas.

Divulgações também são exigidas por outros Pronunciamentos, Interpretações e Orientações. A menos que seja especificado em contrário, tais divulgações podem ser incluídas nas demonstrações contábeis.

Nesta parte, discorremos, especificamente, sobre a identificação do conjunto das demonstrações contábeis e sobre a estrutura e conteúdo do balanço patrimonial, tendo como base o referido Pronunciamento que trata da apresentação das demonstrações financeiras.

Lembra-se que o Pronunciamento CPC 26 (R1) foi aprovado pela Comissão de Valores Mobiliários (CVM) e pelo Conselho Federal de Contabilidade. No âmbito da CVM, a aprovação se deu por meio da Deliberação CVM nº 676/2011, tornando o citado Pronunciamento obrigatório para todas as companhias abertas. No âmbito do CFC, a aprovação se deu por meio da Resolução nº 1.185/2009 e alterada pela Resolução nº 1.376/2011.

2 IDENTIFICAÇÃO DAS DEMONSTRAÇÕES CONTÁBEIS

As demonstrações contábeis devem ser identificadas claramente e distinguidas de qualquer outra informação que porventura conste no mesmo documento publicado.

As práticas contábeis brasileiras aplicam-se apenas às demonstrações contábeis e não necessariamente à informação apresentada em outro relatório anual, relatório regulatório ou qualquer outro documento. Por isso, é importante que os usuários possam distinguir informação elaborada utilizando-se das práticas contábeis brasileiras de qualquer outra informação que possa ser útil aos seus usuários, mas que não são objeto dos requisitos das referidas práticas.

2.1 Identificação da demonstração contábil e respectivas notas explicativas

Cada demonstração contábil e respectivas notas explicativas devem ser identificadas claramente. Além disso, as seguintes informações devem ser divulgadas de forma destacada e repetida quando necessário para a devida compreensão da informação apresentada:

a) o nome da entidade às quais as demonstrações contábeis dizem respeito ou outro meio que permita sua identificação, bem como qualquer alteração que possa ter ocorrido nessa identificação desde o término do período anterior;

b) se as demonstrações contábeis se referem a uma entidade individual ou a um grupo de entidades;

c) a data de encerramento do período de reporte ou o período coberto pelo conjunto de demonstrações contábeis ou notas explicativas;

d) a moeda de apresentação, tal como definido no Pronunciamento Técnico CPC 02 – Efeitos das Mudanças nas Taxas de Câmbio e Conversão de Demonstrações Contábeis; e

e) o nível de arredondamento usado na apresentação dos valores nas demonstrações contábeis.

NOTA

Os requisitos referidos acima são normalmente satisfeitos pela apresentação apropriada de cabeçalhos de página, títulos de demonstração, de nota, de coluna e similares em cada página das demonstrações contábeis. Na determinação da melhor forma de apresentar tais informações, é necessário o exercício de julgamento. Por exemplo, quando as demonstrações contábeis são apresentadas eletronicamente, nem sempre podem ser usadas páginas separadas; os itens acima devem ser então apresentados com frequência suficiente de forma a assegurar a devida compreensão das informações incluídas nas demonstrações contábeis.

2.2 Apresentação em milhares ou milhões

As demonstrações contábeis tornam-se muitas vezes mais compreensíveis pela apresentação de informação em milhares ou milhões de unidades da moeda de apresentação. Esse procedimento é aceitável desde que o nível de arredondamento na apresentação seja divulgado e não seja omitida informação material.

3 INFORMAÇÃO A SER APRESENTADA NO BALANÇO PATRIMONIAL

O balanço patrimonial deve apresentar, respeitada a legislação, no mínimo, as seguintes contas:

a) caixa e equivalentes de caixa;
b) clientes e outros recebíveis;
c) estoques;
d) ativos financeiros (exceto os mencionados nas alíneas "a", "b" e "g");
e) total de ativos classificados como disponíveis para venda (Pronunciamento Técnico CPC 38 – Instrumentos Financeiros: Reconhecimento e Mensuração) e ativos à disposição para venda de acordo com o Pronunciamento Técnico CPC 31 – Ativo Não Circulante Mantido para Venda e Operação Descontinuada;

f) ativos biológicos;

g) investimentos avaliados pelo método da equivalência patrimonial;

h) propriedades para investimento;

i) imobilizado;

j) intangível;

k) contas a pagar comerciais e outras;

l) provisões;

m) obrigações financeiras (exceto as referidas nas alíneas "k" e "l");

n) obrigações e ativos relativos à tributação corrente, conforme definido no Pronunciamento Técnico CPC 32 – Tributos sobre o Lucro;

o) impostos diferidos ativos e passivos, como definido no Pronunciamento Técnico CPC 32;

p) obrigações associadas a ativos à disposição para venda de acordo com o Pronunciamento Técnico CPC 31;

q) participação de não controladores apresentada de forma destacada dentro do patrimônio líquido; e

r) capital integralizado e reservas e outras contas atribuíveis aos proprietários da entidade.

NOTAS

1) A entidade deve apresentar contas adicionais, cabeçalhos e subtotais nos balanços patrimoniais sempre que sejam relevantes para o entendimento da posição financeira e patrimonial da entidade.

2) Na situação em que a entidade apresente separadamente seus ativos e passivos circulantes e não circulantes, os impostos diferidos ativos (passivos) não devem ser classificados como ativos circulantes (passivos circulantes).

3.1 Ordem ou formato utilizados na apresentação das contas patrimoniais

O Pronunciamento Técnico 26 (R1) não prescreve a ordem ou o formato que deva ser utilizado na apresentação das contas do balanço patrimonial, mas a ordem legalmente instituída no Brasil deve ser observada.

Observa-se que no item 2 simplesmente são listados os itens que são suficientemente diferentes na sua natureza ou função para assegurar uma apresentação individualizada no balanço patrimonial. Adicionalmente:

a) contas do balanço patrimonial devem ser incluídas sempre que o tamanho, natureza ou função de um item ou agregação de itens similares apresentados separadamente seja relevante na compreensão da posição financeira da entidade;

b) a nomenclatura de contas utilizada e sua ordem de apresentação ou agregação de itens semelhantes podem ser modificadas de acordo com a natureza da entidade e de suas transações, no sentido de fornecer informação que seja relevante na compreensão da posição financeira e patrimonial da entidade. Por exemplo, uma instituição financeira pode ter que modificar a nomenclatura acima referida no sentido de fornecer informação relevante no contexto das operações de instituições financeiras.

3.2 Contas adicionais

A entidade deve julgar a adequação da apresentação de contas adicionais separadamente com base na avaliação:

a) da natureza e liquidez dos ativos;

b) da função dos ativos na entidade;

c) dos montantes, natureza e prazo dos passivos.

A utilização de distintos critérios de mensuração de classes diferentes de ativos sugere que suas naturezas ou funções são distintas e, portanto, deverá ser apresentadas em contas separadas. Por exemplo, diferentes classes de imobilizado podem ser reconhecidas ao custo ou pelo valor de reavaliação, quando permitido legalmente, em conformidade com a NBC TG 27.

4 DISTINÇÃO ENTRE CIRCULANTE E NÃO CIRCULANTE

A entidade deve apresentar ativos circulantes e não circulantes, e passivos circulantes e não circulantes, como grupos de contas separados no balanço patrimonial, de acordo com os itens 5 e 6 e respectivos subitens, exceto quando uma apresentação baseada na liquidez proporcionar informação confiável e mais relevante. Quando essa exceção for aplicável, todos os ativos e passivos devem ser apresentados por ordem de liquidez.

Qualquer que seja o método de apresentação adotado, a entidade deve divulgar o montante esperado a ser recuperado ou liquidado em até doze meses ou mais do que doze meses, após o período de reporte, para cada item de ativo e passivo.

4.1 Ciclo operacional

Quando a entidade fornece bens ou serviços dentro de ciclo operacional claramente identificável, a classificação separada de ativos e passivos circulantes e não circulantes no balanço patrimonial proporciona informação útil ao distinguir os ativos líquidos que estejam continuamente em circulação como capital circulante dos que são utilizados nas operações de longo prazo da entidade.

Essa classificação também deve destacar os ativos que se espera sejam realizados dentro do ciclo operacional corrente, bem como os passivos que devam ser liquidados dentro do mesmo período.

4.2 Ordem crescente ou decrescente de liquidez

Para algumas entidades, tais como instituições financeiras, a apresentação de ativos e passivos por ordem crescente ou decrescente de liquidez proporciona informação que é confiável e mais relevante do que a apresentação em circulante e não circulante pelo fato de que tais entidades não fornecem bens ou serviços dentro de ciclo operacional claramente identificável.

Na aplicação das regras estabelecidas no item 4, é permitido à entidade apresentar alguns dos seus ativos e passivos, utilizando-se da classificação em circulante e não circulante e outros por ordem de liquidez quando esse procedimento proporcionar informação confiável e mais relevante. A necessidade de apresentação em base mista pode surgir quando a entidade tem diversos tipos de operações.

4.3 Datas previstas para a realização de ativos e de passivos – Utilidade

A informação acerca das datas previstas para a realização de ativos e de passivos é útil na avaliação da liquidez e solvência da entidade.

O Pronunciamento Técnico CPC 40 – Instrumentos Financeiros: Evidenciação requer divulgação das datas de vencimento de ativos financeiros e de passivos financeiros. Os ativos financeiros incluem recebíveis comerciais e outros recebíveis e os passivos financeiros incluem dívidas a pagar comerciais e outras.

A informação sobre a data prevista para a recuperação e liquidação de ativos e de passivos não monetários tais como estoque e provisão é também útil, qualquer que seja a classificação desses ativos e passivos como circulantes ou não circulantes. Por exemplo, a entidade deve divulgar o montante de estoques que se espera seja recuperado após doze meses da data do balanço.

5 ATIVO CIRCULANTE

O ativo deve ser classificado como circulante quando satisfizer qualquer um dos seguintes critérios:

a) espera-se que seja realizado ou pretende-se que seja vendido ou consumido no decurso normal do ciclo operacional da entidade;

b) está mantido essencialmente com o propósito de ser negociado;

c) espera-se que seja realizado até doze meses após a data do balanço; ou

d) é caixa ou equivalente de caixa (conforme definido no Pronunciamento Técnico CPC 03 – Demonstração dos Fluxos de Caixa), a menos que sua troca ou uso para liquidação de passivo se encontre vedada durante pelo menos doze meses após a data do balanço.

Todos os demais ativos devem ser classificados como não circulante.

5.1 Ativo não circulante

O termo "não circulante" deve ser utilizado para incluir ativos tangíveis, intangíveis e ativos financeiros de natureza associada a longo prazo. Não se proíbe o uso de descrições alternativas desde que seu sentido seja claro.

O ativo não circulante deve ser subdividido em realizável a longo prazo, investimentos, imobilizado e intangível.

O ciclo operacional da entidade é o tempo entre a aquisição de ativos para processamento e sua realização em caixa ou seus equivalentes.

Quando o ciclo operacional normal da entidade não for claramente identificável, pressupõe-se que sua duração seja de doze meses. Os ativos circulantes incluem ativos (tais como estoque e contas a receber comerciais) que são vendidos, consumidos ou realizados como parte do ciclo operacional normal mesmo quando não se espera que sejam realizados no período de até doze meses após a data do balanço.

Os ativos circulantes também incluem ativos essencialmente mantidos com a finalidade de serem negociados (por exemplo, ativos financeiros dentro dessa categoria classificados como disponíveis para venda de acordo com o Pronunciamento Técnico CPC 38 – Instrumentos Financeiros: Reconhecimento e Mensuração) e a parcela circulante de ativos financeiros não circulantes.

6 PASSIVO CIRCULANTE

O passivo deve ser classificado como circulante quando satisfizer qualquer um dos seguintes critérios:

a) espera-se que seja liquidado durante o ciclo operacional normal da entidade;

b) está mantido essencialmente para a finalidade de ser negociado;

c) deve ser liquidado no período de até doze meses após a data do balanço; ou

d) a entidade não tem direito incondicional de diferir a liquidação do passivo durante pelo menos doze meses após a data do balanço. Os termos de um passivo que podem, à opção da contraparte, resultar na sua liquidação por meio da emissão de instrumentos patrimoniais não devem afetar a sua classificação.

Todos os outros passivos devem ser classificados como não circulantes.

6.1   Itens que, por sua natureza, pertencem ao circulante

Alguns passivos circulantes, tais como contas a pagar comerciais e algumas apropriações por competência relativas a gastos com empregados e outros custos operacionais são parte do capital circulante usado no ciclo operacional normal da entidade.

Tais itens operacionais são classificados como passivos circulantes mesmo que estejam para ser liquidados em mais de doze meses após a data do balanço. O mesmo ciclo operacional normal aplica-se à classificação dos ativos e passivos da entidade. Quando o ciclo operacional normal da entidade não for claramente identificável, pressupõe-se que a sua duração seja de doze meses.

Outros passivos circulantes não são liquidados como parte do ciclo operacional normal, mas está prevista a sua liquidação para o período de até doze meses após a data do balanço ou estão essencialmente mantidos com a finalidade de serem negociados.

Exemplos disso são os passivos financeiros classificados como disponíveis para venda de acordo com o Pronunciamento Técnico CPC 38, saldos bancários a descoberto e a parte circulante de passivos financeiros não circulantes, dividendos a pagar, imposto de renda e outras dívidas a pagar não comerciais.

6.2   Passivos financeiros que proporcionem financiamento a longo prazo

Os passivos financeiros que proporcionem financiamento a longo prazo (ou seja, não façam parte do capital circulante usado no ciclo operacional normal da entidade) e cuja liquidação não esteja prevista para o período de até doze meses após a data do balanço são passivos não circulantes, sujeitos às regras estabelecidas no subitem 6.6.

6.3   Classificação dos passivos financeiros como circulante

A entidade classifica os seus passivos financeiros como circulante quando a sua liquidação estiver prevista para o período de até doze meses após a data do balanço, mesmo que:

a) o prazo original para sua liquidação tenha sido por período superior a doze meses; e

b) um acordo de refinanciamento ou de reescalonamento de pagamento a longo prazo seja completado após a data do balanço e antes das demonstrações contábeis serem autorizadas para sua publicação.

6.4   *Roll over*

Se a entidade tiver a expectativa, e tiver poder discricionário para refinanciar ou substituir (*roll over*) uma obrigação por pelo menos doze meses após a data do balanço segundo dispositivo contratual do empréstimo existente, deve classificar a obrigação como não circulante, mesmo que de outra forma fosse devida dentro de período mais curto. Contudo, quando o refinanciamento ou substituição (*roll over*) da obrigação não depender somente da entidade (por exemplo, se não houver um acordo de refinanciamento), o simples potencial de refinanciamento não é considerado suficiente para a classificação como não circulante e, portanto, a obrigação é classificada como circulante.

6.5   Compromisso de longo prazo que se torna um passivo circulante

Quando a entidade quebrar um acordo contratual (*covenant*) de empréstimo de longo prazo (índice de endividamento ou de cobertura de juros, por exemplo) ao término ou antes do término do período de reporte, tornando o passivo vencido e pagável à ordem do credor, o passivo é classificado como circulante mesmo que o credor tenha concordado, após a data do balanço e antes da data da autorização para emissão das demonstrações contábeis, em não exigir pagamento antecipado como consequência da quebra do *covenant*. O passivo deve ser classificado como circulante porque, à data do balanço, a entidade não tem direito incondicional de diferir a sua liquidação durante pelo menos doze meses após essa data.

O passivo é classificado como não circulante se o credor tiver concordado, até a data do balanço, em proporcionar uma dilação de prazo a terminar pelo menos doze meses após a data do balanço, dentro do qual a entidade pode retificar a quebra de *covenant* contratual (reenquadramento nos índices de endividamento e cobertura de juros, por exemplo), e durante o qual o credor não pode exigir a liquidação imediata do passivo em questão.

6.6 A questão dos empréstimos classificados como passivo circulante

Com respeito a empréstimos classificados como passivo circulante, se os eventos que se seguem ocorrerem entre a data do balanço e a data em que as demonstrações contábeis forem autorizadas para serem emitidas, esses eventos qualificam-se para divulgação como eventos que não originam ajustes de acordo com o Pronunciamento Técnico CPC 24 – Evento Subsequente:

a) refinanciamento para uma base de longo prazo;

b) retificação de quebra de *covenant* de empréstimo de longo prazo; e

c) concessão por parte do credor de dilação de prazo para retificar a quebra de *covenant* contratual (reenquadramento nos índices de endividamento e cobertura de juros, por exemplo) de empréstimo de longo prazo, que termine pelo menos doze meses após a data do balanço.

7 INFORMAÇÃO A SER APRESENTADA NO BALANÇO PATRIMONIAL OU EM NOTAS EXPLICATIVAS

A entidade deve divulgar, seja no balanço patrimonial seja nas notas explicativas, rubricas adicionais às contas apresentadas (subclassificações), classificadas de forma adequada às operações da entidade.

O detalhamento proporcionado nas subclassificações depende dos requisitos dos Pronunciamentos, Interpretações e Orientações e da dimensão, natureza e função dos montantes envolvidos.

Os fatores referidos no subitem 3.2 também são usados para decidir as bases a se utilizar para tal subclassificação. As divulgações variam para cada item, por exemplo:

a) os itens do ativo imobilizado são segregados em classes de acordo com o Pronunciamento Técnico CPC 27 – Ativo Imobilizado;

b) as contas a receber são segregadas em montantes a receber de clientes comerciais, contas a receber de partes relacionadas, pagamentos antecipados e outros montantes;

c) os estoques são segregados, de acordo com a NBC TG 16 – Estoques, em classificações tais como mercadorias para revenda, insumos, materiais, produtos em processo e produtos acabados;

d) as provisões são segregadas em provisões para benefícios dos empregados e outros itens; e

e) o capital e as reservas são segregados em várias classes, tais como capital subscrito e integralizado, prêmios na emissão de ações e reservas.

8   DIVULGAÇÕES A SEREM FEITAS POR MEIO DO BALANÇO, DMPL OU EM NOTAS EXPLICATIVAS

A entidade deve divulgar o seguinte no balanço patrimonial, na demonstração das mutações do patrimônio líquido ou nas notas explicativas:

a) para cada classe de ações do capital:

a.1) a quantidade de ações autorizadas;

a.2) a quantidade de ações subscritas e inteiramente integralizadas e subscritas, mas não integralizadas;

a.3) o valor nominal por ação, ou informar que as ações não têm valor nominal;

a.4) a conciliação da quantidade de ações em circulação no início e no fim do período;

a.5) os direitos, preferências e restrições associados a essa classe de ações incluindo restrições na distribuição de dividendos e no reembolso de capital;

a.6) ações ou quotas da entidade mantidas pela própria entidade (ações ou quotas em tesouraria) ou por controladas ou coligadas; e

a.7) ações reservadas para emissão em função de opções e contratos para a venda de ações, incluindo os prazos e respectivos montantes; e

b) uma descrição da natureza e da finalidade de cada reserva dentro do patrimônio líquido.

NOTAS

1) A entidade sem capital representado por ações, tal como uma sociedade de responsabilidade limitada ou um truste, deve divulgar informação equivalente à exigida na letra "a" acima, mostrando as alterações durante o período em cada categoria de participação no patrimônio líquido e os direitos, preferências e restrições associados a cada categoria de instrumento patrimonial.

2) Se a entidade tiver reclassificado instrumento financeiro com opção de venda classificado como instrumento patrimonial, ou instrumento que impõe sobre a entidade a obrigação de entregar a uma contraparte um valor *pro rata* dos ativos líquidos (patrimônio líquido) somente na liquidação da entidade e é classificado como instrumento patrimonial entre passivos financeiros e patrimônio líquido, deverá ser divulgado o montante reclassificado para e de cada categoria (passivos financeiros ou patrimônio líquido), e o momento e o motivo dessa reclassificação.

Parte IV
DEMONSTRAÇÃO DO RESULTADO E DEMONSTRAÇÃO DO RESULTADO ABRANGENTE

1 INTRODUÇÃO

A entidade deve apresentar todos os itens de receita e despesa reconhecidos no período em duas demonstrações: demonstração do resultado do período e demonstração do resultado abrangente do período; esta última começa com o resultado líquido e inclui os outros resultados abrangentes. Esta parte trata especificamente desse tema.

2 INFORMAÇÕES A SEREM APRESENTADAS NA DEMONSTRAÇÃO DO RESULTADO

A demonstração do resultado do período deve, no mínimo, incluir as seguintes rubricas, obedecidas também as determinações legais:

a) receitas;

b) custo dos produtos, das mercadorias ou dos serviços vendidos;

c) lucro bruto;

d) despesas com vendas, gerais, administrativas e outras despesas e receitas operacionais;

e) parcela dos resultados de empresas investidas reconhecida por meio do método de equivalência patrimonial;

f) resultado antes das receitas e despesas financeiras

g) despesas e receitas financeiras;

h) resultado antes dos tributos sobre o lucro;

i) despesa com tributos sobre o lucro;

j) resultado líquido das operações continuadas;

k) valor líquido dos seguintes itens:

k.1) resultado líquido após tributos das operações descontinuadas;

k.2) resultado após os tributos decorrente da mensuração ao valor justo menos despesas de venda ou na baixa dos ativos ou do grupo de ativos à disposição para venda que constituem a unidade operacional descontinuada;

l) resultado líquido do período;

3 DEMONSTRAÇÃO DO RESULTADO ABRANGENTE

A demonstração do resultado abrangente deve, no mínimo, incluir as seguintes rubricas:

a) resultado líquido do período;

b) cada item dos outros resultados abrangentes classificados conforme sua natureza (exceto montantes relativos à letra "c";

c) parcela dos outros resultados abrangentes de empresas investidas reconhecida por meio do método de equivalência patrimonial; e

d) resultado abrangente do período.

4 ITENS DE DIVULGAÇÃO OBRIGATÓRIA EM AMBAS AS DEMONSTRAÇÕES

Os itens que se seguem devem ser divulgados nas respectivas demonstrações do resultado e do resultado abrangente como alocações do resultado do período:

a) resultados líquidos atribuíveis:

a.1) à participação de sócios não controladores; e

a.2) aos detentores do capital próprio da empresa controladora;

b) resultados abrangentes totais do período atribuíveis:

b.1) à participação de sócios não controladores; e

b.2) aos detentores do capital próprio da empresa controladora.

NOTAS

1) A entidade deve apresentar na demonstração do resultado do período as rubricas referidas nas letras "a" a "f" do item 3 bem como as divulgações referidas na letra "a" do subitem acima.

2) Outras rubricas e contas, títulos e subtotais devem ser apresentados na demonstração do resultado abrangente e na demonstração do resultado do período quando tal apresentação for relevante para a compreensão do desempenho da entidade.

5 INCLUSÃO DE OUTRAS RUBRICAS EM AMBAS AS DEMONSTRAÇÕES

Em função dos efeitos das várias atividades, transações e outros eventos da entidade diferirem em termos de frequência, potencial de ganho ou perda e previsibilidade, a divulgação dos componentes do desempenho ajuda a compreender o desempenho alcançado e a fazer projeções de futuros resultados.

Outras rubricas devem ser incluídas na demonstração do resultado abrangente e na demonstração do resultado do período, sendo as nomenclaturas utilizadas e a ordenação das rubricas modificadas quando seja necessário para explicar os elementos de seu desempenho.

Os fatores a serem considerados incluem a relevância, a natureza e a função dos componentes das receitas e despesas dessas demonstrações. Por exemplo, uma instituição financeira modifica as nomenclaturas acima referidas a fim de fornecer a informação que é relevante para as operações de uma instituição financeira. Os itens de receitas e despesas não devem ser compensados a menos que sejam atendidos os critérios constantes do item 8.

A entidade não deve apresentar rubricas ou itens de receitas ou despesas como itens extraordinários, quer na demonstração do resultado abrangente, quer na demonstração do resultado do período, quer nas notas explicativas.

6   RESULTADO LÍQUIDO DO PERÍODO

Todos os itens de receitas e despesas reconhecidos no período devem ser incluídos no resultado líquido do período a menos que um ou mais Pronunciamentos, Interpretações e Orientações requeiram ou permitam procedimento distinto.

Algumas normas, interpretações e comunicados técnicos especificam circunstâncias em que determinados itens podem ser excluídos dos resultados líquidos do período. A NBC TG 23 – Políticas Contábeis, Mudança de Estimativa e Retificação de Erro trata de duas dessas circunstâncias, a saber: a correção de erros e o efeito de alterações nas políticas contábeis. Outras normas, interpretações e comunicados técnicos requerem ou permitem que outros resultados abrangentes que se enquadram na definição de receitas e despesas da Estrutura Conceitual para Elaboração e Divulgação de Relatório Contábil-Financeiro sejam excluídos do resultado líquido.

7 OUTROS RESULTADOS ABRANGENTES DO PERÍODO

A entidade deve divulgar o montante do efeito tributário relativo a cada componente dos outros resultados abrangentes, incluindo os ajustes de reclassificação na demonstração do resultado abrangente ou nas notas explicativas.

Os componentes dos outros resultados abrangentes podem ser apresentados:

a) líquidos dos seus respectivos efeitos tributários; ou

b) antes dos seus respectivos efeitos tributários, sendo apresentado em montante único o efeito tributário total relativo a esses componentes.

NOTA

A entidade deve divulgar ajustes de reclassificação relativos a componentes dos outros resultados abrangentes.

7.1 Reclassificação de resultados abrangentes para o resultado do período

Alguns Pronunciamentos, Interpretações e Orientações especificam se e quando itens anteriormente registrados como outros resultados abrangentes devem ser reclassificados para o resultado do período.

Tais ajustes de reclassificação são incluídos no respectivo componente dos outros resultados abrangentes no período em que o ajuste é reclassificado para o resultado líquido do período. Por exemplo, o ganho realizado na alienação de ativo financeiro disponível para venda é reconhecido no resultado quando de sua baixa. Esse ganho pode ter sido reconhecido como ganho não realizado nos outros resultados abrangentes do período ou de períodos anteriores.

Dessa forma, os ganhos não realizados devem ser deduzidos dos outros resultados abrangentes no período em que os ganhos realizados são reconhecidos no resultado líquido do período, evitando que esse mesmo ganho seja reconhecido em duplicidade.

7.2 Apresentação dos ajustes de reclassificação

Os ajustes de reclassificação podem ser apresentados na demonstração do resultado abrangente ou nas notas explicativas. A entidade que apresente os ajustes de reclassificação nas notas explicativas deve apresentar os componentes dos outros resultados abrangentes após os respectivos ajustes de reclassificação.

Os ajustes de reclassificação são cabíveis, por exemplo, na baixa de investimentos em entidade no exterior (ver Pronunciamento Técnico CPC 02 – Efeitos das Mudanças nas Taxas de Câmbio e Conversão de Demonstrações Contábeis), no desreconhecimento (baixa) de ativos financeiros disponíveis para a venda (ver Pronunciamento Técnico CPC 38 – Instrumentos Financeiros: Reconhecimento e Mensuração) e quando a transação anteriormente prevista e sujeita a *hedge* de fluxo de caixa afeta o resultado líquido do período (ver item 100 do Pronunciamento Técnico CPC 38 no tocante à contabilização de operações de *hedge* de fluxos de caixa).

Ajustes de reclassificação não decorrem de mutações na reserva de reavaliação (quando permitida pela legislação vigente) reconhecida de acordo com os Pronunciamentos Técnicos CPC 27 – Ativo Imobilizado e CPC 04 – Ativo Intangível ou de ganhos e perdas atuariais de planos de benefício definido reconhecidos em consonância com o Pronunciamento Técnico CPC 33 – Benefícios a Empregados. Esses componentes são reconhecidos como outros resultados abrangentes e não são reclassificados para o resultado líquido em períodos subsequentes.

As mutações na reserva de reavaliação podem ser transferidas para reserva de lucros retidos (ou prejuízos acumulados) na medida em que o ativo é utilizado ou quando é baixado (ver Pronunciamentos Técnicos CPC 27 e CPC 04). Ganhos e perdas atuariais devem ser reconhecidos na reserva de lucros retidos (ou nos prejuízos acumulados) no período em que forem reconhecidos como outros resultados abrangentes (ver o Pronunciamento Técnico CPC 33).

8 DIVULGAÇÃO DE ITENS DE RECEITAS E DESPESAS SEPARADAMENTE

Quando os itens de receitas e despesas são materiais, sua natureza e montantes devem ser divulgados separadamente.

As circunstâncias que dão origem à divulgação separada de itens de receitas e despesas incluem:

a) reduções nos estoques ao seu valor realizável líquido ou no ativo imobilizado ao seu valor recuperável, bem como as reversões de tais reduções;

b) reestruturações das atividades da entidade e reversões de quaisquer provisões para gastos de reestruturação;

c) baixas de itens do ativo imobilizado;

d) baixas de investimento;

e) unidades operacionais descontinuadas;

f) solução de litígios; e

g) outras reversões de provisão.

8.1 Análise das despesas

A entidade deve apresentar análise das despesas utilizando uma classificação baseada na sua natureza, se permitida legalmente, ou na sua função dentro da entidade, devendo eleger o critério que proporcionar informação confiável e mais relevante, obedecidas as determinações legais.

As despesas devem ser subclassificadas a fim de destacar componentes do desempenho que possam diferir em termos de frequência, potencial de ganho ou de perda e previsibilidade. Essa análise dever ser proporcionada em uma das duas formas descritas a seguir, obedecidas as disposições legais.

8.1.1 Método da natureza da despesa

A primeira forma de análise é o método da natureza da despesa. As despesas são agregadas na demonstração do resultado de acordo com a sua natureza (por exemplo, depreciações, compras de materiais, despesas com transporte, benefícios aos empregados e despesas de publicidade), não sendo realocados entre as várias funções dentro da entidade.

Esse método pode ser simples de aplicar porque não são necessárias alocações de gastos a classificações funcionais. Um exemplo de classificação que usa o método da natureza do gasto é o que se segue:

Receitas	X
Outras Receitas	X
Variação do estoque de produtos acabados e em elaboração	X
Consumo de matérias-primas e materiais	X
Despesa com benefícios a empregados	X
Depreciações e amortizações	X
Outras despesas	X
Total da despesa	(X)
Resultado antes dos tributos	X

8.1.2 Método da função da despesa ou do "custo dos produtos e serviços vendidos"

A segunda forma de análise é o método da função da despesa ou do "custo dos produtos e serviços vendidos", classificando-se as despesas de acordo com a sua função como parte do custo dos produtos ou serviços vendidos ou, por exemplo, das despesas de distribuição ou das atividades administrativas.

No mínimo, a entidade divulga o custo dos produtos e serviços vendidos segundo esse método separadamente das outras despesas. Esse método pode proporcionar informação mais relevante aos usuários do que a classificação de gastos por natureza, mas a alocação de despesas às funções pode exigir alocações arbitrárias e envolver considerável julgamento. Um exemplo de classificação que utiliza o método da função da despesa é o seguinte:

Receitas	X
Custo dos produtos e serviços vendidos	(X)
Lucro bruto	X
Outras receitas	X
Despesas de vendas	(X)
Despesas administrativas	(X)
Outras despesas	(X)
Resultado antes dos tributos	X

NOTA

As entidades que classifiquem os gastos por função devem divulgar informação adicional sobre a natureza das despesas, incluindo as despesas de depreciação e de amortização e as despesas com benefícios aos empregados.

8.1.3   Escolha do método

A escolha entre o método da função das despesas e o método da natureza das despesas depende de fatores históricos e setoriais e da natureza da entidade.

Ambos os métodos proporcionam uma indicação das despesas que podem variar, direta ou indiretamente, com o nível de vendas ou de produção da entidade. Dado que cada método de apresentação tem seu mérito conforme as características de diferentes tipos de entidade, o Pronunciamento CPC 26 (R1) estabelece que cabe à administração eleger o método de apresentação mais relevante e confiável, atendidas as exigências legais. Entretanto, admitido que a informação sobre a natureza das despesas é útil ao prever os futuros fluxos de caixa, é exigida divulgação adicional quando for usada a classificação com base no método da função das despesas. Observa-se que, na nota ao subitem 8.1.2, a expressão "benefícios aos empregados" tem o mesmo significado dado no Pronunciamento Técnico CPC 33 – Benefícios a Empregados.

Parte V
APRESENTAÇÃO DA DMPL, DFC E NOTAS EXPLICATIVAS

1   INTRODUÇÃO

Nesta parte, trataremos da apresentação da demonstração das mutações do patrimônio líquido (DMPL), da demonstração dos fluxos de caixa (DFC) e das notas explicativas tendo como base o pronunciamento CPC 26 (R1).

NOTA

Lembra-se que o Pronunciamento CPC 26 (R1) foi aprovado pela Comissão de Valores Mobiliários (CVM) e pelo Conselho Federal de Contabilidade. No âmbito da CVM, a aprovação se deu por meio da Deliberação CVM nº 676/2011, tornando o citado Pronunciamento obrigatório para todas as companhias abertas. No âmbito do CFC, a aprovação se deu por meio da Resolução nº 1.185/2009 e alterada pela Resolução nº 1.376/2011

2 DEMONSTRAÇÃO DAS MUTAÇÕES DO PATRIMÔNIO LÍQUIDO (DMPL)

A entidade deve apresentar a demonstração das mutações do patrimônio líquido, a qual deve inclui as seguintes informações:

a) o resultado abrangente do período, apresentando separadamente o montante total atribuível aos proprietários da entidade controladora e o montante correspondente à participação de não controladores;

b) para cada componente do patrimônio líquido, os efeitos da aplicação retrospectiva ou da reapresentação retrospectiva, reconhecidos de acordo com a NBC TG 23 – Políticas Contábeis, Mudança de Estimativa e Retificação de Erro;

c) para cada componente do patrimônio líquido, a conciliação do saldo no início e no final do período, demonstrando-se separadamente as mutações decorrentes:

c.1) do resultado líquido;

c.2) de cada item dos outros resultados abrangentes; e

c.3) de transações com os proprietários realizadas na condição de proprietário, demonstrando separadamente suas integralizações e as distribuições realizadas, bem como modificações nas participações em controladas que não implicaram perda do controle.

NOTAS

1) Os componentes do patrimônio líquido referidos acima incluem, por exemplo, cada classe de capital integralizado, o saldo acumulado de cada classe do resultado abrangente e a reserva de lucros retidos.

2) A entidade deve apresentar na demonstração das mutações do patrimônio líquido, ou nas notas explicativas, o montante de dividendos reconhecidos

como distribuição aos proprietários durante o período e o respectivo montante por ação.

2.1 O que deve constar do patrimônio líquido

Para cada componente do patrimônio líquido, a entidade deve apresentar, ou na demonstração das mutações do patrimônio líquido ou nas notas explicativas, uma análise dos outros resultados abrangentes por item (ver letra "c" do item 2 acima).

O patrimônio líquido deve apresentar o capital social, as reservas de capital, os ajustes de avaliação patrimonial, as reservas de lucros, as ações ou quotas em tesouraria, os prejuízos acumulados, se legalmente admitidos os lucros acumulados e as demais contas exigidas pelas normas emitidas pelo CFC.

Nota-se que as alterações no patrimônio líquido da entidade entre duas datas de balanço devem refletir o aumento ou a redução nos seus ativos líquidos durante o período.

Com a exceção das alterações resultantes de transações com os proprietários agindo na sua capacidade de detentores de capital próprio (tais como integralizações de capital, reaquisições de instrumentos de capital próprio da entidade e distribuição de dividendos) e dos custos de transação diretamente relacionados com tais transações, a alteração global no patrimônio líquido durante um período representa o montante total líquido de receitas e despesas, incluindo ganhos e perdas, gerado pelas atividades da entidade durante esse período.

2.2 Ajustes retrospectivos

A NBC TG 23 – Políticas Contábeis, Mudança de Estimativa e Retificação de Erro requer ajustes retrospectivos ao se efetuarem alterações nas políticas contábeis, até o ponto que seja praticável, exceto quando as disposições de transição de outra norma, interpretação ou comunicado técnico exigirem de outra forma. A NBC TG 23 também requer que reapresentações para corrigir erros sejam feitas retrospectivamente, até o ponto em que seja praticável. Os ajustes retrospectivos e as reapresentações retrospectivas para corrigir erros não são alterações do patrimônio líquido, mas ajustes aos saldos de abertura da reserva de lucros retidos (ou prejuízos acumulados), exceto quando uma norma, interpretação ou comunicado técnico exigir ajustes retrospectivos de outro componente do patrimônio líquido.

NOTA

Observa-se que a letra "b" do item 2 acima requer a divulgação na demonstração das mutações do patrimônio líquido do ajuste total para cada componente do patrimônio líquido resultante de alterações nas políticas contábeis e, separadamente, de correções de erros. Esses ajustes devem ser divulgados para cada período anterior e no início do período atual.

3   DEMONSTRAÇÃO DOS FLUXOS DE CAIXA (DFC)

A informação sobre fluxos de caixa proporciona aos usuários das demonstrações contábeis uma base a fim de avaliar a capacidade da entidade para gerar caixa e seus equivalentes e as necessidades da entidade para utilizar esses fluxos de caixa.

O Pronunciamento Técnico CPC 03 – Demonstração dos Fluxos de Caixa define os requisitos para a apresentação da demonstração dos fluxos de caixa e respectivas divulgações.

4   NOTAS EXPLICATIVAS

4.1   Estrutura

As notas explicativas devem:

a) apresentar informação acerca da base para a elaboração das demonstrações contábeis e das políticas contábeis específicas utilizadas de acordo com os subitens 4.2 e 4.2.1, adiante;

b) divulgar a informação requerida pelos Pronunciamentos, Orientações e Interpretações que não tenha sido apresentada nas demonstrações contábeis; e

c) prover informação adicional que não tenha sido apresentada nas demonstrações contábeis, mas que seja relevante para sua compreensão.

4.1.1 Forma de apresentação

As notas devem ser apresentadas, tanto quanto seja praticável, de forma sistemática. Cada item das demonstrações contábeis deve ter referência cruzada com a respectiva informação apresentada nas notas explicativas.

As notas explicativas são normalmente apresentadas pela ordem a seguir, no sentido de auxiliar os usuários a compreender as demonstrações contábeis e a compará-las com demonstrações contábeis de outras entidades:

a) declaração de conformidade com os Pronunciamentos, Orientações e Interpretações do Comitê de Pronunciamentos Contábeis;

b) resumo das políticas contábeis significativas aplicadas (ver subitem 4.2.2, adiante);

c) informação de suporte de itens apresentados nas demonstrações contábeis pela ordem em que cada demonstração e cada rubrica sejam apresentadas; e

d) outras divulgações, incluindo:

d.1) passivos contingentes (ver Pronunciamento Técnico CPC 25 – Provisões, Passivos Contingentes e Ativos Contingentes) e compromissos contratuais não reconhecidos; e

d.2) divulgações não financeiras, por exemplo, os objetivos e políticas de gestão do risco financeiro da entidade (ver Pronunciamento Técnico CPC 40 – Instrumentos Financeiros: Evidenciação).

Em algumas circunstâncias, pode ser necessário ou desejável alterar a ordem de determinados itens nas notas explicativas. Por exemplo, a informação sobre variações no valor justo reconhecidas no resultado pode ser divulgada juntamente com a informação sobre vencimentos de instrumentos financeiros, embora a primeira se relacione com a demonstração do resultado e a última se relacione com o balanço patrimonial. Contudo, até onde praticável, deve ser mantida uma estrutura sistemática das notas.

NOTA

As notas explicativas que proporcionam informação acerca da base para a elaboração das demonstrações contábeis e as políticas contábeis específicas podem ser apresentadas como seção separada das demonstrações contábeis.

4.2 Divulgação de políticas contábeis

A entidade deve divulgar no resumo de políticas contábeis significativas:

a) a base (ou bases) de mensuração utilizada(s) na elaboração das demonstrações contábeis; e

b) outras políticas contábeis utilizadas que sejam relevantes para a compreensão das demonstrações contábeis.

É importante que os usuários estejam informados sobre a base ou bases de mensuração utilizada(s) nas demonstrações contábeis (por exemplo, custo histórico, custo corrente, valor realizável líquido, valor justo ou valor recuperável) porque a base sobre a qual as demonstrações contábeis são elaboradas afeta significativamente a análise dos usuários.

4.2.1 Utilização de mais de uma base de mensuração

Quando mais de uma base de mensuração for utilizada nas demonstrações contábeis, por exemplo, quando determinadas classes de ativos são reavaliadas (se permitido legalmente), é suficiente divulgar uma indicação das categorias de ativos e de passivos à qual cada base de mensuração foi aplicada.

4.2.2 Política contábil a ser utilizada

Ao decidir se determinada política contábil deve ou não ser divulgada, a administração deve considerar se sua divulgação proporcionará aos usuários melhor compreensão da forma em que as transações, outros eventos e condições estão refletidos no desempenho e na posição financeira relatadas.

A divulgação de determinadas políticas contábeis é especialmente útil para os usuários quando essas políticas são selecionadas entre opções permitidas em norma, interpretação e comunicado técnico. Algumas normas, interpretações e comunicados técnicos exigem especificamente a divulgação de determinadas políticas contábeis, incluindo escolhas feitas pela administração entre diferentes políticas permitidas. Por exemplo, a NBC TG 27 – Ativo Imobilizado requer a divulgação das bases de mensuração utilizadas para as classes do ativo imobilizado.

Cada entidade deve considerar a natureza das suas operações e as políticas que os usuários das suas demonstrações contábeis esperam que sejam divulgadas para esse tipo de entidade. Por exemplo, espera-se que a entidade sujeita à tributação sobre o lucro divulgue as suas políticas contábeis para esses tributos, incluindo aquelas que sejam aplicáveis a passivos e ativos fiscais diferidos.

Quando a entidade tem operações significativas com entidade estrangeira ou transações significativas em moeda estrangeira, espera-se que divulgue as políticas contábeis para o reconhecimento de ganhos e perdas cambiais.

Uma política contábil pode ser significativa graças à natureza das operações da entidade, mesmo que os montantes associados a períodos anteriores e atual não sejam materiais.

É também apropriado divulgar cada política contábil significativa que não seja especificamente exigida pelas normas, interpretações e comunicados técnicos, mas que tenha sido selecionada e aplicada de acordo com a NBC TG 23 – Políticas Contábeis, Mudança de Estimativa e Retificação de Erro.

4.2.3   O que divulgar no resumo das políticas contábeis

A entidade deve divulgar, no resumo das políticas contábeis significativas ou em outras notas explicativas, os julgamentos realizados, com a exceção dos que envolvem estimativas que a administração fez no processo de aplicação das políticas contábeis da entidade e que têm efeito mais significativo nos montantes reconhecidos nas demonstrações contábeis.

No processo de aplicação das políticas contábeis da entidade, a administração exerce diversos julgamentos, com exceção dos que envolvem estimativas que podem afetar significativamente os montantes reconhecidos nas demonstrações contábeis. Por exemplo, a administração exerce julgamento ao definir:

a) se os ativos financeiros são instrumentos mantidos até o vencimento;

b) quando os riscos e benefícios significativos sobre a propriedade de ativos financeiros e de ativos arrendados são substancialmente transferidos para outras entidades;

c) se, em essência, determinadas vendas de bens decorrem de acordos de financiamento e, portanto, não dão origem a receitas de venda; e

d) se a essência da relação entre a entidade e uma sociedade de propósito específico indica que essa sociedade é controlada pela entidade.

NOTA

Algumas divulgações feitas conforme visto acima são requeridas por outras normas, interpretações e comunicados técnicos. Por exemplo, a NBC TG 36 – Demonstrações Consolidadas requer que a entidade divulgue as razões pelas quais determinada participação societária em sociedade investida não constitui controle, ainda que mais de metade do poder de voto ou potencial poder de voto seja de sua propriedade, direta ou indiretamente. A NBC TG 28 – Propriedade para Investimento requer a divulgação dos critérios utilizados pela entidade para distinguir a propriedade de investimento da propriedade ocupada pelo proprietário e da propriedade mantida para venda no curso ordinário dos negócios, nas situações em que a classificação das propriedades é difícil.

Parte VI
FONTES DE INCERTEZAS, CAPITAL E INSTRUMENTOS FINANCEIROS A SEREM DETALHADOS NAS NOTAS EXPLICATIVAS

1   INTRODUÇÃO

Anteriormente discorremos sobre apresentação da demonstração das mutações do patrimônio líquido (DMPL), demonstração dos fluxos de caixa (DFC) e notas explicativas.

No que diz respeito especificamente às notas explicativas, tratamos da sua estrutura e, também, sobre a divulgação de políticas contábeis.

Em continuação ao tema, trataremos nesta oportunidade sobre outras divulgações que devem constar das notas explicativas, tais como fonte de incerteza na estimativa, formação do capital e instrumentos financeiros com opção de venda classificados no patrimônio líquido.

O tema aqui estudado tem como base o Pronunciamento CPC 26 (R1), o qual foi acatado pela Comissão de Valores Mobiliários (CVM) e pelo Conselho Federal de Contabilidade. No âmbito da CVM, a aprovação se deu por meio da Deliberação CVM nº 676/2011, tornando o citado Pronunciamento obrigatório para todas as companhias abertas. No âmbito do CFC, a aprovação se deu por meio da Resolução nº 1.185/2009 e alterada pela Resolução nº 1.376/2011.

2   FONTES DE INCERTEZA NA ESTIMATIVA

A entidade deve divulgar nas notas explicativas informação acerca dos principais pressupostos relativos ao futuro, e outras fontes principais da incerteza das estimativas à data do balanço, que tenham risco significativo de provocar modificação material nos valores contábeis de ativos e passivos durante o próximo. Com respeito a esses ativos e passivos, as notas explicativas devem incluir detalhes informativos acerca:

a) da sua natureza; e

b) do seu valor contábil à data do balanço.

2.1   Definição dos montantes de ativos e passivos

Definir os montantes de alguns ativos e passivos exige a estimativa dos efeitos de eventos futuros incertos nesses ativos e passivos à data do balanço. Por exemplo, na ausência de preços de mercado recentemente observados, passam a ser necessárias estimativas orientadas para o futuro a fim de mensurar o valor recuperável de ativos do imobilizado, o efeito da obsolescência tecnológica nos estoques, provisões sujeitas ao futuro resultado de litígio em curso e passivos de longo prazo de benefícios a empregados tais como obrigações de pensão.

Essas estimativas requerem pressupostos sobre esses assuntos, como o risco associado aos fluxos de caixa ou taxas de desconto, futuras alterações em salários e futuras alterações nos preços que afetam outros custos.

2.2 Fontes da incerteza das estimativas

Os principais pressupostos e outras principais fontes da incerteza das estimativas divulgados de acordo com o referido no item 2 relacionam-se com as estimativas cujos julgamentos são os mais difíceis de serem feitos por parte da administração, subjetivos ou mesmo complexos. À medida que o número de variáveis e pressupostos que afetam a possível futura solução das incertezas aumenta, esses julgamentos tornam-se mais subjetivos e complexos, aumentando, por consequência, a probabilidade de ajuste material nos valores contábeis de ativos e passivos.

2.3 Aspectos relacionados à divulgação

As divulgações descritas no item 2 não são requeridas para ativos e passivos que tenham risco significativo de que seus valores contábeis possam sofrer alteração significativa no próximo período se, à data do balanço, forem mensurados pelo valor justo com base em preços de mercado recentemente observados. Nesse caso, os valores justos podem alterar-se materialmente no próximo período, mas essas alterações não serão fruto de pressupostos ou de outras fontes da incerteza das estimativas à data do balanço.

As divulgações descritas no item 21 são apresentadas de forma a ajudar os usuários das demonstrações contábeis a compreender os julgamentos que a administração fez acerca do futuro e sobre outras principais fontes de incerteza das estimativas. A natureza e a extensão da informação a ser divulgada variam de acordo com a natureza dos pressupostos e outras circunstâncias. Exemplos de tipos de divulgação são:

a) a natureza dos pressupostos ou de outras incertezas nas estimativas;

b) a sensibilidade dos valores contábeis aos métodos, pressupostos e estimativas subjacentes ao respectivo cálculo, incluindo as razões para essa sensibilidade;

c) a solução esperada de incerteza e a variedade de desfechos razoavelmente possíveis durante o próximo período em relação aos valores contábeis dos ativos e passivos impactados; e

d) uma explicação de alterações feitas nos pressupostos adotados no passado no tocante a esses ativos e passivos, caso a incerteza continuar pendente de solução.

NOTA

O Pronunciamento CPC 26 (R1) não requer a divulgação de previsões ou orçamentos ao fazer as divulgações descritas no item 2.

2.4 Impossibilidade de divulgar a extensão dos efeitos da fonte principal de incertezas

Quando for impraticável divulgar a extensão dos possíveis efeitos de pressuposto ou de outra fonte principal de incerteza das estimativas à data do balanço, a entidade deve divulgar que é razoavelmente possível, com base no conhecimento existente, que os valores dos respectivos ativos ou passivos no próximo período tenham que sofrer ajustes materiais em função da observação de realidade distinta em relação àqueles pressupostos assumidos. Em todos os casos, a entidade divulga a natureza e o valor contábil do ativo ou passivo específico (ou classe de ativos ou passivos) afetado por esses pressupostos.

As divulgações acerca de julgamentos específicos feitos pela administração no processo de aplicação das políticas contábeis da entidade não se relacionam com as divulgações das principais fontes da incerteza das estimativas descritas no item 2.

NOTA

A divulgação de alguns dos principais pressupostos de acordo com o item 2 é requerida por outros Pronunciamentos, Interpretações ou Orientações. Por exemplo, o Pronunciamento Técnico CPC 25 – Provisões, Passivos Contingentes e Ativos Contingentes requer a divulgação, em circunstâncias específicas, de pressupostos importantes relativos a futuros eventos que afetem determinadas provisões. O Pronunciamento Técnico CPC 40 – Instrumentos Financeiros: Evidenciação requer a divulgação de pressupostos significativos aplicados na estimativa de valores justos de ativos financeiros e de passivos financeiros que sejam avaliados pelo valor justo. O Pronunciamento Técnico

CPC 27 – Ativo Imobilizado requer a divulgação de pressupostos significativos aplicados na estimativa de valores justos de itens reavaliados do ativo imobilizado, quando permitida legalmente a reavaliação.

3 CAPITAL

As entidades devem divulgar informações que permitam aos usuários das demonstrações contábeis avaliar seus objetivos, políticas e processos de gestão de capital.

A fim de dar cumprimento ao estabelecido acima, a entidade deve divulgar as seguintes informações:

a) informações qualitativas sobre os seus objetivos, políticas e processos de gestão do capital, incluindo, sem a elas se limitar, as seguintes:

a.1) descrição dos elementos abrangidos pela gestão do capital;

a.2) caso a entidade esteja sujeita a requisitos de capital impostos externamente, a natureza desses requisitos e a forma como são integrados na gestão de capital; e

a.3) como está cumprindo os seus objetivos em matéria de gestão de capital;

b) dados quantitativos sintéticos sobre os elementos incluídos na gestão do capital. Algumas entidades consideram alguns passivos financeiros (como, por exemplo, algumas formas de empréstimos subordinados) como fazendo parte do capital, enquanto outras consideram que devem ser excluídos do capital alguns componentes do capital próprio (como, por exemplo, os componentes associados a operações de *hedge* de fluxos de caixa);

c) quaisquer alterações dos elementos referidos nas alíneas "a" e "b" em relação ao período precedente;

d) indicação do cumprimento ou não, durante o período, dos eventuais requisitos de capital impostos externamente a que a entidade estiver ou esteve sujeita;

e) caso a entidade não tenha atendido a esses requisitos externos de capital, as consequências dessa não observância. Essas informações devem basear-se nas informações prestadas internamente aos principais dirigentes da entidade.

NOTAS

1) As entidades podem gerir o seu capital de várias formas e podem estar sujeitas a diferentes requisitos no que diz respeito ao seu capital. Por exemplo, um conglomerado pode incluir entidades que exercem a atividade de seguro, em paralelo com outras que exercem a atividade bancária, e essas entidades podem desenvolver a sua atividade em vários países diferentes.

2) Caso a divulgação agregada dos requisitos de capital e da forma como este é gerido não proporcione uma informação adequada ou contribua para distorcer o entendimento acerca dos recursos de capital da entidade pelos usuários das demonstrações contábeis, a entidade deve divulgar informações distintas relativamente a cada requerimento de capital a que está sujeita.

4   INSTRUMENTOS FINANCEIROS COM OPÇÃO DE VENDA CLASSIFICADOS NO PATRIMÔNIO LÍQUIDO

No caso de instrumentos financeiros com opção de venda (*puttable*) classificados como instrumentos patrimoniais, a entidade deve divulgar (na extensão em que não tiver divulgado em outro lugar nas demonstrações contábeis):

a) dados quantitativos resumidos sobre os valores classificados no patrimônio líquido;

b) seus objetivos, políticas e os processos de gerenciamento de sua obrigação de recompra ou resgate dos instrumentos quando requerido a fazer pelos seus detentores desses instrumentos, incluindo quaisquer alterações em relação a período anterior;

c) o fluxo de caixa de saída esperado na recompra ou no resgate dessa classe de instrumentos financeiros; e

d) informação sobre como esse fluxo de caixa esperado na recompra ou no resgate dessa classe de instrumentos financeiros foi determinado.

5   OUTRAS DIVULGAÇÕES

A entidade deve divulgar nas notas explicativas:

a) o montante de dividendos propostos ou declarados antes da data em que as demonstrações contábeis foram autorizadas para serem emitidas e não reconhecido como uma distribuição aos proprietários durante o período abrangido pelas demonstrações contábeis, bem como o respectivo valor por ação ou equivalente;

b) a quantia de qualquer dividendo preferencial cumulativo não reconhecido.

5.1 Demais informações a serem divulgadas

A entidade deve divulgar, caso não seja divulgado em outro local entre as informações publicadas com as demonstrações contábeis, as seguintes informações:

a) o domicílio e a forma jurídica da entidade, o seu país de registro e o endereço da sede registrada (ou o local principal dos negócios, se diferente da sede registrada);

b) a descrição da natureza das operações da entidade e das suas principais atividades; e

c) o nome da entidade controladora e a entidade controladora do grupo em última instância;

d) se uma entidade constituída por tempo determinado, informação a respeito do tempo de duração.

Parte VII
EXEMPLOS DE DMPL COM EVIDENCIAÇÃO DE OUTROS RESULTADOS ABRANGENTES

A seguir, é reproduzido o apêndice "A" do Pronunciamento 26 (R1) que traz exemplo de demonstração das mutações do patrimônio líquido com evidenciação dos outros resultados abrangentes e da demonstração do resultado abrangente.

Nota-se que referido apêndice não faz parte do referido Pronunciamento.

"Apêndice A – Exemplo NBC TG 26

Exemplo de demonstração das mutações do patrimônio líquido com evidenciação dos outros resultados abrangentes e da demonstração do resultado abrangente (o Apêndice acompanha, mas não faz parte da Norma)

O exemplo a seguir é ilustrativo de como poderia ser apresentada a demonstração de resultados abrangentes do período, introduzida por esta Norma, utilizando-se a demonstração das mutações do patrimônio líquido que já é usualmente elaborada no Brasil. O exemplo a seguir não teve por objetivo disciplinar a forma de apresentação da demonstração das mutações do patrimônio líquido.

Note-se que foi adicionada a coluna de participação dos não controladores no patrimônio líquido das controladas, já que essa participação (também conhecida por participação da minoria ou dos minoritários) passa, a partir da adoção desta Norma, a ser apresentada dentro do patrimônio líquido como um todo, após a identificação do patrimônio líquido dos sócios da entidade controladora.

Deve também ser notado que, conforme a definição dada no início da Norma:

Resultado abrangente é a mutação que ocorre no patrimônio líquido durante um período que resulta de transações e outros eventos que não derivados de transações com os sócios na sua qualidade de proprietários.

Ou seja, todas as mutações patrimoniais, que não as transações de capital com os sócios, integram a demonstração do resultado abrangente; ou seja, a mutação do patrimônio líquido é formada por apenas dois conjuntos de valores: transações de capital com os sócios (na sua qualidade de proprietários) e resultado abrangente total. E o resultado abrangente total é formado, por sua vez, de três componentes: o resultado líquido do período, os outros resultados abrangentes e o efeito de reclassificações dos outros resultados abrangentes para o resultado do período. Veja-se como isso está evidenciado no exemplo.

Finalmente, a Norma exige que tanto o resultado líquido do período quanto os outros resultados abrangentes sejam evidenciados com relação a quanto pertence aos sócios da entidade controladora e quanto aos sócios não controladores nas controladas. No exemplo a seguir, esses valores ficam automaticamente divulgados.

Obs.: Lembrar que agora é vedada a apresentação da demonstração do resultado abrangente apenas na demonstração das mutações do patrimônio líquido.

Exemplo:

	Capital Social Integralizado	Reservas de Capital, Opções Outorgadas e Ações em Tesouraria (1)	Reservas de Lucros (2)	Lucros ou Prejuízos Acumulados	Outros Resultados Abrangentes (3)	Patrimônio Líquido dos Sócios da Controladora	Participação dos Não Controladores no Pat. Líq. das Controladas	Patrimônio Líquido Consolidado
Saldos Iniciais	1.000.000	80.000	300.000	0	270.000	1.650.000	158.000	1.808.000
Aumento de Capital	500.000	-50.000	-100.000			350.000	32.000	382.000
Gastos com Emissão de Ações		-7.000				-7.000		-7.000
Opções Outorgadas Reconhecidas		30.000				30.000		30.000
Ações em Tesouraria Adquiridas		-20.000				-20.000		-20.000
Ações em Tesouraria Vendidas		60.000				60.000		60.000
Dividendos				-162.000		-162.000	-13.200	-175.200
Transações de Capital com os Sócios						251.000	18.800	269.800
Lucro Líquido do Período				250.000		250.000	22.000	272.000
Ajustes Instrumentos Financeiros					-60.000	-60.000		-60.000
Tributos s/ Ajustes Instrumentos Financeiros					20.000	20.000		20.000
Equiv. Patrim. s/ Ganhos Abrang. de Coligadas					24.000	24.000	6.000	30.000
Ajustes de Conversão do Período					260.000	260.000		260.000
Tributos s/ Ajustes de Conversão do Período					-90.000	-90.000		-90.000
Outros Resultados Abrangentes						154.000	6.000	160.000
Reclassific. p/ Resultado – Aj. Instrum. Financ.					10.600	10.600		10.600
Resultado Abrangente Total						414.600	28.000	442.600
Constituição de Reservas			140.000	-140.000				
Realização da Reserva Reavaliação				78.800	-78.800			
Tributos sobre a Realização da Reserva de Reavaliação				-26.800	26.800			
Saldos Finais	1.500.000	93.000	340.000	0	382.600	2.315.600	204.800	2.520.400

Observações:

a) O patrimônio líquido consolidado (última coluna) evoluiu de $ 1.808.000 para $ 2.520.400 em função de apenas dois conjuntos de fatores: as transações de capital com os sócios ($ 269.800) e o resultado abrangente ($ 442.600). E o resultado abrangente é formado de três componentes: resultado líquido do período ($ 272.000), outros resultados abrangentes ($ 160.000) e mais o efeito de reclassificação ($ 10.600). É interessante notar que as reclassificações para o resultado do período não alteram, na verdade, o patrimônio líquido total da entidade, mas, por aumentarem ou diminuírem o resultado líquido, precisam ter a contrapartida evidenciada. No exemplo dado, há a transferência de $ 10.600 de prejuízo que constava como outros resultados abrangentes para o resultado do período. Imediatamente antes da transferência, o resultado líquido era de $ 260.600 que, diminuído do prejuízo de $ 10.600 agora reconhecido no resultado, passou a $ 250.000; e o saldo dos outros resultados abrangentes, que estava em $ 404.000, passou para $ 414.600. Assim, a transferência do prejuízo de $ 10.600 dos outros resultados abrangentes para o resultado do período não muda, efetivamente, o total do patrimônio líquido, mas como o resultado líquido é mostrado pelo valor diminuído dessa importância, é necessário recolocá-la na mutação do patrimônio líquido.

b) Na demonstração do resultado do período, a última linha será mostrada por $ 272.000, porque, a partir dessa NBC TG 26 – Apresentação das Demonstrações Contábeis, o lucro líquido consolidado do período é o global, incluindo a parte pertencente aos não controladores no resultado das controladas, mas é obrigatória a evidenciação de ambos os valores: o pertencente aos sócios da controladora e o pertencente aos que são sócios apenas nas controladas, como se vê na mutação acima ($ 250.000 e $ 22.000, respectivamente nas antepenúltima e penúltima colunas).

c) A Norma exige a mesma evidenciação quanto ao resultado abrangente total, o que está evidenciado também no exemplo acima: $ 414.600 é a parte dos sócios da controladora e $ 28.000 a parte dos sócios não controladores nas controladas, totalizando $ 442.600 para o período.

d) As mutações que aparecem após o resultado abrangente total correspondem a mutações internas do patrimônio líquido, que não alteram, efetivamente, seu total. Poderia inclusive esse conjunto ser intitulado "mutações internas do patrimônio líquido" ou semelhante, ou ficar sem título como está no próprio exemplo.

e) Os saldos das contas que compõem a segunda, a terceira e a quinta colunas devem ser evidenciados em quadro à parte ou em nota adicional; no caso de nota, podem ser assim divulgados:

"(1) Saldos finais (iniciais): Reserva Excedente de Capital, $ 80.000; Gastos com Emissão de Ações, ($ 7.000); Reserva de Subvenção de Investimentos, $ 10.000; Ações em Tesouraria, ($ 50.000) e Opções Outorgadas Reconhecidas, $ 60.000. Total, $ 93.000.

(2) Saldos finais: Reserva Legal, $ 88.000; Reserva de Incentivos Fiscais, $ 52.000 e Reserva de Retenção de Lucros (art. 196 da Lei 6.404/76), $ 200.000. Total, $ 340.000.

(3) Saldos finais: Reservas de Reavaliação, $ 234.600; Ajustes de Avaliação Patrimonial, $ 68.000 e Ajustes de Conversão Acumulados, ($ 80.000). Total, $ 382.600."

f) Os saldos de que trata a alínea (d) podem, alternativamente, ser evidenciados em quadros, com suas mutações analiticamente evidenciadas.

Reservas de Capital, Opções Outorgadas e Ações em Tesouraria (1)	Reserva de Excedente de Capital	Gastos com Emissão de Ações	Reserva de Subvenção de Investimentos	Ações em Tesouraria	Opções Outorgadas Reconhecidas	Contas do Grupo (1)
Saldos Iniciais	50.000	–5.000	100.000	–70.000	5.000	80.000
Aumento de Capital	–35.000		–15.000			–50.000
Gastos com Emissão de Ações		–7.000				–7.000
Opções Outorgadas Reconhecidas					30.000	30.000
Ações em Tesouraria Adquiridas				–20.000		–20.000
Ações em Tesouraria Vendidas				60.000		60.000
Saldos Finais	15.000	–12.000	85.000	–30.000	35.000	93.000

Reservas de Lucros (2)	Reserva Legal	Reserva p/ Expansão	Reserva de Incentivos Fiscais	Contas do Grupo (2)
Saldos Iniciais	110.000	90.000	100.000	300.000
Aumento de Capital			–100.000	–100.000
Constituição de Reservas	12.500	108.500	19.000	140.000
Saldos Finais	122.500	198.500	19.000	340.000

Outros Resultados Abrangentes (3)	Reservas de Reavaliação	Ajustes de Avaliação Patrimonial	Ajustes de Conversão Acumulados	Contas do Grupo (3)
Saldos Iniciais	195.000	125.000	–50.000	270.000
Ajustes Instrumentos Financeiros		–60.000		–60.000
Tributos s/ Ajustes Instrumentos Financeiros		20.000		20.000
Equiv. Patrim. s/ Ganhos Abrang. de Coligadas		24.000		24.000
Ajustes de Conversão do Período			260.000	260.000
Tributos s/ Ajustes de Conversão do Período			–90.000	–90.000
Reclassif. p/ Resultado – Aj. Instrum. Financ.		10.600		10.600
Realização da Reserva Reavaliação	–78.800			–78.800
Tributos sobre a Realização da Reserva de Reavaliação	26.800			26.800
Saldos Finais	143.000	119.600	120.000	382.600

g) O exemplo acima é sucinto e não contém, apenas por simplicidade, muitas das demais informações obrigatórias na demonstração das mutações do patrimônio líquido, como dividendo por classe e espécie de ação, informações comparativas, etc."

5

Providências Básicas para Fechamento do Balanço

1 CAIXA E EQUIVALENTE DE CAIXA (BANCOS, APLICAÇÕES FINANCEIRAS DE ATÉ 90 DIAS)

Esses são ativos considerados de liquidez imediata.

Alguns cuidados são necessários por ocasião do fechamento do balanço em relação a esses ativos.

1.1 Caixa

Por ocasião do fechamento do balanço, torna-se primordial a contagem do caixa.

A contagem deverá contemplar todos os itens do caixa (dinheiro em espécie, cheques, notas de despesa, vales, etc.).

O responsável por esse trabalho deverá estar atento para situações anormais, tais como cheques antigos, cheques pessoais de pessoas da tesouraria, comprovantes de desembolso de caixa sem data ou com data antiga, comprovantes de despesas, etc.

As eventuais notas fiscais/comprovantes de despesas devem ser encaminhadas para contabilidade para contabilização.

Os cheques pré-datados devem receber tratamento próprio, ou seja, deverão ser tratados como valores a receber.

Eventuais diferenças deverão ser esclarecidas pelo responsável do caixa para que sejam tomadas as providências necessárias.

Exemplo:

O razão caixa em 31.12.x1 apresenta um saldo de $ 44.000,00.

A contagem efetiva do caixa mostrou a seguinte situação:

Saldo em dinheiro	25.300,00
NF de despesas com material de escritório	1.200,00
NF de despesas com lanches	500,00
Cheques pré-datados de clientes	15.000,00
Empréstimo concedido a empregado	1.500,00
Subtotal	43.500,00
Diferença de falta de numerário	500,00
Saldo conforme razão contábil	44.000,00

Com base nos dados acima, teremos os seguintes ajustes na conta Caixa:

D – Despesas com material de escritório (CR)	1.200,00	
D – Despesas com lanches (CR)	500,00	
D – Cheques a receber (AC)	15.000,00	
D – Empréstimos a empregados (AC)	1.500,00	
D – Outros valores a receber de empregados (AC)	500,00	
C – Caixa (AC)		17.200,00

AC = Ativo Circulante

CR = Conta de Resultado

Desse modo, após o lançamento de ajuste acima, a empresa apresentará um saldo no caixa de $ 26.800,00.

NOTA

No exemplo, consideramos que o funcionário se responsabilizou por devolver o dinheiro faltante na contagem de caixa ($ 500,00). Caso a empresa assuma a falta do numerário, tal valor deverá ser lançado como perda, em conta de resultado.

1.2 Bancos conta movimento

Em relação aos bancos, o profissional deve valer-se das conciliações bancárias. Recomenda-se conciliações mensais. Caso a empresa não faça isso com regularidade, na data do fechamento do balanço, tal procedimento torna-se imprescindível, pois mediante a conciliação é possível detectar eventuais erros e até mesmo fraudes.

A conciliação bancária, além de ser um controle interno eficiente para toda e qualquer empresa, independentemente de seu porte, tem como objetivo principal apurar e explicar as eventuais diferenças encontradas entre o saldo apresentado pelo banco, por meio do extrato bancário, e aquele apurado pela empresa, no mesmo período, por intermédio do razão.

Dependendo do porte da empresa ou, mais especificamente, de sua movimentação bancária, a conferência dos registros contábeis com os extratos pode até ser diária; é mais usual, contudo, fazê-la mensalmente.

A conciliação bancária consiste, basicamente, na comparação entre o extrato bancário (fornecido pelo banco) e a ficha razão da respectiva conta em um determinado período de tempo.

O conciliador, primeiramente, deverá confrontar os valores e demais dados constantes do extrato bancário com aqueles constantes da respectiva ficha razão, apurando-se, assim, as divergências.

Isto é feito, na prática, de forma rudimentar, "ticando-se" os valores coincidentes (constantes do extrato e do razão).

Examine a seguinte ficha razão de conta corrente, com o movimento fictício relativo ao período de 1º a 31.12.20x1.

Ficha Razão				
Conta: 111.02 Bancos Conta Movimento				
Subconta: 111.01.001 Banco Ômega S.A.				
Data	Histórico	Débito	Crédito	Saldo
1º.12.20x1	Saldo anterior		.	970,00
03.12.20x1	Cheque nº 125.321	.	800,00 ✓	170,00
10.12.20x1	Aviso de débito	.	5,00 ✓	165,00
12.12.20x1	Depósito	500,00 ✓	.	665,00
16.12.20x1	Depósito	400,00 (3)	.	1.065,00
18.12.20x1	Cheque nº 125.322	.	265,00(1)	800,00
20.12.20x1	Aviso de crédito	200,00 ✓	.	1.000,00
23.12.20x1	Aviso de débito	.	2,50 ✓	997,50
30.12.20x1	Cheque nº 125.325	.	100,00 ✓	897,50

Agora, demonstramos o extrato bancário, com movimento relativo ao período de 1º a 31.12.20x1

Extrato Bancário			
Banco Ômega S.A.		Correntista: Comercial "X" Ltda.	
Mês e ano de referência: dez./20x1		Conta nº **125.132-1**	
Data	Histórico	Débito/Crédito	Saldo
1º.12.20x1	Saldo anterior		1.000,00 C
03.12.20x1	Cheque nº 125.321	800,00 D ✓	200,00 C
06.12.20x1	Cheque nº 125.315	30,00 D ✓	170,00 C
10.12.20x1	Aviso de crédito	50,00 C (2)	220,00 C
10.12.20x1	Aviso de débito	5,00 D ✓	215,00 C
12.12.20x1	Depósito	500,00 C ✓	715,00 C
17.12.20x1	Cheque nº 125.322	256,00 D (1)	459,00 C
20.12.20x1	Aviso de crédito	200,00 C ✓	659,00 C
20.12.20x1	Aviso de débito	2,50 D ✓	656,50 C
20.12.20x1	Aviso de débito	2,50 D ✓	654,00 C
30.12.20x1	Cheque nº 215.365	300,00 D (5)	354,00 C

Os valores com tique simples (✓) mostram que não há pendências entre eles. Portanto, em relação a esses valores não há ajustes a serem feitos.

(1) No confronto do extrato bancário com o razão, constatou-se inversão de valores (R$ 265,00/R$ 256,00). A análise da pendência revelou que o cheque nº 125.322, utilizado para pagamento de um determinado fornecedor, foi lançado a maior na contabilidade em R$ 9,00 (R$ 265,00 – R$ 256,00), sendo, portanto, passível de ajuste (estorno parcial), em 30.12.20x1. Por conseguinte, neste caso, teríamos o seguinte lançamento:

D – Bancos

C – Fornecedores   9,00

(2) O crédito, em 10.12.20x1, no valor de R$ 50,00, refere-se ao recebimento da duplicata nº 320, da empresa Indústria e Comércio Beta Ltda., cujo registro não foi efetuado na contabilidade da empresa, sendo, portanto, passível de ajuste em 30.12.20x1. Logo, teríamos o seguinte ajuste contábil:

D – Bancos

C – Clientes   50,00

(3) O valor de R$ 400,00 refere-se a um depósito registrado indevidamente nesta conta. Trata-se de depósito efetuado em outro banco ("Banco Alfa S.A."), no qual a empresa mantém outra conta corrente; portanto, passível de ajuste (transferência), em 30.12.20x1. Neste caso, teremos o seguinte lançamento contábil.

D – Bancos (Banco Alfa)

C – Bancos (Banco Ômega)   400,00

(4) O valor de R$ 2,50 refere-se a um débito em duplicidade efetuado pelo banco em 20.12.20x1, sujeito a ajuste em 31.12.20x1. Neste caso, teremos o seguinte lançamento:

D – Contas a Receber

C – Banco Ômega   2,50

(5) O valor de R$ 300,00 refere-se ao cheque nº 215.365, de terceiro (outro cliente do banco), debitado indevidamente na conta corrente da empresa, estando sujeito a ajuste em 31.12.X1. Neste caso, teremos o seguinte lançamento contábil:

D – Contas a Receber

C – Bancos   300,00

1.3 Aplicações financeiras

A exemplo dos saldos bancários, os saldos contábeis das aplicações financeiras deverão estar conferidos com os referidos extratos de aplicações financeiras.

Não se pode esquecer de efetuar o reconhecimento dos ganhos financeiros ocorridos até a data do balanço. Agindo dessa forma, estaremos observando o princípio contábil da competência.

Exemplo:

Consideremos a aplicação em CDB efetuada em $1^{\circ}.12.20x1$, pelo prazo de 60 dias, no valor de R$ 500.000,00, com resgate previsto para 29.01.20x2, pelo valor de R$ 520.000,00.

Como se observa, na operação existem juros de $ 20.000,00. Esse valor deve ser reconhecido parte em 20x1; parte em 20x2. Portanto, até 31.12.x1 incidiram ganhos de $ 10.333,33 referentes a trinta e um dias de dezembro.

Em janeiro, incidiram juros de $ 9.666,67 referentes a 29 dias de janeiro/20x2. Por conseguinte, em 31.12.x1, teremos o seguinte lançamento contábil pelo reconhecimento do ganho financeiro:

D – Aplicações Financeiras (CDB) (AC)

C – Receitas Financeiras (CR)   10.333,33

2 OUTRAS CONTAS DO CIRCULANTE

2.1 Duplicatas a receber

O primeiro procedimento é confrontar a conta de duplicatas a receber com o relatório de contas a receber.

Feito isso, pode-se detectar eventuais valores a receber não contabilizados ou contabilizados em duplicidade.

Exemplo:

O saldo de conta duplicatas a receber de um determinado cliente apresenta um saldo em 31.12.x1 de 75.000,00.

O departamento de contas a receber emite relatório, em relação a esse cliente, que demonstra um crédito no valor de R$ 70.000,00.

Ao se analisar a diferença, verifica-se que se trata de uma venda cancelada, que não foi reconhecida pela contabilidade.

Deste modo, em 31.12.x1, teremos o seguinte lançamento contábil:

D – Vendas canceladas (CR)

C – Clientes (AC)   5.000,00

2.1.1   Relação de duplicatas vencidas por data de vencimento

Outra medida interessante a ser adotada é solicitar do departamento financeiro relação das duplicatas em aberto, 31 de dezembro, por data de vencimento.

Tal procedimento servirá de subsídio para cálculo dos juros incidentes sobre os créditos vencidos.

Exemplo:

Dados em 31.12.x1

Aging de duplicatas a receber				
Duplicatas vencidas de 61 a 90 dias	Duplicatas vencidas de 31 a 60 dias	Duplicatas vencidas até 30 dias	Duplicatas a vencer	Total
500.000	1.000.000	2.000.000	2.500.000	6.000.000

A empresa tem como prática cobrar juros por atraso no pagamento da seguinte forma:

1% no primeiro mês e 2% para cada um dos meses seguintes.

Deste modo, em 31.12.x1, a empresa deverá registrar a seguinte receita com juros sobre duplicatas a receber em atraso:

$ 500.000 × 5%   = $ 25.000

$ 1.000.000 × 3% = $ 30.000

$ 2.000.000 × 1% = $ 20.000

Deste modo, em 31.12.x1 teremos o seguinte lançamento contábil:

Clientes (AC)

C – Receita de Juros (CR)   75.000,00

2.1.2   Perdas prováveis no recebimento de créditos

Em 31 de dezembro, é o momento ideal para se constituir a famosa provisão para devedores duvidosos, hoje tratada como perdas prováveis no recebimento de créditos.

Em relação ao reconhecimento dessa perda, é praxe das empresas a adoção de percentual que reflete a perda estimada. Esse percentual normalmente é obtido com base em experiências de anos anteriores e aplicado sobre o valor do saldo de duplicatas a receber em 31 de dezembro. No entanto, esse método pode conter falhas. O ideal é que a empresa faça um levantamento junto ao departamento de cobrança e junto aos advogados da empresa sobre o andamento dos processos de cobrança de duplicadas em atraso. Esse levantamento pode revelar a necessidade de se efetuar uma provisão maior do que aquela constituída por meio de percentuais estimados.

Exemplo:

O saldo de duplicatas a receber de determinada empresa em 31.12. x1 corresponde a 5.000.000,00.

O percentual histórico de perdas dessa empresa é de 2%. Desse modo, com base nesse percentual, a empresa teria que constituir uma provisão para perdas no valor de R$ 100.000,00. No entanto, o departamento jurídico da empresa, ao ser indagado pelo contador, informou que o cliente alfa está em processo falimentar e que a possibilidade de receber os créditos no valor de $ 150.000,00 é praticamente nula.

Diante dessa informação, o contador deverá refazer os cálculos da provisão para perdas com créditos de liquidação duvidosa.

A provisão com base no percentual de 2% atingirá o total das duplicatas a receber, excluído o crédito de $ 150.000,00 que, segundo os advogados, a perda é uma questão de tempo.

A empresa, portanto, deverá proceder da seguinte forma:

Base de cálculo da provisão para perdas ($ 5.000.000,00 – $ 150.000,00)	4.850.000,00
Percentual histórico de perda	2%
Subtotal	97.000,00
Perda com cliente em situação falimentar	150.000,00
Total da provisão	247.000,00

Deste modo, em 31.12.x1, teremos o seguinte lançamento contábil:

D – Perdas com clientes (CR)

C – Perdas prováveis com o recebimento
de créditos (AC)   247.000,00

2.1.3   Ajuste a valor presente

O inciso VIII do art. 183 da Lei nº 6.404/1976 assim dispõe:

"Os elementos do ativo decorrente de operações de longo prazo serão ajustados a valor presente, sendo os demais ajustados somente quando houver efeito relevante."

O tema encontra-se disciplinado pelo CPC 12 e é objeto de capítulo específico nesse livro

Vê-se que o AVP se aplica, inclusive, aos direitos de curto prazo. Isso ocorre se o efeito desse ajuste for relevante.

Exemplo:

Determinada empresa efetuou uma venda em 15.11.x1, no valor de $ 220.000,00.

A duplicata tem seu vencimento em 31.01.x2.

Considerando que o valor presente dessa duplicata em 15.11.x1 seja de $ 190.000,00 e R$ 200.000,00 em 31.12.x1.

Deste modo, teremos os seguintes lançamentos contábeis:

Pela venda em 15.11.20x1

D – Clientes

C – Receita de vendas   220.000,00

Ajuste a valor presente em 15.11.20x1

D – Ajuste a valor presente – Dedução da receita bruta

C – Ajuste ao valor presente – Clientes   30.000,00

Ajuste da provisão no encerramento do exercício social (31.12.x1)

D – Ajuste ao valor presente – Clientes

C – Receita financeira com AVP   10.000,00

Em 31.12.x1, portanto, restará uma provisão de ajuste a valor presente no valor de R$ $ 20.000,00, a qual será realizada por ocasião da quitação em 31.01.x2.

2.1.4   Créditos vinculados à variação de moeda estrangeira

Muitas empresas têm créditos vinculados à moeda estrangeira. Neste caso, em 31 de dezembro, tais direitos devem ser atualizados com base nessa moeda.

Exemplo:

A empresa tem em seu ativo um crédito a receber no valor de R$ 10.000,00. Esse crédito originou-se de uma venda ao exterior no valor de US$ 5.000,00. À época, o dólar estava cotado a US$ 2,00. Em 31.12.x1, a cotação do dólar passou para R$ 2,15. Deste modo, esse crédito em 31.12.x1, corresponde a R$ 10.750,00, resultando em um ganho de variação cambial no valor de R$ 750,00. Esse ganho deve ser reconhecido em 31.12.x1, da seguinte forma:

D – Clientes (AC)

C – Variação Cambial Ativa (CR)   750,00

2.2   "Outras" contas a receber

"Outras" contas a receber também devem ser averiguadas. Os cuidados devem estar voltados, sobretudo, a pendências antigas.

Se necessário, deverão ser consultados documentos que deram origem a tais créditos. Normalmente, são empréstimos concedidos a empregados.

Deve ser verificado qual foi o acordo feito entre empresa e empregado para fins de cobrança desse valor.

Também faz parte desse grupo de contas adiantamentos para viagem.

Na data do balanço, é recomendável que os detentores de valores a esse título prestem contas à empresa, mediante apresentação dos comprovantes.

2.3 Impostos a recuperar

A conciliação de impostos a recuperar normalmente se dá por meio de registros extracontábeis, que muitas vezes são os livros fiscais da empresa.

O ICMS, por exemplo, pode ser confrontado com o livro fiscal. Eventuais divergências entre a contabilidade e o fisco devem ser averiguadas.

Normalmente, ocorrem erros de lançamento na contabilidade.

2.4 Estoques

Para fins de levantamento do balanço, a empresa deve proceder ao levantamento e à avaliação dos estoques existentes em 31 de dezembro.

Tal providência deve abranger os estoques de (RIR/1999, arts. 261 e 292):

a) mercadorias para revenda, nas empresas comerciais;

b) matérias-primas, materiais auxiliares (e outros materiais empregados na produção) e produtos (acabados e em elaboração), nas empresas industriais;

c) outros bens existentes em almoxarifado, em qualquer empresa.

De acordo com o item 8 do Pronunciamento Técnico CPC 16 (R1) – Estoques, os estoques compreendem:

a) bens adquiridos e destinados à venda, incluindo, por exemplo, mercadorias compradas por um varejista para revenda ou terrenos e outros imóveis para revenda;

b) produtos acabados e produtos em processo de produção pela entidade que incluem matérias-primas e materiais aguardando utilização no processo de produção, tais como: componentes, embalagens e material de consumo; e

c) no caso de prestador de serviços, os estoques devem incluir os custos do serviço, tal como descrito no item 19 do CPC 16 (R1), para o qual a entidade ainda não tenha reconhecido a respectiva receita.

Importa observar que o critério de avaliação de estoques é fundamental; porém, outro aspecto representativo que deve demandar mais atenção é a correta determinação das quantidades físicas existentes na data do balanço, pois tendem a gerar distorções significativas nas demonstrações financeiras.

Para tanto, torna-se necessário a existência de controles analíticos adequados e mantidos em dia, coordenado por um bom sistema de controle interno.

Sobre os estoques, veja capítulo específico neste livro.

2.5 Despesas pagas antecipadamente

As despesas pagas antecipadamente, isto é, antes de incorridas, devem ser registradas no Ativo Circulante (em uma conta denominada "Despesas Pagas Antecipadamente", por exemplo) e serão baixadas mensalmente (ou por ocasião do encerramento do balanço) pelo valor efetivamente incorrido no período.

Exemplo

Em 01.08.20x1, a empresa paga à vista um seguro válido por um ano, no valor de R$ 12.000,00. Nessa data, o valor pago será registrado em conta de "Despesas Pagas Antecipadamente".

D – Despesas Pagas Antecipadamente	(AC)
C – Caixa (AC)	12.000,00

A efetiva despesa de seguro deverá ser contabilizada mensalmente à razão de 1/12, ou seja, uma parcela a cada mês.

Isso porque a despesa de seguro não pode ser integralmente reconhecida no mês em que foi paga, uma vez que ainda não ocorreu o "consumo" do seguro. Ele ocorrerá com o transcurso de cada mês.

Neste caso, em 31.08.20x1 deverá ser reconhecida como despesa a quantia de R$ 1.000,00.

O lançamento será:

D – Despesas com Seguro (CR)

C – Despesas Pagas antecipadamente   1.000,00

Nos meses seguintes, até dezembro, lançamento idêntico ao acima deverá ser efetuado.

Por ocasião do levantamento do balanço, o saldo da conta "Despesas Pagas Antecipadamente" deve apresentar apenas o valor a ser registrado como despesa no ano seguinte. No nosso exemplo, R$ 7.000,00

É importante checar essa conta por ocasião do encerramento do balanço.

3   ATIVO NÃO CIRCULANTE

Nesse grupo de contas, com as alterações promovidas na Lei nº 6.404/1976, deve abrigar o realizável a longo prazo, os investimentos, imobilizado e o intangível.

3.1   Realizável a longo prazo

De uma forma simplista, pode-se dizer que o realizável a longo prazo é composto pelos bens e direitos a serem recebidos após o término do exercício seguinte. Portanto, em um balanço a ser encerrado em 31.12. x1, todos os bens e direitos cujo vencimento se dê após 31.12.x2 deverão ser tratados como Realizável a Longo Prazo.

Na prática, todos os itens do Circulante (exceto caixa, naturalmente) podem ter sua "versão" de longo prazo. Bancos, clientes, estoques, impostos a recuperar, etc. Isso, naturalmente, se o vencimento se der após o término do exercício seguinte.

3.2 Investimentos

A Lei nº 6.404/1976 (art. 179) estabelece que em investimentos devem ser classificadas as participações permanentes em outras sociedades e os direitos de qualquer natureza, não classificáveis no ativo circulante, e que não se destinem à manutenção da atividade da companhia ou da empresa.

Mais adiante, no art. 183, incisos III e IV da mesma lei ficou estabelecido que, no balanço, os elementos do ativo serão avaliados segundo os seguintes critérios:

> *"(...)*
> *III – os investimentos em participação no capital social de outras sociedades, ressalvado o disposto nos artigos 248 a 250, pelo custo de aquisição, deduzido de provisão para perdas prováveis na realização do seu valor, quando essa perda estiver comprovada como permanente, e que não será modificado em razão do recebimento, sem custo para a companhia, de ações ou quotas bonificadas;*
> *IV – os demais investimentos, pelo custo de aquisição, deduzido de provisão para atender às perdas prováveis na realização do seu valor, ou para redução do custo de aquisição ao valor de mercado, quando este for inferior; (...)"*

Em relação aos investimentos avaliados pelo método da equivalência patrimonial, desde 2008 temos um novo conceito de coligação (Lei nº 6.404/1976).

Segundo a Lei nº 6.404/1976, são coligadas as sociedades nas quais a investidora tenha influência significativa.

A referida "influência significativa" se caracteriza quando a investidora detém ou exerce o poder de participar nas decisões das políticas financeira ou operacional da investida, sem controlá-la.

A legislação ainda estabelece que é presumida a "influência significativa" quando a investidora for titular de vinte por cento ou mais do capital votante da investida, sem controlá-la.

Consequentemente, o *caput* do art. 248 da Lei nº 6.404/1976 também precisou ser alterado. A nova redação dada a esse dispositivo estabelece que, no balanço patrimonial da companhia, os investimentos em coligadas ou em controladas e em outras sociedades que façam parte de um mesmo grupo ou estejam sob controle comum serão avaliados pelo método da equivalência patrimonial.

NOTAS

1) Anteriormente, o *caput* do art. 248 da Lei nº 6.404/1976 estabelecia que a avaliação pelo método da equivalência patrimonial ocorria na hipótese de investimentos em coligadas sobre cuja administração houvesse influência significativa, ou de que participasse com 20% (vinte por cento) ou mais do capital votante, em controladas e em outras sociedades que fizessem parte de um mesmo grupo ou estivessem sob controle comum.

2) As notas explicativas dos investimentos em outras companhias devem conter informações precisas sobre as sociedades coligadas e controladas e suas relações com a companhia (art. 247 da Lei nº 6.404/1976)

Sobre o tema, veja capítulo próprio neste livro.

3.3   Imobilizado

Em seu art. 179, a Lei nº 6.404/1976 estabelece que no ativo imobilizado devem ser classificados os direitos que tenham por objeto bens corpóreos destinados à manutenção das atividades da companhia ou da empresa ou exercidos com essa finalidade, inclusive os decorrentes de operações que transfiram à companhia os benefícios, riscos e controle desses bens.

Não podemos nos esquecer de que esses bens sofrem depreciação. Portanto, em 31 de dezembro, o profissional deverá fazer uma conciliação entre os registros contábeis e os registros extracontábeis para averiguar e existência física e funcionalidade desses bens e apropriar a depreciação corretamente.

Atenção especial deve ser dada aos bens baixados. Verificar se foi calculado corretamente o ganho de capital.

Não se esquecer de que os bens do ativo imobilizado utilizados no processo produtivo geram créditos de ICMS/PIS/Cofins. Deste modo, devem estar "líquidos" desses valores.

Sobre o imobilizado e depreciação, ver capítulos específicos neste livro.

3.3.1   *Impairment*

O *Impairment* está alicerçado, basicamente, no princípio contábil da prudência, o qual, essencialmente, determina a adoção do menor valor para os componentes do Ativo e do maior para os do Passivo, sempre que se apresentem alternativas igualmente válidas para o registro contábil.

Tecnicamente, o *impairment* reflete, na contabilidade, a redução do valor recuperável de um bem. Singelamente, pode-se dizer que se trata de um "ajuste para perdas por desvalorização".

Na prática, isso quer dizer que as empresas devem avaliar, periodicamente, os ativos que geram resultados. Portanto, cada vez que se verificar que um ativo esteja avaliado por valor não recuperável no futuro, ou seja, toda vez que houver uma projeção de geração de caixa em valor inferior ao montante pelo qual o ativo está registrado, a empresa terá que fazer a baixa contábil da diferença. Descomplicado

Para fins de aferição da eventual perda a empresa deverá identificar o valor recuperável do ativo. Para tanto **deverá ser utilizado o maior entre os seguintes parâmetros em relação ao bem**:

a) Valor justo liquido de despesa de venda; e

b) Seu valor em uso (valor presente de fluxos de caixa futuros esperados).

Importante: Caso a avaliação revele que o valor recuperável é maior do que o valor contábil, nada deve ser feito.

Exemplo de ajuste por *impairment*

Vamos considerar uma máquina que gera fluxo de caixa dentro de uma linha de produção.

Valor contábil ao final do exercício de 20x1:

Máquinas	R$ 250.000
(–) Depreciação acumulada	R$ 50.000
(=) Valor contábil	R$ 200.000

Foi constatado que o valor de mercado desse ativo diminuiu mais do que seria esperado (valor de venda). Também foi detectado que o desempenho econômico desse bem tem piorado (valor recuperável pelo uso).

Dados adicionais:

- Valor justo do bem, líquido de despesas com vendas: R$ 175.000.
- Valor recuperável da máquina, pelo uso no processo produtivo (fluxo de caixa descontado): R$ 181.514.

Como vimos anteriormente, o parâmetro para comparação com o valor contábil será o maior entre os dois valores acima. Portanto: **R$ 181.514.**

Em seguida, devemos comparar o maior valor determinado acima (R$ 181.514) com o valor contábil do bem. Portanto:

Fluxo de caixa líquido ao valor presente	R$ 181.514
Valor contábil do bem	R$ 200.000

Como se observa, o fluxo de caixa líquido a valor presente é inferior ao valor contábil do bem. **A diferença é de R$ 18.486**, o que representa uma perda por desvalorização.

Diante de tal fato teremos na contabilidade o seguinte registro **da perda por desvalorização (*impairment*):**

D – Perdas por *Impairment* (resultado)
C – Perdas prováveis com imobilizado (redutora do bem)   18.486

3.3.2 Ativo não circulante mantido para venda com valor contábil zero

De acordo com o item 15 do CPC 31 a entidade deve mensurar o ativo ou o grupo de ativos não circulantes classificado como mantido para venda pelo **menor** entre o seu valor contábil e o valor justo menos as despesas de venda.

O que se questiona em relação a esse dispositivo diz respeito ao valor de transferência para o ativo circulante **quando o bem tiver valor contábil zero**. Pela letra do CPC 31, item 15, temos que o valor da transferência seria zero. Isso normalmente acontece quando o bem está totalmente depreciado e sem que se tenha, previamente, estabelecido valor residual para ele.

Cabe lembrar, porém, que a "nova contabilidade" não prevê valor zero para bens do imobilizado. Nessa situação, a empresa estaria em desacordo com as "novas normas contábeis". Isso fica claro ao analisarmos o CPC 27 (IMOBILIZADO), item 53, segundo o qual:

> *"53. O valor depreciável de um ativo é determinado após a dedução de seu valor residual..."*

O que ocorre é que muitas empresas têm em sua contabilidade bens registrados sem considerar o devido valor residual. Nessa situação, o que fazer?

Neste caso, se o bem estiver disponível para venda e o seu valor contábil for zero, entende-se que deverá ser transferido para o Circulante o valor de aquisição do bem, seguido do valor da depreciação, em contas específicas, da forma como está registrado no imobilizado.

Lembra-se que não existe a possibilidade de ajustar o valor contábil do bem ao seu valor de mercado (valor justo), quando superior ao valor contábil.

Em relação às novas aquisições, obrigatoriamente, as empresas precisam atribuir um valor residual ao bem, valor esse que normalmente é o possível valor de venda do bem, conforme estabelece o próprio CPC 27 em seu item 5, quando define alguns termos. Segue definição:

> *"Valor residual de um ativo é o valor estimado que a entidade obteria com a venda do ativo, após deduzir as despesas estimadas de venda, caso o ativo já tivesse a idade e a condição esperadas para o fim de sua vida útil."*

3.4 Intangível

O grupo do ativo intangível foi criado pela Lei nº 11.638/2007. Simultaneamente, foi extinto o antigo grupo denominado diferido.

A ideia de criação desse novo grupo foi o de harmonizar a contabilidade com as práticas contábeis internacionais.

Esse grupo contempla, basicamente, direitos que tenham por objeto bens incorpóreos destinados à manutenção da companhia ou exercidos com essa finalidade.

São exemplos: *software*, patentes, direitos autorais, lista de clientes, fórmulas, modelos, protótipos, lista de clientes, licenças de direitos sobre recursos naturais, franquias, concessões.

O ativo intangível adquirido de terceiros será ativado automaticamente. Agora, quando esse ativo for gerado internamente, o CPC 04 estabelece que na fase de pesquisa os gastos sejam reconhecidos como despesa.

Após essa fase, entramos na fase de desenvolvimento. Os gastos só serão reconhecimento intangível se a entidade demonstrar que cumpriu com todas as seguintes exigências:

a) possuir viabilidade técnica para completar o ativo intangível de forma que ele seja disponibilizado para uso ou venda;

b) ter a intenção de completar o ativo intangível e de usá-lo ou vendê-lo;

c) ter capacidade para usar ou vender o ativo intangível;

d) demonstrar a existência de mercado para os produtos do ativo intangível ou para o próprio ativo intangível ou, caso este se destine ao uso interno, a sua utilidade;

e) ter disponibilidade de recursos técnicos, financeiras e outros recursos adequados para concluir seu desenvolvimento e usar ou vender o ativo intangível; e

f) ter capacidade de mensurar com segurança os gastos atribuíveis ao ativo intangível durante o desenvolvimento.

Sobre o tema, veja capítulo específico neste livro.

4 VALOR JUSTO DE ATIVOS FINANCEIROS

Já há algum tempo os termos "instrumentos financeiros" e "ativo financeiro" vêm sendo amplamente utilizado no "mundo contábil". Isso se deve as alterações promovidas na Lei nº 6.404/1976 pelas Leis nºs 11.638/2007 e 11.941/2009.

O termo "instrumentos financeiro" consta explicitamente do artigo 183, I, da Lei nº 6.404/1976, nos seguintes termos:

"Art. 183. No balanço, os elementos do ativo serão avaliados segundo os seguintes critérios:

*I – as **aplicações em instrumentos financeiros**, inclusive derivativos, e em direitos e títulos de créditos, classificados no ativo circulante ou no realizável a longo prazo:*

*a) pelo seu **valor justo**, quando se tratar de aplicações **destinadas à negociação** ou **disponíveis para venda**; e http://www.planalto.gov.br/ ccivil_03/_Ato2007-2010/2008/Mpv/449.htm – art36*

*b) pelo valor de custo de aquisição ou valor de emissão, atualizado conforme disposições legais ou contratuais, **ajustado ao valor provável de realização, quando este for inferior**, no caso das demais aplicações e os direitos e títulos de crédito*

(...)" (grifo nosso)

O que se depreende do exposto acima é que os "instrumentos financeiros", no que diz respeito à avaliação no balanço, passou a ter um tratamento diferenciado em relação as demais aplicações, direitos e títulos de créditos.

Em relação a legislação que vigia até a entrada em vigor das referidas alterações, temos que os elementos do ativo eram avaliados, segundo a seguinte regra:

"os direitos e títulos de crédito, e quaisquer valores mobiliários não classificados como investimentos, pelo custo de aquisição ou pelo valor do mercado, se este for menor; serão excluídos os já prescritos e feitas as provisões adequadas para ajustá-lo ao valor provável de realização, e será admitido o aumento do custo de aquisição, até o limite do valor do mercado, para registro de correção monetária, variação cambial ou juros acrescidos;"

Como se observa, a mudança foi drástica. Com essa nova redação, a legislação elevou a um patamar superior os ativos financeiros, com características de instrumentos financeiros.

Na prática, ao estabelecer as novas regras para avaliação do ativo, conforme acima exposto, a Lei nº 6.404/1976, abre uma "exceção" na aplicação do princípio da prudência, segundo o qual o ativo deve ser avaliado ao menor valor. Essa exceção refere-se exclusivamente aos instrumentos financeiros classificados no circulante ou no realizável a longo prazo. Segundo essa nova regra, referidos ativos deverão ser avaliados a valor justo, o que implica reconhecer tal valor para mais ou para menos em determinada data, e não somente para menos, como tradicionalmente o princípio da prudência determina.

Este item mostra como deve ser feito o registro da contrapartida dos instrumentos financeiros registrados no ativo, seja a curto prazo; seja a longo prazo.

NOTAS

1) "Destinados à negociação" ou "Destinados a negociação imediata" significa que os ativos financeiros são de liquidação imediata **e são registrados no ativo circulante. A variação de preço desses ativos deve ser registrada como resultado do exercício,** conforme veremos adiante.

2) "Disponíveis para venda", "Destinados a venda futura", "destinados a venda", "disponíveis para venda futura" significa que a empresa não tem interesse em se desfazer do ativo financeiro a curto prazo. Deste modo, esse ativo deve estar registrado no realizável a longo prazo. **A variação de preço desses ativos deve ser registrada como Ajuste de Avaliação patrimonial,** também tratada e exemplificada adiante.

4.1 Contas sujeitas ao ajuste de avaliação patrimonial

Sobre a conta Ajuste de avaliação patrimonial, a Lei nº 6.404/1976 (art. 182, § 3º), quando trata da composição do Patrimônio Líquido, assim se pronuncia:

"(...)

§ 3º Serão classificadas como ajustes de avaliação patrimonial, enquanto não computadas no resultado do exercício em obediência ao regime de competência, as contrapartidas de aumentos ou diminuições de valor atribuídos a elementos do ativo e do passivo, em decorrência da sua avaliação a valor justo, nos casos previstos nesta Lei ou, em normas expedidas pela Comissão de Valores Mobiliários, com base na competência conferida pelo § 3º do art. 177 desta Lei. (Redação dada pela Lei nº 11.941, de 2009)"

Como se observa da transcrição de dispositivo da Lei nº. 6.404/1976, os ajustes de avaliação patrimonial ficam restritos aos casos previstos na lei e, também, as normas expedidas pela CVM.

De uma forma singela, pode-se dizer que o ajuste de avaliação patrimonial a valor justo aplica-se:

a) as aplicações em instrumentos financeiros (art. 183 da Lei nº. 6.404/1976)

b) aos ajustes de ativos e passivos ao valor justo no caso de incorporação, fusão ou cisão (parágrafo 3º do art. 226 da Lei nº. 6.404/1976 e Pronunciamento Técnico CPC-15 Combinação de negócios)

c) ajustes determinados pela CVM (ex.: Deliberação CVM 534/2008 – ajustes cambiais de investimentos no exterior)

4.2 Instrumentos financeiros e ativos financeiros

O CPC 39 define instrumento financeiro como qualquer contrato que dê origem a um ativo financeiro para uma entidade e um passivo financeiro para outra entidade.

No entanto, a classificação de instrumento financeiro não se aplica para os seguintes itens: participações em controladas, coligadas e empreendimentos conjuntos (*joint venture*) que são contabilizados de acordo com o CPC 18, 19, 35 e 36; direitos dos empregadores decorrentes de planos de benefícios dos empregados de acordo com o CPC 33; contrato de seguro de acordo com o CPC 11; pagamentos baseados em ações de acordo com o CPC 10.

No tocante a ativo financeiro, o CPC 39 define como sendo qualquer ativo que seja:

- caixa;
- título patrimonial de outra empresa;
- direito contratual de receber caixa ou outro ativo financeiro de outra empresa e/ou trocar ativos ou passivos financeiros com outra empresa sob condições potencialmente favoráveis para a empresa ou um contrato que será ou poderá ser liquidado/recebido com os próprios títulos patrimoniais da entidade e é um não derivativo para o qual a entidade é ou pode ser obrigada

a receber um número variável dos seus próprios títulos patrimoniais e ou um derivativo que será ou poderá ser liquidado por outro meio que não a troca de um valor fixo em moeda ou outro ativo financeiro por um número fixo dos seus próprios títulos patrimoniais.

Como se observa, dinheiro, depósitos bancários, ações, aplicações financeiras são alguns dos exemplos de ativos financeiros.

4.3 Reconhecimento dos ganhos e perdas

De acordo com o item 43 do CPC 14, os ganhos ou perdas provenientes de alterações no valor justo de ativo financeiro ou passivo financeiro devem ser reconhecidos como segue:

a) Ganho ou perda relativo a ativo ou passivo financeiro classificado pelo valor justo por meio do resultado **deve ser reconhecido no resultado do exercício**;

b) Ganho ou perda relativo a ativo financeiro **disponível para venda deve ser reconhecido em conta específica no patrimônio líquido (ajustes de avaliação patrimonial)** até o ativo ser baixado, exceto no caso de ganhos e perdas decorrentes de variação cambial e de perdas decorrentes de redução ao valor.

Um detalhe que vale a pena ser destacado é que a aplicação em instrumentos financeiros, para sofrer os ajustes de avaliação patrimonial além de serem destinados à negociação ou estarem disponíveis para venda, **precisam estar sujeitos à oscilação de preços.** A lei dá como exemplo os derivativos. No entanto, a regra se aplica a todo e qualquer ativo financeiro sujeito a oscilação de preço. Ações de outras empresas, fundos imobiliários e aplicações em papéis do governo são exemplos clássicos.

Nota-se que a conta "ajuste de avaliação patrimonial" tem a função de recepcionar valores que pertencem ao patrimônio da empresa, mas que não transitaram pela conta de resultado. Na prática, o ajuste da avaliação patrimonial pode ser considerado uma "correção" do valor apresentado no balanço patrimonial, de um ativo ou passivo, em relação ao seu valor justo.

A função dessa "correção" é evidenciar o verdadeiro valor do ativo ou passivo em questão, o que significa dizer que esse ajuste, de acordo com o mercado, poderá ser para mais ou para menos.

NOTA

O ajuste da avaliação patrimonial não é uma reserva. Isto porque seu valor não transitou por resultado.

4.4 Como obter o valor justo de um instrumento financeiro?

Para fins de constituição do "ajuste de avaliação patrimonial", o valor justo dos instrumentos financeiro pode ser obtido em um mercado ativo, decorrente de transação não compulsória realizada entre partes independentes.

Na ausência de um mercado ativo para um determinado instrumento financeiro o valor justo será:

a) aquele que se pode obter em um mercado ativo com a negociação de outro instrumento financeiro de natureza, prazo e risco similares;

b) o valor presente líquido dos fluxos de caixa futuros para instrumentos financeiros de natureza, prazo e risco similares; ou

c) o valor obtido por meio de modelos matemático-estatísticos de precificação de instrumentos financeiros.

4.5 Exemplo

Determinada empresa, durante o ano, adquiriu ativos financeiros, com as seguintes características:

- Títulos do governo (ativos financeiros): 400
- Valor dos títulos adquiridos: R$ 150,00
- Quantidade de títulos destinados a venda futura (determinação da administração): 330
- Quantidade títulos destinados a negociação imediata (determinação da administração): 70

- Esses títulos, independentemente de serem destinados a venda futura ou para venda imediata, rendem juros de: 8% a.a.
- Valor justo de cada título no final do exercício: R$ 160,00

Com base nesses dados temos que determinar o valor da receita do período **a título de juros e valor da receita ou despesa com base nas regras do preço de mercado (valor justo).**

Roteiro:

O primeiro passo é registrar os títulos como sendo para venda imediata (C/P) e como sendo para venda futura (L/P). Com base nas informações fornecidas, temos:

Curto prazo:	70	×	R$ 150,00	=	R$ 10.500,00
Longo prazo:	330	×	R$ 150,00	=	R$ 49.500,00

1 – Registro da aquisição dos títulos	
D – Ativos financeiros – Títulos do governo – Venda Imediata (AC)	10.500,00
D – Ativos financeiros – Títulos do governo – Venda futura (RLP)	49.500,00
C – Caixa/Bancos	60.000,00

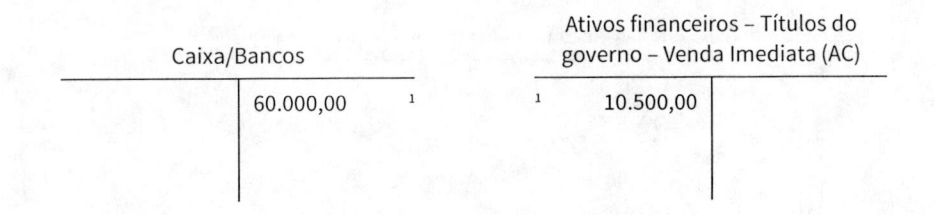

Num segundo momento temos que reconhecer os juros incidentes sobre os títulos para venda imediata e para venda futura. Esses juros são receita do período, independentemente do ativo ser de curto ou longo prazo. Portanto, temos:

Curto prazo:	R$ 10.500,00 × 8%	=	R$ 840,00
Longo prazo:	R$ 49.500,00 × 8%	=	R$ 3.960,00
Juros registrados como receita:			R$ 4.800,00

2 – Registro do reconhecimento dos juros	
D – Ativos financeiros – títulos do governo – Venda imediata (AC)	840,00
D – Ativos financeiros – Títulos do governo – Venda futura (RLP)	3.960,00
C – Receita de juros (resultado)	4.800,00

Ativos financeiros – títulos do governo – Venda imediata (AC)	
s 10.500,00	
2 840,00	
11.340,00	

Ativos financeiros – Títulos do governo – Venda futura (RLP)	
s 49.500,00	
2 3.960,00	
53.460,00	

Receita de juros (resultado)	
	4.800,00 2

Adotados os procedimentos acima, já temos condições de identificar o valor dos ativos, após o reconhecimento dos juros que, na contabilidade estão assim representados, conforme razão:

Curto prazo:	R$ 10.500,00 + R$ 840,00 = R$ 11.340,00
Longo prazo:	R$ 49.500,00 + R$ 3.960,00 = R$ 53.460,00

Por fim, temos que reconhecer o ajuste de avaliação patrimonial tendo como base o valor justo dos ativos. Em atendimento à legislação fiscal, o reconhecimento do ajuste a valor justo deverá ser feito em subconta á conta que registra o ativo.

O valor justo deverá ser aplicado para mais ou para menos sobre todos os ativos financeiros.

Lembre-se que a contrapartida do valor a curto prazo deve ser tratada como **resultado** (despesa ou receita, conforme o caso); a contrapartida do valor a longo prazo deve ser reconhecido como **ajuste de avaliação patrimonial**, no PL. Diante dessas informações, temos:

Ativo financeiro de curto prazo

Valor registrado na contabilidade, após reconhecimento dos juros	R$ 11.340,00
curto prazo (valor justo) 70 × R$ 160,00 =	R$ 11.200,00
(=) Ganho ou Perda com o ajuste a valor de mercado (RESULTADO)	R$ 140,00

Ativo financeiro de longo prazo

Valor registrado na contabilidade, após reconhecimento dos juros	R$ 53.460,00
Longo prazo (valor justo) 330 × R$ 160,00 =	R$ 52.800,00
(=) Ajuste de avaliação patrimonial (PL)	R$ 660,00

3 – Reconhecimento do valor justo a ser registrado como resultado (conta de Resultado)	
D – Ativos financeiros – Títulos do governo – Venda imediata (AC)	– AVJ
C – Ganho/Perda com o Ajuste a valor de mercado (Resultado)	140,00

4 – Reconhecimento do valor justo a ser registrado como Ajuste de Avaliação Patrimonial (PL)	
D – Ativos financeiros – Títulos do governo – Venda futura (RLP) – AVJ	
C – Ajuste de Avaliação Patrimonial (PL)	R$ 660,00

Ativos financeiros – Títulos do governo – Venda imediata (AC)	
s 11.200,00	
140,00	
11.340,00	

Ativos financeiros – Títulos do governo – Venda futura (RLP)	
s 52.800,00	
660,00	
53.460,00	

Ativos financeiros – Títulos do governo – Venda imediata (AC) – AVJ	
3 140,00	

Ativos financeiros – Títulos do governo – Venda futura (RLP) – AVJ	
4 660,00	

Ganho/Perda com o Ajuste a valor justo	
	140,00 3

Ajuste de Avaliação Patrimonial (PL)	
	660,00 4

Adotados os procedimentos acima, o valor dos ativos financeiros (instrumentos financeiros), a valor justo, estará assim representado na contabilidade:

Disponíveis para venda imediata	R$ 11.340,00 + R$ 140,00 = R$ 11.480,00
Disponíveis para venda futura	R$ 53.460,00 + R$ 660,00 = R$ 54.120,00

Importante: Os valores registrados na conta de Ajuste de Avaliação Patrimonial deverão ser transferidos para resultado a medida que os ativos forem sendo realizados. Ou seja, no momento da venda do título, reconhecesse a receita mediante transferência do saldo da conta de Ajuste de Avaliação Patrimonial para o resultado.

5   OBRIGAÇÕES

Da mesma forma que o ativo, o passivo divide-se em circulante e não circulante.

O circulante é composto pelas obrigações que vencem até o término do exercício seguinte. Já o não circulante corresponde a todas as obrigações que vencem após o término do exercício seguinte. Portanto, em um balanço a ser encerrado em 31.12.x1, todas as obrigações cujo vencimento se dê até 31.12.x2 deve ser tratado como circulante. O vencimento após 31.12.x2 deverá ser tratado como não circulante (antigo exigível a longo prazo).

Em linhas gerais, todas as obrigações constantes do circulante podem ter sua "versão" de longo prazo no não circulante. Como exemplo, temos empréstimos a pagar, fornecedores, etc.

De forma simplista, podemos dizer que as obrigações representam fontes de recursos e reivindicações de terceiros contra os ativos da empresa.

As obrigações mais comuns das empresas são:

- fornecedores;
- empréstimos a pagar;
- impostos a pagar;
- salários a pagar e encargos sociais a recolher;
- provisões.

5.1 Fornecedores

O razão de fornecedores deve ser confrontado com o relatório preparado pelo contas a pagar.

Ocorrendo divergências, as mesmas devem ser sanadas. Às vezes, o pagamento foi realizado e a contabilidade não fez o registro. Pode acontecer, também, o pagamento em duplicidade. Nesses dois casos, o confronto entre contabilidade e contas a pagar é imprescindível.

É comum, também, a conta contábil apresentar saldo devedor. Isso normalmente ocorre porque quando efetuado o pagamento em atraso o valor total é contabilizado contra a conta fornecedores. Os juros pagos é o responsável por esse saldo devedor. Basta, nesse caso, fazer um lançamento de transferência para resultado (despesas com juros) da respectiva diferença.

5.1.1 Elementos financeiros constantes nas compras a prazo

Fornecedores normalmente representam compras para os estoques.

A negociação pode efetivamente conter um elemento de financiamento, como, por exemplo, uma diferença entre o preço de aquisição em condição normal de pagamento e o valor pago.

Essa diferença deve ser reconhecida como despesa de juros durante o período do financiamento.

Exemplo:

Valor da mercadoria	750.000,00
IPI	52.500,00
ICMS	135.000,00
PIS	12.375,00
Cofins	57.000,00
Total da NF	802.500,00 *
Outras informações:	
* Juros financeiros cobrados:	21.825,00

Diante dessas informações, teríamos o seguinte lançamento, considerando-se o método tradicional de registro de compra, onde os encargos financeiros compunham o estoque:

D	Estoque	545.625,00	
D	IPI	52.500,00	
D	ICMS	135.000,00	
D	PIS	12.375,00	
D	Cofins	57.000,00	
C	Fornecedores		802.500,00

Agora, segundo o CPC 16 (item 18), teremos que expurgar dos estoques o custo financeiro:

Para tanto, e para manter a contabilidade alinhada com a legislação fiscal, teremos que elaborar o seguinte lançamento:

D – Juros a Incorrer (Redutora do passivo)

C – Estoque – AVP (subconta da conta Estoque)   21.825,00

A primeira novidade aqui refere-se à conta Juros a incorrer. Essa conta compõe o passivo como conta redutora de fornecedores. À medida que forem ocorrendo o vencimento das parcelas, efetua-se a transferência do encargo financeiro correspondente para resultado.

Por sua vez, a conta "Estoque – AVP" será baixa contra a conta de custo, a mesma que recebe a contrapartida da baixa dos estoques.

5.2   Empréstimos a pagar

De uma forma geral, os empréstimos são contabilizados quando do seu recebimento e avaliados pelas quantias efetivamente devidas na data do encerramento do balanço.

Isso significa dizer que em 31 de dezembro a dívida para com terceiros deverá estar atualizada, mediante o reconhecimento de juros, correção monetária e atualizadas pela taxa de câmbio se for o caso.

Naturalmente, a empresa tem como obter esses valores atualizados diretamente com as instituições financeiras. Contudo, uma leitura dos contratos de empréstimos torna-se fundamental para que se faça os registros contábeis adequados.

Vê-se que em algumas situações de empréstimo os juros são prefixados e, às vezes, pagos antecipadamente.

Neste caso, a conta empréstimo estará acompanhada de uma conta redutora, sob a rubrica "Juros a Apropriar". Essa conta, em 31 de dezembro, vai refletir o valor já pago de juros, mas que, segundo o regime de competência, não pode ser tratada como despesa imediatamente, pois ainda não incorreu.

Outros empréstimos e financiamentos podem trazer taxas de juros pós-fixadas. Neste caso, a apropriação dos juros como despesa somente pode ser feita na data do balanço. Para esses casos, os juros incorridos passam a compor o total do empréstimo.

5.3 Impostos e contribuições a pagar/recolher

Sob essa rubrica existe uma variedade de itens. Imposto de Renda e Contribuição Social, Imposto de Renda Retido na Fonte, ICMS, ISS, PIS/Cofins, IPI, etc.

O importante é que o profissional tenha consciência de que esses itens, quando possível, devem ser confrontados com fontes externas à contabilidade.

O Imposto de Renda e a CSL são confrontados com o Lalur e o LACS (livros fiscais). O profissional encarregado de verificar a veracidade do IRPJ e da CSL devida deve ter conhecimento profundo de contabilidade e IRPJ/CSL, porquanto esses livros (Lalur e LACS) são a ligação entre a contabilidade e o Fisco.

Basicamente, o profissional deverá verificar se as adições e exclusões feitas no Lalur procedem. Um outro exame é verificar se foram negligenciados outros valores que influenciariam no lucro real, base de cálculo do IRPJ/CSL. Isso pode ser feito vasculhando-se a contabilidade, especificamente as contas de receitas e despesas em busca de valores ou rubricas "suspeitas". Exemplos: doações, brindes. Ao encontrar tais valores, o profissional deverá cotejá-los com o Lalur/LACS e verificar se foram incluídos na base de cálculo dos tributos.

ICMS, PIS/Cofins, ISS e IPI constantes da escrituração contábil podem ser cotejados com os livros fiscais e "memória de base de cálculo", no departamento fiscal da empresa.

Os valores retidos na fonte a título de Imposto de Renda e INSS podem ser confrontados com as folhas de pagamento e outros documentos que deram suporte ao pagamento a terceiros.

5.4 Salários a pagar e encargos sociais a recolher

O cuidado maior com salários a pagar diz respeito à constituição das provisões sobre férias e 13os salários e respectivos encargos sociais.

O ideal é que o departamento pessoal ou RH, encaminhe para a contabilidade, relatório que reflita os direitos dos empregados em relação a esses benefícios em 31 de dezembro.

Caso isso não seja possível, o contador pode lançar mão do princípio da oportunidade e elaborar o registro das despesas com base em valores estimados.

Um outro procedimento que também pode ser adotado pelo profissional responsável pela conciliação dessas contas é a confirmação da existência efetiva dos empregados constantes da folha de pagamento. A contabilidade pode se antecipar ao trabalho de auditoria, por ocasião do fechamento do balanço, selecionar alguns empregados constantes da folha de pagamento e verificar a sua existência física. Caso seja detectado algum "funcionário fantasma", a direção da empresa deverá ser comunicada procedendo-se aos ajustes necessários na contabilidade.

5.5 Provisões

As provisões são muito comuns na contabilidade. Basicamente, elas têm a sua "validade" fundamentada no princípio contábil da prudência que estabelece, em linhas gerais, a avaliação do ativo pelo menor valor e do passivo pelo maior valor sempre que se apresentem alternativas igualmente válidas para a quantificação das mutações patrimoniais que alterem o patrimônio líquido

Características básicas das provisões

- é estimativa;
- não tem data certa para vencimento;
- muitas vezes, o credor não pode ser identificado.

Quando se constitui uma provisão, debita-se uma conta de despesa e credita-se a provisão constituída, que pode ser redutora do ativo ou uma conta do passivo.

São exemplos de contas de provisão:

- provisão para contingências fiscais, trabalhistas e cíveis;
- provisão para garantias.

As provisões são regulamentadas pelo CPC 25 e é objeto de capítulo específico neste livro.

6 PASSIVO EXIGÍVEL: SITUAÇÕES EM QUE UMA OBRIGAÇÃO NÃO CIRCULANTE DEVE SER REGISTRADA COMO CIRCULANTE

Passivo circulante e passivo não circulante são subgrupos de contas do passivo exigível, no Balanço Patrimonial. O que difere um do outro, basicamente, é a data de vencimento da obrigação.

Sobre o assunto a Lei nº 6.404/1976 é categórica no que diz respeito a sua classificação. O art. 180 da referida lei assim estabelece:

> *"As obrigações da companhia, inclusive financiamentos para aquisição de direitos do ativo não circulante, serão classificadas no passivo circulante, quando se vencerem no exercício seguinte, e no passivo não circulante, se tiverem vencimento em prazo maior..."*

O CPC 26 que, entre outras coisas, define a base para a apresentação das demonstrações contábeis, como não poderia ser diferente, reitera essa orientação.

O citado CPC, em seu item 69 estabelece os critérios que se impõem a um passivo no que diz respeito a sua classificação como circulante. Entre eles, a letra "c" do item 69 fixa que a liquidação do passivo no período de até doze meses após a data do balanço é ponto determinante na sua classificação como um passivo circulante.

Mais adiante, ao final do item 69 fica estabelecido que todos os outros passivos devem ser classificados como não circulante. Na prática, isso significa dizer que, caso a obrigação tenha como data de vencimento prazo superior aos doze meses após a data do balanço, automaticamente a obrigação se caracteriza como não circulante.

O que ocorre, é que isso não é uma verdade absoluta. Existe sim a possibilidade de um passivo com vencimento após o término do exercício seguinte ser classificado no circulante. O próprio CPC 26 traz essa exceção. Isso fica claro ao analisarmos o seu item 70, que assim dispõe:

> *"70. Alguns passivos circulantes, tais como contas a pagar comerciais e algumas apropriações por competência relativas a gastos com empregados e outros custos operacionais são parte do capital circulante usado no ciclo operacional normal da entidade. Tais itens operacionais são classificados como passivos circulantes mesmo que estejam para ser liquidados em mais de doze meses após a data do balanço. O mesmo ciclo operacional normal*

aplica-se à classificação dos ativos e passivos da entidade. Quando o ciclo operacional normal da entidade não for claramente identificável, pressupõe-se que a sua duração seja de doze meses." (grifo do autor)

No que diz respeito a "gastos com empregados", é evidente que o CPC está se referindo às despesas com férias e encargos incidentes. Quando registramos o primeiro 1/12 das férias de um empregado, não podemos esquecer que a empresa terá, por amparo da lei trabalhista, genericamente, até 23 meses para conceder o direito ao empregado. Deste modo, se a admissão do empregado tiver ocorrido, por exemplo, em abril/2017, a obrigação de pagar as férias deverá ser honrada até março/2019. Na prática, e na letra do art. 180 da Lei nº 6.404/1976, o direito às férias do empregado no período de abril/2017 até dezembro/2017 deveria estar registrado no balanço de 31.12.2017 como uma obrigação no passivo não circulante. No entanto, essa não é a realidade imposta pelo CPC 26. Por se tratar de um custo/despesa operacional, deverá ser tratada como um passivo circulante, mesmo vencendo após o término do exercício seguinte.

Já em relação as "contas a pagar comerciais", entendo tratar-se de obrigações assumidas pela aquisição de mercadorias e/ou insumos/serviços aplicados na atividade comercial e/ou produtiva da empresa. Exemplo: aquisição a prazo de matéria prima a ser utilizada no processo produtivo, cujo pagamento se dará após o término do exercício seguinte ao da data do balanço. Materializando esse exemplo, considere a aquisição em abril de 2017 de um lote de matéria prima a ser utilizado no processo produtivo da empresa. A matéria prima será consumida dentro do ciclo operacional da empresa (12 meses). Já o pagamento do fornecedor somente ocorrerá em janeiro de 2019. Novamente, se observarmos literalmente o art. 180 da Lei nº 6.404/1976, o registro da obrigação se dará no passivo não circulante. No entanto, o CPC determina que referida obrigação seja registrada no passivo circulante, tendo em vista tratar-se de um custo operacional usado no ciclo operacional normal da entidade

7   ADIANTAMENTOS PARA FUTURO AUMENTO DE CAPITAL (AFAC)

Tradicionalmente, os adiantamentos para futuro aumento de capital (AFAC) têm seu lastro no fato de a empresa receber recursos de seus acionistas ou quotistas com o fim específico de aumento de capital.

Ao receber referidos valores a empresa, normalmente, registra tais recursos a débito de caixa ou equivalente de caixa e credita conta denominada "Adiantamento para Futuro Aumento de Capital", normalmente no passivo não circulante.

O que se tem questionado já há algum tempo é o porquê do registro da conta "Adiantamento para Aumento de Capital" no passivo e não no patrimônio líquido.

O que ocorre é que a contabilização do AFAC fora do patrimônio Líquido é uma imposição fiscal, manifestada por meio do Parecer Normativo CST nº 23/1981, que assim estabelece:

> "Ocorrendo a eventualidade de adiantamento para futuro aumento de capital, qualquer que seja a forma pela qual os recursos tenham sido recebidos – mesmo que sob a condição para utilização exclusiva em aumento de capital –, esses ingressos deverão ser mantidos fora do patrimônio líquido, por serem esses adiantamentos considerados obrigação para com terceiros, podendo ser exigidos pelos titulares enquanto o aumento de capital não se concretizar."

À época da sua edição, referido parecer se justificava do ponto de vista fiscal. Isto porque vivíamos um período em que vigorava o sistema de correção monetária do balanço, tendo em vista os altíssimos índices de inflação do período. Por essa sistemática, atualizavam-se as contas do ativo permanente, o que resultava em correção monetária credora (receita); por sua vez, as contas do patrimônio líquido também sofriam a correção, o que resultava em correção monetária devedora (despesa). Ao manter o AFAC fora do Patrimônio Líquido, a empresa tinha uma despesa menor, o que resultava, em termos práticos, em um Imposto de Renda maior (lembra-se que as contas do ativo e passivo circulantes e não circulantes não sofriam correção).

O que ocorre e que com o fim da correção monetária essa orientação perdeu qualquer efeito fiscal prático. Como não houve qualquer manifestação do Fisco sobre o tema, os profissionais continuaram a seguir a orientação do Fisco cegamente.

No entanto, já a algum tempo o CFC se pronunciou a respeito. Isso deu por meio da Resolução CFC nº 1.159/09, que aprovou o Comunicado

Técnico CTG 2000 (que trata dos ajustes das novas práticas contábeis adotadas no Brasil trazidas pela Lei nº 11.638/07 e MP nº 449/08).

Em linhas gerais, os itens 68 e 69 do referido diploma legal esclarecem que o AFAC deve, à luz do princípio da essência sobre a forma, ser classificado no Patrimônio Líquido das entidades.

Esclarece também que, para tanto, que o AFAC seja realizado sem que haja a possibilidade de sua devolução. O registro deve ser feito após a conta de capital social. Caso haja qualquer possibilidade de sua devolução, devem ser registrados no Passivo Não Circulante.

Para registrar o AFAC dentro do patrimônio líquido, é primordial que os valores recebidos estejam alicerçados em acordo documental que estabeleça cláusula de absoluta condição de permanência dos valores na sociedade. Por si só, tal cláusula é lastro suficiente para se proceder ao registro de tais valores no patrimônio líquido, tendo em vista tratar-se de valores não exigíveis perante terceiros.

Observa-se que a alocação do AFAC no patrimônio líquido tornará esse grupo de contas e o balanço mais "atraentes", pois o balanço passa a espelhar a realidade, além de melhorar os índices de liquides e endividamento da empresa.

Por fim, cabe aqui um importante alerta: atentar para o fato de que o AFAC não deverá compor a base de cálculo dos "Juros Remuneratórios sobre o Capital Próprio", por falta expressa de permissão legal.

6

Estoques

Os estoques representam um dos itens mais importantes dentro das demonstrações **contábeis, sobretudo para as empresas comerciais e industriais.**

Este capítulo, em virtude de sua complexidade, foi dividido 3 partes, as quais abordam:

I – os critérios gerais de valoração dos estoques;
II – avaliação dos estoques pelo método de custo;
III – avaliação dos estoques pelo valor de mercado.

Parte I
VALORAÇÃO DOS ESTOQUES DE MERCADORIAS PARA REVENDA

1   CRITÉRIOS DE VALORAÇÃO DE ESTOQUE

Segundo o CPC 16, o custo dos estoques, de uma forma geral (exceto os referidos no item 4, adiante), deve ser atribuído pelo uso do critério Primeiro a Entrar, Primeiro a Sair (PEPS) ou pelo critério do custo médio ponderado.

Observa-se que o CPC 16 não recepcionou a utilização do método UEPS (Último a Entrar, Primeiro a Sair). Portanto, sua utilização que era vedada para fins fiscais, agora é vedada, também, para fins contábeis.

O critério de custeio deve ser o mesmo para todos os estoques que tenham natureza e uso semelhantes para a entidade. Para os estoques que tenham outra natureza ou uso, podem justificar-se diferentes critérios de valoração. Por exemplo, os estoques usados em um segmento de negócio podem ter um uso para a entidade diferente do mesmo tipo de estoques usados em outro segmento de negócio. Porém, uma diferença na localização geográfica dos estoques (ou nas respectivas normas fiscais), por si só, não é suficiente para justificar o uso de diferentes critérios de valoração do estoque.

NOTA

Um exemplo mais comum diz respeito ao estoque de mercadorias para revenda e ao estoque de material de expediente. O primeiro pode ser valorado pelo custo médio; o segundo pode ser valorado pelo PEPS.

2 PEPS (PRIMEIRO A ENTRAR, PRIMEIRO A SAIR)

O critério PEPS (Primeiro a Entrar, Primeiro a Sair) pressupõe que os itens de estoque que foram comprados ou produzidos primeiro sejam vendidos em primeiro lugar e, consequentemente, os itens que permanecerem em estoque no fim do período sejam os mais recentemente comprados ou produzidos.

No desenvolvimento do exemplo, consideremos os seguintes dados referentes ao mês de dezembro/X1:

Data	Operação	Quant.	Total
1º/dez.	EI	35	1.400,00
02/dez.	Compra	12	504,00
07/dez.	Venda	5	
15/dez.	Venda	31	
16/dez.	Compra	5	230,00
17/dez.	Venda	12	

Diante desses dados, temos:

Método PEPS

Mercadoria: Calculadora modelo PQX2

DATA	Operação	ENTRADA			SAÍDA			SALDO		
		QUANT.	V. UNIT.	V. TOTAL	QUANT.	V. UNIT.	V. TOTAL	QUANT.	V. UNIT.	V. TOTAL
01/dez.	EI							35	40,00	1.400,00
	Saldo							35	40,00	1.400,00
02/dez.	Compra	12	42,00	504,00				12	42,00	504,00
	Saldo							35	40,00	1.400,00
								12	42,00	504,00
07/dez.	Venda				5	40,00	200,00	30	40,00	1.200,00
	Saldo							12	42,00	504,00
15/dez.	Venda				30	40,00	1.200,00			
					1	42,00	42,00	11	42,00	462,00
	Saldo							11	42,00	462,00
16/dez.	Saldo							11	42,00	462,00
	Compra	5	46,00	230,00				5	46,00	230,00
	Saldo							11	42,00	462,00
								5	46,00	230,00
17/dez.	Venda				11	42,00	462,00			
					1	46,00	46,00	4	46,00	184,00
	Saldo							4	46,00	184,00
	Totais						1.950,00			184,00
							CMV			EF

3 CUSTO MÉDIO PONDERADO

Pelo critério do custo médio ponderado, o custo de cada item é determinado a partir da média ponderada do custo de itens semelhantes no começo de um período e do custo dos mesmos itens comprados ou produzidos durante o período. A média pode ser determinada em base periódica ou à medida que cada lote seja recebido, dependendo das circunstâncias da entidade.

No desenvolvimento do exemplo, consideremos os seguintes dados referentes ao mês de dezembro/X1:

Data	Operação	Quant.	Total
1º/dez.	EI	35	1.400,00
02/dez.	Compra	12	504,00
07/dez.	Venda	5	
15/dez.	Venda	31	
16/dez.	Compra	5	230,00
17/dez.	Venda	12	

Método Custo Médio

Mercadoria: Calculadora modelo PQX2

DATA	Operação	ENTRADA			SAÍDA			SALDO		
		QUANT.	V. UNIT.	V. TOTAL	QUANT.	V. UNIT.	V. TOTAL	QUANT.	V. UNIT.	V. TOTAL
01/dez.	EI							35	40,00	1.400,00
02/dez.	Compra	12	42,00	504,00				47	40,51	1.904,00
07/dez.	Venda				5	40,51	202,55	42	40,51	1.701,45
15/dez.	Venda				31	40,51	1.255,83	11	40,51	445,62
16/dez.	Compra	5	46,00	230,00				16	42,23	675,62
06.09.	Venda				12	42,23	506,71	4	42,23	168,90
Saldo							1.965,10			168,90
							CMV			EF

4 ESTOQUE DE BENS E SERVIÇOS PARA PROJETOS ESPECÍFICOS

De acordo com o CPC 16, o custo dos estoques de itens que não são normalmente intercambiáveis e de bens ou serviços produzidos e segregados para projetos específicos deve ser atribuído pelo uso da identificação específica dos seus custos individuais.

A identificação específica do custo significa que são atribuídos custos específicos a itens identificados do estoque. Como exemplo, temos as empresas que comercializam veículos usados.

Este é o tratamento apropriado para itens que sejam segregados para um projeto específico, independentemente de eles terem sido comprados ou produzidos. Porém, quando há grandes quantidades de itens de estoque que sejam geralmente intercambiáveis, a identificação específica de custos não é apropriada. Em tais circunstâncias, um critério de valoração dos itens que permanecem nos estoques deve ser usado.

Parte II
AVALIAÇÃO DOS ESTOQUES PELO MÉTODO DE CUSTO

1 INTRODUÇÃO

Segundo o inciso II do art. 183 da Lei nº 6.404/1976, no balanço, os direitos que tiverem por objeto mercadorias e produtos do comércio da companhia, assim como matérias-primas, produtos em fabricação e bens em almoxarifado, serão avaliados *"pelo custo de aquisição ou produção, deduzido de provisão para ajustá-lo ao valor de mercado, quando este for inferior".*

Nessa parte, é tratada a avaliação dos estoques segundo o método de custo, tendo como base o Pronunciamento Técnico CPC 16 – Estoques.

2 CUSTOS DO ESTOQUE

O valor de custo do estoque deve incluir todos os custos de aquisição e de transformação, bem como outros custos incorridos para trazer os estoques à sua condição e localização atuais.

Cabe aqui destacar o final do parágrafo anterior. Vê-se que o CPC 16 admite como custo somente os gastos tidos para trazer os estoques até a empresa. Desse modo, gastos adicionais de remanejamento ou de realocação dos mesmos deverão ser tratados como despesas. Isso se aplica, por exemplo, na hipótese de a empresa, estando com seu espaço de armazenamento saturado, recorrer a espaço de terceiros para alocar seus estoques.

Por sua vez, os gastos com o transporte normal e necessário de matéria-prima entre os diversos setores produtivos da empresa compõem o custo. Exemplo: gastos de transporte do setor de montagem para o setor de pintura.

3 CUSTOS DE AQUISIÇÃO

O custo de aquisição dos estoques compreende o preço de compra, os impostos de importação e outros tributos, bem como os custos de transporte, seguro, manuseio e outros diretamente atribuíveis à aquisição de produtos acabados, materiais e serviços. Descontos comerciais, abatimentos e outros itens semelhantes devem ser deduzidos na determinação do custo de aquisição.

4 CUSTOS DE TRANSFORMAÇÃO

Os custos de transformação de estoques incluem os custos diretamente relacionados com as unidades produzidas ou com as linhas de produção, como pode ser o caso da mão de obra direta.

Também incluem a alocação sistemática de custos indiretos de produção, fixos e variáveis, que sejam incorridos para transformar os materiais em produtos acabados.

Os custos indiretos de produção fixos são aqueles que permanecem relativamente constantes independentemente do volume de produção, tais como a depreciação e a manutenção de edifícios e instalações fabris, máquinas e equipamentos e os custos de administração da fábrica.

4.1 A questão da depreciação – Custo fixo ou custo variável?

Nota-se que não necessariamente as despesas com depreciação se caracterizam como despesas fixas.

Segundo o Pronunciamento CPC nº 27 – Ativo imobilizado (item 60), o método de depreciação utilizado reflete o padrão de consumo pela entidade dos benefícios econômicos futuros. Portanto, o método a ser utilizado é de "livre" escolha para a empresa. Por conseguinte, se a empresa utilizar o método linear para reconhecer sua depreciação, referido valor será considerado custo fixo. Se a empresa produzir 100 ou 150 unidades no mês, o custo da depreciação será o mesmo, pois a depreciação não está atrelada à quantidade produzida. No entanto, se o método utilizado for de unidades produzidas, referido valor será variável, porque quanto maior a produção, maior será a depreciação, porque o reconhecimento da depreciação está atrelado ao volume produzido.

4.2 Custos indiretos

Os custos indiretos de produção variáveis são aqueles que variam diretamente, ou quase diretamente, com o volume de produção, tais como materiais indiretos e certos tipos de mão de obra indireta.

4.3 Alocação de custos fixos indiretos – Critérios

A alocação de custos fixos indiretos de fabricação às unidades produzidas deve ser baseada na capacidade normal de produção.

A capacidade normal é a produção média que se espera atingir ao longo de vários períodos em circunstâncias normais. Com isso, leva-se em consideração, para a determinação dessa capacidade normal, a parcela da capacidade total não utilizada por causa de manutenção preventiva, de férias coletivas e de outros eventos semelhantes considerados normais para a entidade.

Importante:

Os custos fixos não alocados aos produtos devem ser reconhecidos diretamente como despesa no período em que são incorridos.

NOTAS

1) Em linhas gerais, temos que a capacidade real é sinônimo de capacidade plena, ou seja, 100%.

Já a capacidade normal, é aquilo que conseguimos produzir observadas as limitações normais de segurança ou legais. É fato que nenhuma empresa trabalha utilizando sua capacidade plena.

2) O nível real de produção pode ser usado se aproximar da capacidade normal. Como consequência, o valor do custo fixo alocado a cada unidade produzida não pode ser aumentado por causa de um baixo volume de produção ou ociosidade.

4.3.1 Exemplo

Para exemplificar o exposto no subitem anterior, consideremos os seguintes dados do mês de dezembro/X1:

1	Custos fixos indiretos de fabricação	R$ 2.800.000,00	
2	Nível real de produção	15.000	pç
3	Capacidade normal de produção	14.000	pç
4	Peças efetivamente produzidas	10.500	pç

Diante desses dados, teríamos:

5	Diferença por ociosidade (3 – 4)		3.500	pç
6	Custo fixo unitário (1/3)	R$	200,00	
7	Parcela a ser alocada aos estoques (4 × 6)	R$	2.100.000,00	
8	Parcela não alocada aos estoques (5 × 6)	R$	700.000,00	
*	Justificativa: Baixo volume de produção tendo em vista a retração do mercado consumidor.			

Teríamos, portanto, diante dessas informações, o seguinte registro contábil em dezembro/X1.

D – Estoques	R$ 2.100.000,00	
D – Despesas por ociosidade	R$ 700.000,00	
C – Custos fixos indiretos de fabricação		R$ 2.800.000,00

NOTA

Em períodos de anormal alto volume de produção, o montante de custo fixo alocado a cada unidade produzida deve ser diminuído, de maneira que os estoques não sejam mensurados acima do custo.

4.4 Tratamento dos custos indiretos

Segundo o CPC 16 (item 13, final), os custos indiretos de produção variáveis devem ser alocados a cada unidade produzida com base no uso real dos insumos variáveis de produção, ou seja, na capacidade real utilizada.

Para exemplificar, consideremos como produção efetiva 10.550 peças, conforme consta do exemplo anterior. Já o custo variável, consideremos que seja da ordem de R$ 3.000.000.

Custos indiretos variáveis		
Gastos gerais de fabricação variáveis		R$ 3.307.500,00
Peças efetivamente produzidas		10.500
Custo variável indireto de fabricação	R$	315,00

Contabilmente, teremos:

D – Estoques	R$ 3.307.500,00	
C – Custo variável indireto de fabricação		R$ 3.307.500,00

Vê-se que em se tratando de custos indiretos não há que se falar em parcela a ser alocada como despesa.

4.5 Processo de produção que resulte em mais de um produto fabricado simultaneamente

Um processo de produção pode resultar em mais de um produto fabricado simultaneamente.

Este é, por exemplo, o caso quando se fabricam produtos em conjunto ou quando há um produto principal e um ou mais subprodutos.

Quando os custos de transformação de cada produto não são separadamente identificáveis, eles devem ser atribuídos aos produtos em base racional e consistente.

Essa alocação pode ser baseada, por exemplo, no valor relativo da receita de venda de cada produto, seja na fase do processo de produção em que os produtos se tornam separadamente identificáveis, seja no final da produção, conforme o caso.

Exemplificando: No desenvolvimento do exemplo, consideremos três produtos (A, B e C), conforme quadro abaixo, a um custo total de produção de R$ 5.407.500,00. Utilizando o parâmetro constante do CPC 16 (o valor relativo da receita de venda de cada produto), teremos:

Apropriação de custos					
Produtos	Preço de Venda	Quant. Produzida	Total	Part. %	Apropriação dos Custos
A	R$ 2.300,00	300	690.000,00	33,01%	1.785.251,20
B	R$ 2.400,00	400	960.000,00	45,93%	2.483.827,75
C	R$ 2.200,00	200	440.000,00	21,05%	1.138.421,05
Totais		900	2.090.000,00	100%	5.407.500,00

A apropriação dos custos acima foi obtida mediante a aplicação da seguinte fórmula:

$$\frac{\text{Preço de venda total de cada produto}}{\text{Preço de venda total}} = \frac{\text{Participação}}{\text{percentual}} \times \frac{\text{custo}}{\text{total}} = \frac{\text{custo}}{\text{atribuído}}$$

> **NOTA**
>
> A maior parte dos subprodutos, em razão de sua natureza, geralmente é imaterial. Quando for esse o caso, eles são muitas vezes mensurados pelo valor realizável líquido e este valor é deduzido do custo do produto principal. Como resultado, o valor contábil do produto principal não deve ser materialmente diferente do seu custo.

5   OUTROS CUSTOS

Outros custos que não de aquisição nem de transformação devem ser incluídos nos custos dos estoques somente na medida em que sejam incorridos para colocar os estoques no seu local e na sua condição atuais.

O CPC 16 cita como exemplo (item 15, final) gastos gerais que não sejam de produção ou os custos de desenho de produtos para clientes específicos.

Mais adiante, o mesmo CPC nos fornece outro exemplo (item 38, final). Segundo esse item, as circunstâncias da entidade também podem admitir a inclusão de outros valores aos estoques, tais como custos de distribuição, se eles adicionarem valor aos produtos. Por exemplo: uma mercadoria tem valor de venda maior na prateleira do supermercado do que no depósito de distribuição dessa entidade; assim, o custo do transporte do centro de distribuição à loja de venda deve ser considerado como parte integrante do custo de colocar o estoque em condições de venda; consequentemente, deve afetar o custo da mercadoria.

6   ITENS QUE NÃO DEVEM SER INCLUÍDOS NO CUSTO DOS ESTOQUES

O CPC 16 (item 16) exemplifica itens que não devem ser incluídos no custo dos estoques, mas sim reconhecidos como despesa do período em que são incorridos.

Os exemplos são:

a) valor anormal de desperdício de materiais, mão de obra ou outros insumos de produção;

b) gastos com armazenamento, a menos que sejam necessários ao processo produtivo entre uma e outra fase de produção;

c) despesas administrativas que não contribuem para trazer o estoque ao seu local e condição atuais; e

d) despesas de comercialização, incluindo a venda e a entrega dos bens e serviços aos clientes.

6.1 Elementos financeiros constantes nas compras a prazo

A entidade geralmente compra estoques com condição para pagamento a prazo.

Nada mais normal do que a negociação conter um elemento de financiamento como, por exemplo, uma diferença entre o preço de aquisição em condição normal de pagamento e o valor pago. **Essa diferença deve ser reconhecida como despesa de juros durante o período do financiamento.**

Veja exemplo no Capítulo 5, subitem 5.1.1

7 CUSTOS DE ESTOQUE DE PRESTADOR DE SERVIÇOS

Na proporção em que os prestadores de serviços tenham estoques de serviços em andamento, devem mensurá-los pelos custos da sua produção.

Esses custos consistem principalmente em mão de obra e outros custos com o pessoal diretamente envolvido na prestação dos serviços, incluindo o pessoal de supervisão, o material utilizado e os custos indiretos atribuíveis.

Os salários e os outros gastos relacionados com as vendas e com o pessoal geral administrativo não devem ser incluídos no custo, mas reconhecidos como despesa do período em que são incorridos.

O custo dos estoques de prestador de serviços não inclui as margens de lucro nem os gastos gerais não atribuíveis que são frequentemente incluídos nos preços cobrados pelos prestadores de serviços.

8 CUSTO DO PRODUTO AGRÍCOLA COLHIDO, PROVENIENTE DE ATIVO BIOLÓGICO

Segundo o Pronunciamento Técnico CPC 29 – Ativo Biológico e Produto Agrícola, os estoques que compreendam o produto agrícola que a entidade tenha colhido, proveniente dos seus ativos biológicos, devem ser mensurados no reconhecimento inicial pelo seu valor justo deduzido dos gastos estimados no ponto de venda no momento da colheita. Esse passa a ser o custo dos estoques naquela data.

9 OUTRAS FORMAS PARA MENSURAÇÃO DO CUSTO DE ESTOQUE

Outras formas para mensuração do custo de estoque, tais como o custo-padrão ou o método de varejo, podem ser usadas por conveniência se os resultados se aproximarem do custo.

O custo-padrão leva em consideração os níveis normais de utilização dos materiais e bens de consumo, da mão de obra e da eficiência na utilização da capacidade produtiva. Ele deve ser regularmente revisto à luz das condições correntes.

As variações relevantes do custo-padrão em relação ao custo devem ser alocadas nas contas e nos períodos adequados de forma a se ter os estoques de volta a seu custo.

O método de varejo é muitas vezes usado no setor de varejo para mensurar estoques de grande quantidade de itens que mudam rapidamente, itens que têm margens semelhantes e para os quais não é praticável usar outros métodos de custeio.

O custo do estoque deve ser determinado pela redução do seu preço de venda na percentagem apropriada da margem bruta. A percentagem usada deve levar em consideração o estoque que tenha tido seu preço de venda reduzido abaixo do preço de venda original. É usada muitas vezes uma percentagem média para cada departamento de varejo.

Parte III
AVALIAÇÃO DOS ESTOQUES DE MERCADORIAS PELO VALOR DE MERCADO

1 INTRODUÇÃO

Segundo o inciso II do art. 183 da Lei nº 6.404/1976, no balanço, os direitos que tiverem por objeto mercadorias e produtos do comércio da companhia, assim como matérias-primas, produtos em fabricação e bens em almoxarifado, serão avaliados:

"pelo custo de aquisição ou produção, deduzido de provisão para ajustá-lo ao valor de mercado, quando este for inferior;" (...)

Mais adiante, no § 1º do mesmo artigo, a Lei nº 6.404/1976 veio definir valor justo. Segundo esse dispositivo, considera-se valor justo:

"(...)

§ 1º (...)

a) das matérias-primas e dos bens em almoxarifado, o preço pelo qual possam ser repostos, mediante compra no mercado;

b) dos bens ou direitos destinados à venda, o preço líquido de realização mediante venda no mercado, deduzidos os impostos e demais despesas necessárias para a venda, e a margem de lucro;

(...)"

Nesta parte, é tratada a avaliação de estoque de mercadorias para revenda segundo o método de mercado (valor realizável líquido), tendo como base o Pronunciamento Técnico CPC 16 – Estoques.

2 CONSIDERAÇÕES SOBRE VALOR DE MERCADO, VALOR REALIZÁVEL LÍQUIDO E VALOR JUSTO

Ao abordar o assunto, o CPC 16 estabeleceu que os estoques devem ser mensurados pelo valor de custo ou pelo valor realizável líquido, dos dois o menor.

Como se observa, ao determinar a adoção do menor valor para o estoque, o CPC observou em sua plenitude o princípio da prudência.

Grosso modo, pode-se dizer que o termo "valor realizável líquido" veio substituir o termo "valor de mercado", em se tratando de mensuração dos estoques de produtos acabados e de mercadorias para revenda. Contudo, o conceito de "valor realizável líquido" é muito mais abrangente do que o tradicional "valor de mercado", até então utilizado.

De uma forma simplista, tínhamos que "valor de mercado", até as alterações promovidas na Lei nº 6.404/1976 pela Lei nº 11.638/2009, era o preço praticado pelo mercado relativamente a determinado produto/mercadoria. Portanto, se tínhamos uma quantidade de um produto X em nossos estoques avaliados por R$ 100.000 e, na data do balanço, esse produto atingiu um preço de venda de R$ 95.000 (líquido dos impostos), teríamos que constituir uma provisão de R$ 5.000,00, pois o preço de mercado era inferior ao de custo, e reconhecíamos a perda.

Agora, de acordo com a nova sistemática, temos que adotar o valor de custo ou "valor realizável líquido/valor justo", dos dois o menor.

O CPC 16 define "valor realizável líquido" como:

"o preço de venda estimado no curso normal dos negócios deduzido dos custos estimados para sua conclusão e dos gastos estimados necessários para se concretizar a venda."

Esse conceito (valor realizável líquido), conforme se depreende da leitura do inciso II e do § 1º, alínea" b" do art. 183 da Lei nº 6.404/1976, será utilizado para determinarmos o "valor de mercado", relativamente dos estoques, dos produtos acabados e das mercadorias para revenda.

O mesmo CPC também traz definição para valor justo. De acordo com o referido pronunciamento, valor justo é:

"aquele pelo qual um ativo pode ser trocado ou um passivo liquidado entre partes interessadas, conhecedoras do negócio e independentes entre si, com ausência de fatores que pressionem para a liquidação da transação ou que caracterizem uma transação compulsória."

Esse conceito (valor justo), conforme se depreende da leitura do inciso II e do § 1º, alínea "a" do art. 183 da Lei nº 6.404/1976, será utilizado para determinarmos o "valor de mercado", relativamente dos estoques, das matérias-primas e dos bens em almoxarifado em geral, não avaliado pelo "Valor Realizável líquido".

3   REGRAS GERAIS PARA APLICAÇÃO DO VALOR REALIZÁVEL LÍQUIDO

O custo dos estoques pode não ser recuperável se esses estoques estiverem danificados, se se tornarem total ou parcialmente obsoletos ou se os seus preços de venda tiverem diminuído.

O custo dos estoques pode também não ser recuperável se os custos estimados de acabamento ou os custos estimados a serem incorridos para realizar a venda tiverem aumentado.

A prática de reduzir o valor de custo dos estoques (*write down*) para o valor realizável líquido é consistente com o ponto de vista de que os ativos não devem ser escriturados por quantias superiores àquelas que se espera que sejam realizadas com a sua venda ou uso.

3.1 Critérios para redução dos estoques ao valor realizável líquido

Os estoques devem ser geralmente reduzidos para o seu valor realizável líquido item a item.

Em algumas circunstâncias, porém, pode ser apropriado agrupar unidades semelhantes ou relacionadas. Pode ser o caso dos itens de estoque relacionados com a mesma linha de produtos que tenham finalidades ou usos finais semelhantes, que sejam produzidos e comercializados na mesma área geográfica e não possam ser avaliados separadamente de outros itens dessa linha de produtos.

Não é apropriado reduzir o valor do estoque com base em uma classificação de estoque como, por exemplo, bens acabados, ou em todo estoque de determinado setor ou segmento operacional.

Os prestadores de serviços normalmente acumulam custos relacionados a cada serviço para o qual será cobrado um preço de venda específico. Portanto, cada um desses serviços deve ser tratado como um item em separado.

3.1.1 Estimativas do valor realizável líquido

As estimativas do valor realizável líquido devem ser baseadas nas evidências mais confiáveis disponíveis no momento em que são feitas as estimativas do valor dos estoques que se espera realizar.

Essas estimativas devem levar em consideração variações nos preços e nos custos diretamente relacionados com eventos que ocorram após o fim do período, à medida que tais eventos confirmem as condições existentes no fim do período.

As estimativas do valor realizável líquido também devem levar em consideração a finalidade para a qual o estoque é mantido. Por exemplo, o valor realizável líquido da quantidade de estoque mantido para atender contratos de venda ou de prestação de serviços deve ser baseado no preço do contrato. Se os contratos de venda dizem respeito a quantidades inferiores às quantidades de estoque possuídas, o valor realizável líquido do excesso deve basear-se em preços gerais de venda.

3.1.2   Provisões

Podem surgir provisões resultantes de contratos firmes de venda superiores às quantidades de estoques existentes ou de contratos firmes de compra em andamento se as aquisições adicionais a serem feitas para atender a esses contratos de venda forem previstas com base em valores estimados que levem à situação de prejuízo no atendimento desses contratos de venda. Tais provisões devem ser tratadas de acordo com o Pronunciamento Técnico CPC 25 – Provisão e Passivo e Ativo Contingentes.

3.1.3   Materiais e outros bens de consumo

Os materiais e os outros bens de consumo mantidos para uso na produção de estoques ou na prestação de serviços não serão reduzidos abaixo do custo se for previsível que os produtos acabados em que eles devem ser incorporados ou os serviços em que serão utilizados sejam vendidos pelo custo ou acima do custo. Porém, quando a diminuição no preço dos produtos acabados ou no preço dos serviços prestados indicar que o custo de elaboração desses produtos ou serviços excederá seu valor realizável líquido, os materiais e os outros bens de consumo devem ser reduzidos ao valor realizável líquido. Em tais circunstâncias, o custo de reposição dos materiais pode ser a melhor medida disponível do seu valor realizável líquido.

4   EXEMPLO

Conforme vimos anteriormente, o CPC 16 define "valor realizável líquido" como sendo o preço de venda estimado no curso normal dos negócios deduzido dos custos estimados para sua conclusão e dos gastos estimados necessários para se concretizar a venda.

Deste modo, consideremos determinada empresa comercial, com os seguintes dados:

| Merc. em estoque | Custo de aquisição | | | Preço de Venda estimado | Custo para vender/receber | | | | | Custo un. para vender |
	Quant.	Custo Un.	Total		Embal.	Frete	Comissão	Cobrança	Total	
A	80	43,00	3.440,00	50,00	300,00	350,00	600,00	500,00	1.750,00	21,88
B	120	105,00	12.600,00	120,00	250,00	450,00	200,00	300,00	1.200,00	10,00
C	140	100,00	14.000,00	190,00	750,00	1.300,00	1.500,00	1.400,00	4.950,00	35,36

Diante dessas informações, o valor líquido realizável seria:

| | Item | Produto | | |
		A	B	C
1	Preço de Venda estimado	50,00	120,00	190,00
2	Custo unitário para vender	21,88	10,00	35,36
3	Valor Líquido realizável (1 – 2)	28,13	110,00	154,64
4	Custo de aquisição	43,00	105,00	100,00
5	Custo de aquisição abaixo do mercado (3 – 4)	– 14,88	5,00	54,64

Como se observa, portanto, a provisão deve ser efetuada somente para a mercadoria "A" e corresponde a R$ 1.190,00 (80 unidades × R$ 14,88).

Contabilmente, teremos o seguinte registro

D – Perdas em Estoques – Valor Realizável Líquido (Contas de Resultado)

C – Perdas Prováveis em Estoques – Valor Realizável Líquido (Redutora do Ativo Circulante)   1.190,00

5 VALOR REALIZÁVEL LÍQUIDO – NOVA AVALIAÇÃO NOS PERÍODOS SUBSEQUENTES

Em cada período subsequente, deve ser feita uma nova avaliação do valor realizável líquido.

Quando as circunstâncias que anteriormente provocaram a redução dos estoques abaixo do custo deixarem de existir ou quando houver uma clara evidência de um aumento no valor realizável líquido em razão da alteração nas circunstâncias econômicas, a quantia da redução deve ser revertida (a reversão é limitada à quantia da redução original) de modo a que o novo montante registrado do estoque seja o menor valor entre o custo e o valor realizável líquido revisto. Isso ocorre, por exemplo, com um item de estoque registrado pelo valor realizável líquido quando o seu preço de venda tiver sido reduzido e, enquanto ainda mantido em período posterior, tiver o seu preço de venda aumentado.

7

Imobilizado

1 INTRODUÇÃO

Segundo a Lei nº 6.404/1976:

> "*Art. 179. As contas serão classificadas do seguinte modo:*
>
> *(...)*
>
> *IV – no ativo imobilizado: os direitos que tenham por objeto bens corpóreos destinados à manutenção das atividades da companhia ou da empresa ou exercidos com essa finalidade, inclusive os decorrentes de operações que transfiram à companhia os benefícios, riscos e controle desses bens; (Redação dada pela Lei nº 11.638, de 2007)*
>
> *(...)*"

Esse conceito já atende às novas normas contábeis objetivando a harmonização global da contabilidade.

Nesse diapasão, os membros do Comitê de Pronunciamentos Contábeis aprovaram o Pronunciamento Técnico CPC 27 – Ativo Imobilizado, o qual foi elaborado a partir do IAS 16 – *Property, Plant and Equipment* (IASB), e sua aplicação, no julgamento do Comitê, produz reflexos contábeis que estão em conformidade com o documento editado pelo IASB.

À época da aprovação, o CPC recomendou que o referido Pronunciamento fosse referendado pelas entidades reguladoras brasileiras.

Isso ocorreu no âmbito Comissão de Valores Mobiliários, do Conselho Federal de Contabilidade, da Aneel, da ANS e da Susep.

As orientações que constam desse capítulo permitem que os usuários das demonstrações contábeis possam discernir a informação sobre o investimento da entidade em seus ativos imobilizados, bem como suas mutações.

2 OBRIGATORIEDADE DE OBSERVÂNCIA DAS NOVAS REGRAS PELOS PROFISSIONAIS CONTABILIDADE

Observa-se que o CPC 27, ao ser recepcionado pelo Conselho Federal de Contabilidade, tornou-se uma Norma Brasileira de Contabilidade, devendo ser obrigatoriamente observado pelos profissionais de contabilidade, por força do art. 2º do Código de ética Profissional do Contabilista que assim estabelece:

> "Art. 2º São deveres do Profissional da Contabilidade:"
>
> "I – exercer a profissão com zelo, diligência, honestidade e capacidade técnica, observada toda a legislação vigente, em especial aos Princípios de Contabilidade e as Normas Brasileiras de Contabilidade, e resguardados os interesses de seus clientes e/ou empregadores, sem prejuízo da dignidade e independência profissionais; (negrito nosso)
>
> (...)"

3 O QUE NÃO DEVE SER CLASSIFICADO NO ATIVO IMOBILIZADO

As normas aqui tratadas não se aplicam a:

a) ativos imobilizados classificados como mantidos para venda de acordo com o Pronunciamento Técnico CPC 31 – Ativo Não Circulante Mantido para Venda e Operação Descontinuada;

b) ativos biológicos relacionados com a atividade agrícola (ver o Pronunciamento Técnico CPC 29 – Ativo Biológico e Produto Agrícola);

c) reconhecimento e mensuração de ativos de exploração e avaliação (ver o Pronunciamento Técnico CPC 34 – Exploração e Avaliação de Recurso Mineral); ou

d) direitos sobre jazidas e reservas minerais tais como petróleo, gás natural, carvão mineral, dolomita e recursos não renováveis semelhantes.

Este Pronunciamento, contudo, aplica-se aos ativos imobilizados usados para desenvolver ou manter os ativos descritos em "b" a "d".

4 ALGUMAS DEFINIÇÕES IMPORTANTES

Os seguintes termos são usados neste trabalho, com os significados especificados. Vejamos alguns:

- *Valor contábil* é o valor pelo qual um ativo é reconhecido após a dedução da depreciação e da perda por redução ao valor recuperável acumuladas.

- *Custo* é o montante de caixa ou equivalente de caixa pago ou o valor justo de qualquer outro recurso dado para adquirir um ativo na data da sua aquisição ou construção ou, ainda, se for o caso, o valor atribuído ao ativo quando inicialmente reconhecido de acordo com as disposições específicas de Pronunciamentos que não o 27, objeto deste capítulo. Ex.: Pronunciamento Técnico CPC 10 – Pagamento Baseado em Ações.

- *Valor depreciável* é o custo de um ativo ou outro valor que substitua o custo, menos o seu valor residual.

- *Depreciação* é a alocação sistemática do valor depreciável de um ativo ao longo da sua vida útil.

- *Valor específico para a entidade (valor em uso)* é o valor presente dos fluxos de caixa que a entidade espera (i) obter com o uso contínuo de um ativo e com a alienação ao final da sua vida útil ou (ii) incorrer para a liquidação de um passivo.

- *Valor justo* é o valor pelo qual um ativo pode ser negociado entre partes interessadas, conhecedoras do negócio e independentes entre si, com ausência de fatores que pressionem para a liquidação da transação ou que caracterizem uma transação compulsória.

- *Perda por redução ao valor recuperável* é o valor pelo qual o valor contábil de um ativo ou de uma unidade geradora de caixa excede seu valor recuperável.
- *Ativo imobilizado* é o item tangível que:
  a) é mantido para uso na produção ou fornecimento de mercadorias ou serviços, para aluguel a outros, ou para fins administrativos; e
  b) se espera utilizar por mais de um período.

NOTA

Correspondem aos direitos que tenham por objeto bens corpóreos destinados à manutenção das atividades da entidade ou exercidos com essa finalidade, inclusive os decorrentes de operações que transfiram a ela os benefícios, os riscos e o controle desses bens.

- *Valor recuperável* é o maior valor entre o valor justo menos os custos de venda de um ativo e seu valor em uso.
- *Valor residual de um ativo* é o valor estimado que a entidade obteria com a venda do ativo, após deduzir as despesas estimadas de venda, caso o ativo já tivesse a idade e a condição esperadas para o fim de sua vida útil.
- *Vida útil* é:
  a) o período de tempo durante o qual a entidade espera utilizar o ativo; ou
  b) o número de unidades de produção ou de unidades semelhantes que a entidade espera obter pela utilização do ativo.

5 RECONHECIMENTO DO ITEM COMO ATIVO IMOBILIZADO – CONDIÇÃO

O custo de um item de ativo imobilizado deve ser reconhecido como ativo se, e apenas se:

a) for provável que futuros benefícios econômicos associados ao item fluirão para a entidade; e

b) o custo do item puder ser mensurado confiavelmente.

NOTA

Um item do ativo imobilizado que seja classificado para reconhecimento como ativo deve ser mensurado pelo seu custo.

5.1   Itens menores com características de imobilizado

Sobressalentes, peças de reposição, ferramentas e equipamentos de uso interno são classificados como ativo imobilizado quando a entidade espera usá-los por mais de um período. Da mesma forma, se puderem ser utilizados somente em conexão com itens do ativo imobilizado, também são contabilizados como ativo imobilizado.

Vê-se que neste aspecto o CPC 27 guarda certa sinergia com a legislação tributária. De acordo com o regulamento do Imposto de Renda (art. 301), poderão ser deduzidos diretamente como despesa, os bens cujo prazo de vida útil não ultrapasse o período de um ano (sem limite de valor de aquisição) ou cujo custo unitário de aquisição não seja superior a R$ 326,61. Veja detalhes no item 9 do Capítulo 2.

5.2   Composição do ativo imobilizado

O Pronunciamento CPC 27 não prescreve a unidade de medida para o reconhecimento, ou seja, aquilo que constitui um item do ativo imobilizado.

Assim, é necessário exercer julgamento ao aplicar os critérios de reconhecimento às circunstâncias específicas da entidade.

Pode ser apropriado agregar itens individualmente insignificantes, tais como moldes, ferramentas e bases, e aplicar os critérios ao valor do conjunto.

Deste modo, temos que a entidade deve avaliar segundo esse princípio de reconhecimento todos os seus custos de ativos imobilizados no momento em que eles são incorridos. Esses custos incluem custos incorridos inicialmente para adquirir ou construir um item do ativo imobilizado e os custos incorridos posteriormente para renová-lo, substituir suas partes ou dar manutenção ao mesmo.

6   CUSTOS INICIAIS

Itens do ativo imobilizado podem ser adquiridos por razões de segurança ou ambientais. A aquisição de tal ativo imobilizado, embora não aumentando diretamente os futuros benefícios econômicos de qualquer item específico já existente do ativo imobilizado, pode ser necessária para que a entidade obtenha os benefícios econômicos futuros dos seus outros ativos.

Esses itens do ativo imobilizado qualificam-se para o reconhecimento como ativo porque permitem à entidade obter benefícios econômicos futuros dos ativos relacionados acima dos benefícios que obteria caso não tivesse adquirido esses itens. Por exemplo, uma indústria química pode instalar novos processos químicos de manuseamento a fim de atender às exigências ambientais para a produção e armazenamento de produtos químicos perigosos; os melhoramentos e as benfeitorias nas instalações são reconhecidos como ativo porque, sem eles, a entidade não estaria em condições de fabricar e vender tais produtos químicos. Entretanto, o valor contábil resultante desse ativo e dos ativos relacionados deve ter a redução ao valor recuperável revisada de acordo com o Pronunciamento Técnico CPC 01 – Redução ao Valor Recuperável de Ativos.

7   CUSTOS SUBSEQUENTES

7.1   Custo de manutenção

Segundo o princípio de reconhecimento do item 5, a entidade não reconhece no valor contábil de um item do ativo imobilizado os custos da manutenção periódica do item. Pelo contrário, esses custos são reconhecidos no resultado quando incorridos.

Os custos da manutenção periódica são principalmente os custos de mão de obra e de produtos consumíveis, e podem incluir o custo de pequenas peças.

A finalidade desses gastos é muitas vezes descrita como sendo para "reparo e manutenção" de item do ativo imobilizado.

7.2   Substituição de partes e peças

Partes de alguns itens do ativo imobilizado podem requerer substituição em intervalos regulares. Por exemplo, um forno pode requerer novo revestimento após um número específico de horas de uso; ou o interior dos aviões, como bancos e equipamentos internos, pode exigir substituição diversas vezes durante a vida da estrutura.

Itens do ativo imobilizado também podem ser adquiridos para efetuar substituição recorrente menos frequente, tal como a substituição das paredes interiores de edifício, ou para efetuar substituição não recorrente. Segundo o princípio de reconhecimento do item 5, a entidade reconhece no valor contábil de um item do ativo imobilizado o custo da peça reposta desse item quando o custo é incorrido se os critérios de reconhecimento forem atendidos.

7.3   Realização regular de inspeções importantes

Uma condição para continuar a operar um item do ativo imobilizado (por exemplo, uma aeronave) pode ser a realização regular de inspeções importantes em busca de falhas, independentemente das peças desse item serem ou não substituídas.

Quando cada inspeção importante for efetuada, o seu custo será reconhecido no valor contábil do item do ativo imobilizado como uma substituição se os critérios de reconhecimento forem satisfeitos. Qualquer valor contábil remanescente do custo da inspeção anterior (distinta das peças físicas) será baixado.

Isso ocorre independentemente de o custo da inspeção anterior ter sido identificado na transação em que o item foi adquirido ou construído. Se necessário, o custo estimado de futura inspeção semelhante pode ser usado como indicador de qual é o custo do componente de inspeção existente, quando o item foi adquirido ou construído.

8   ELEMENTOS DO CUSTO

O custo de um item do ativo imobilizado compreende:

a) seu preço de aquisição, acrescido de impostos de importação e impostos não recuperáveis sobre a compra, depois de deduzidos os descontos comerciais e abatimentos;

b) quaisquer custos diretamente atribuíveis para colocar o ativo no local e condição necessárias para o mesmo ser capaz de funcionar da forma pretendida pela administração;

c) a estimativa inicial dos custos de desmontagem e remoção do item e de restauração do local (sítio) no qual este está localizado. Tais custos representam a obrigação em que a entidade incorre quando o item é adquirido ou como consequência de usá-lo durante determinado período para finalidades diferentes da produção de estoque durante esse período.

8.1 Exemplos de custos diretamente atribuíveis

São exemplos de custos diretamente atribuíveis:

a) custos de benefícios aos empregados (tal como definidos no Pronunciamento Técnico CPC 33 – Benefícios a Empregados) decorrentes diretamente da construção ou aquisição de item do ativo imobilizado;

b) custos de preparação do local;

c) custos de frete e de manuseio (para recebimento e instalação);

d) custos de instalação e montagem;

e) custos com testes para verificar se o ativo está funcionando corretamente, após dedução das receitas líquidas provenientes da venda de qualquer item produzido enquanto se coloca o ativo nesse local e condição (tais como amostras produzidas quando se testa o equipamento); e

f) honorários profissionais.

NOTA

A entidade aplica o Pronunciamento Técnico CPC 16 – Estoques aos custos das obrigações de desmontagem, remoção e restauração do local em que o item está localizado que sejam incorridos durante determinado período como consequência de ter usado o item para produzir estoque durante esse período. As obrigações decorrentes de custos contabilizados de acordo com o Pronunciamento Técnico CPC 16 ou de acordo com as normas tratadas neste capítulo são reconhecidas e mensuradas de acordo com o Pronunciamento Técnico CPC 25 – Provisão e Passivo e Ativo Contingentes.

8.2   Exemplos de custos não vinculados ao ativo imobilizado

São exemplos de custos que não compõem o ativo imobilizado:

a) custos de abertura de nova instalação;

b) custos incorridos na introdução de novo produto ou serviço (incluindo propaganda e atividades promocionais);

c) custos da transferência das atividades para novo local ou para nova categoria de clientes (incluindo custos de treinamento); e

d) custos administrativos e outros custos indiretos.

8.3   Cessação do reconhecimento dos custos no valor contábil

O reconhecimento dos custos no valor contábil de um item do ativo imobilizado cessa quando o item está no local e nas condições operacionais pretendidas pela administração. Portanto, os custos incorridos no uso ou na transferência ou reinstalação de um item não são incluídos no seu valor contábil como, por exemplo, os seguintes custos:

a) custos incorridos durante o período em que o ativo capaz de operar nas condições operacionais pretendidas pela administração não é utilizado ou está sendo operado a uma capacidade inferior à sua capacidade total;

b) prejuízos operacionais iniciais, tais como os incorridos enquanto a demanda pelos produtos do ativo é estabelecida; e

c) custos de realocação ou reorganização de parte ou de todas as operações da entidade.

8.4   Operações não necessárias para deixar o bem em condições de funcionamento

Algumas operações realizadas em conexão com a construção ou o desenvolvimento de um item do ativo imobilizado não são necessárias para deixá-lo no local e nas condições operacionais pretendidas pela administração.

Essas atividades eventuais podem ocorrer antes ou durante as atividades de construção ou desenvolvimento. Por exemplo, o local de construção pode ser usado como estacionamento e gerar receitas, até que a construção se inicie. Como essas atividades não são necessárias para que o ativo fique em condições de funcionar no local e nas condições operacionais pretendidas pela administração, as receitas e as despesas relacionadas devem ser reconhecidas no resultado e incluídas nas respectivas classificações de receita e despesa.

8.5   Custo de ativo construído pela própria empresa

O custo de ativo construído pela própria empresa determina-se utilizando os mesmos princípios de ativo adquirido.

Se a entidade produz ativos idênticos para venda no curso normal de suas operações, o custo do ativo é geralmente o mesmo que o custo de construir o ativo para venda (ver o Pronunciamento Técnico CPC 16 – Estoques).

Por isso, quaisquer lucros gerados internamente são eliminados para determinar tais custos. De forma semelhante, o custo de valores anormais de materiais, de mão de obra ou de outros recursos desperdiçados incorridos na construção de um ativo não é incluído no custo do ativo. O Pronunciamento Técnico CPC 20 – Custos de Empréstimos estabelece critérios para o reconhecimento dos juros como componente do valor contábil de um item do ativo imobilizado construído pela própria empresa.

9   MENSURAÇÃO DO CUSTO

O custo de um item de ativo imobilizado é equivalente ao preço à vista na data do reconhecimento.

Se o prazo de pagamento excede os prazos normais de crédito, a diferença entre o preço equivalente à vista e o total dos pagamentos deve ser reconhecida como despesa com juros durante o período (ver os Pronunciamentos Técnicos CPC 12 – Ajuste a Valor Presente, principalmente, seu item 9, e CPC 08 – Custos de Transação e Prêmios na Emissão de Títulos e Valores Mobiliários), a menos que seja passível de capitalização de acordo com o Pronunciamento Técnico CPC 20 – Custos de Empréstimos.

9.1 Ativo imobilizado adquirido por meio de permuta

Um ativo imobilizado pode ser adquirido por meio de permuta por ativo não monetário, ou conjunto de ativos monetários e não monetários.

Os ativos objetos de permuta podem ser de mesma natureza ou de naturezas diferentes. O texto a seguir refere-se apenas à permuta de ativo não monetário por outro; todavia, o mesmo conceito pode ser aplicado a todas as permutas descritas anteriormente.

O custo de tal item do ativo imobilizado é mensurado pelo valor justo a não ser que:

a) a operação de permuta não tenha natureza comercial; ou

b) o valor justo do ativo recebido e do ativo cedido não possam ser mensurados com segurança.

O ativo adquirido é mensurado dessa forma mesmo que a entidade não consiga dar baixa imediata ao ativo cedido. Se o ativo adquirido não for mensurável ao valor justo, seu custo é determinado pelo valor contábil do ativo cedido.

NOTA

Os requisitos referidos neste subitem e nos subitens seguintes (9.1.1 e 9.1.2), relativos à mensuração inicial de item do ativo imobilizado adquirido mediante permuta de ativos, devem ser aplicados prospectivamente apenas a transações após a adoção, pela entidade, das normas objeto do Pronunciamento Técnico 27, e aqui abordadas.

9.1.1 Operação de permuta de natureza comercial

A entidade deve determinar se a operação de permuta tem natureza comercial considerando até que ponto seus fluxos de caixa futuros serão modificados em virtude da operação. A operação de permuta tem natureza comercial se:

a) a configuração (ou seja, risco, oportunidade e valor) dos fluxos de caixa do ativo recebido for diferente da configuração dos fluxos de caixa do ativo cedido; ou

b) o valor específico para a entidade de parcela das suas atividades for afetado pelas mudanças resultantes da permuta; e

c) a diferença em "a" ou "b" for significativa em relação ao valor justo dos ativos permutados.

Para determinar se a operação de permuta tem natureza comercial, o valor específico para a entidade da parcela das suas atividades afetada pela operação deve estar refletido nos fluxos de caixa após os efeitos da sua tributação. O resultado dessas análises pode ficar claro sem que a entidade realize cálculos detalhados.

9.1.2 Valor justo de um ativo para o qual não existem transações comparáveis

O valor justo de um ativo para o qual não existem transações comparáveis só pode ser mensurado com segurança:

a) se a variabilidade da faixa de estimativas de valor justo razoável não for significativa; ou

b) se as probabilidades de várias estimativas, dentro dessa faixa, puderem ser razoavelmente avaliadas e utilizadas na mensuração do valor justo.

Caso a entidade seja capaz de mensurar com segurança tanto o valor justo do ativo recebido como do ativo cedido, então o valor justo do segundo é usado para determinar o custo do ativo recebido, a não ser que o valor justo do primeiro seja mais evidente.

9.2 Arrendamento mercantil financeiro e subvenções governamentais

O custo de um item do ativo imobilizado mantido por arrendatário por operação de arrendamento mercantil financeiro é determinado de acordo com o Pronunciamento Técnico CPC 06 – Operações de Arrendamento Mercantil.

Já o valor contábil de um item do ativo imobilizado pode ser reduzido por subvenções governamentais de acordo com o Pronunciamento Técnico CPC 07 – Subvenção e Assistência Governamentais.

10 MENSURAÇÃO APÓS O RECONHECIMENTO

Quando a opção pelo método de reavaliação for permitida por lei, a entidade deve optar pelo método de custo ou pelo método de reavaliação como sua política contábil e deve aplicar essa política a uma classe inteira de ativos imobilizados.

Em relação a esses dois métodos, temos que:

- *Método do custo*: após o reconhecimento como ativo, um item do ativo imobilizado deve ser apresentado ao custo menos qualquer depreciação e perda por redução ao valor recuperável acumuladas (Pronunciamento Técnico CPC 01 – Redução ao Valor Recuperável de Ativos).

- *Método da reavaliação*: após o reconhecimento como um ativo, o item do ativo imobilizado cujo valor justo possa ser mensurado confiavelmente pode ser apresentado, se permitido por lei, pelo seu valor reavaliado, correspondente ao seu valor justo à data da reavaliação menos qualquer depreciação e perda por redução ao valor recuperável acumuladas subsequentes. A reavaliação deve ser realizada com suficiente regularidade para assegurar que o valor contábil do ativo não apresente divergência relevante em relação ao seu valor justo na data do balanço.

10.1 Valor justo de terrenos e edifícios

O valor justo de terrenos e edifícios é normalmente determinado a partir de evidências baseadas no mercado, por meio de avaliações normalmente feitas por avaliadores profissionalmente qualificados. O valor justo de itens de instalações e equipamentos é geralmente o seu valor de mercado determinado por avaliação.

Se não houver evidências do valor justo baseadas no mercado em razão da natureza especializada do item do ativo imobilizado e se o item for raramente vendido, exceto como parte de um negócio em marcha, a entidade pode precisar estimar o valor justo usando uma abordagem de receitas ou de custo de reposição depreciado.

10.2 Frequência das reavaliações

A frequência das reavaliações, se permitidas por lei, depende das mudanças dos valores justos do ativo imobilizado que está sendo reavaliado. Quando o valor justo de um ativo reavaliado difere materialmente do seu valor contábil, exige-se nova reavaliação.

Alguns itens do ativo imobilizado sofrem mudanças voláteis e significativas no valor justo, necessitando, portanto, de reavaliação anual. Tais reavaliações frequentes são desnecessárias para itens do ativo imobilizado que não sofrem mudanças significativas no valor justo. Em vez disso, pode ser necessário reavaliar o item apenas a cada três ou cinco anos.

10.2.1 Tratamento da depreciação no caso de bem reavaliado

Quando um item do ativo imobilizado é reavaliado, a depreciação acumulada na data da reavaliação deve ser:

a) atualizada proporcionalmente à variação no valor contábil bruto do ativo, para que esse valor, após a reavaliação, seja igual ao valor reavaliado do ativo. Esse método é frequentemente usado quando o ativo é reavaliado por meio da aplicação de índice para determinar o seu custo de reposição depreciado; ou

b) eliminada contra o valor contábil bruto do ativo, atualizando-se o valor líquido pelo valor reavaliado do ativo. Esse método é frequentemente usado para edifícios.

O valor do ajuste decorrente da atualização ou da eliminação da depreciação acumulada faz parte do aumento ou da diminuição no valor contábil registrado de acordo com o subitem 10.2.3.

10.2.2 Reavaliação tendo como base a classe do ativo imobilizado

Se o método de reavaliação for permitido por lei e um item do ativo imobilizado for reavaliado, toda a classe do ativo imobilizado à qual pertence esse ativo deve ser reavaliado.

Classe de ativo imobilizado é um agrupamento de ativos de natureza e uso semelhantes nas operações da entidade. São exemplos de classes individuais:

a) terrenos;

b) terrenos e edifícios;

c) máquinas;

d) navios;

e) aviões;

f) veículos a motor;

g) móveis e utensílios; e

h) equipamentos de escritório.

Os itens de cada classe do ativo imobilizado são reavaliados simultaneamente, a fim de ser evitada a reavaliação seletiva de ativos e a divulgação de montantes nas demonstrações contábeis que sejam uma combinação de custos e valores em datas diferentes. Porém, uma classe de ativos pode ser reavaliada de forma rotativa desde que a reavaliação da classe de ativos seja concluída em curto período e desde que as reavaliações sejam mantidas atualizadas.

10.2.3 Aumento/diminuição de bem do ativo em virtude de reavaliação

Se o valor contábil do ativo aumentar em virtude de reavaliação, esse aumento deve ser creditado diretamente à conta própria do patrimônio líquido. No entanto, o aumento deve ser reconhecido no resultado quando se tratar da reversão de decréscimo de reavaliação do mesmo ativo anteriormente reconhecido no resultado.

Se o valor contábil do ativo diminuir em virtude de reavaliação, essa diminuição deve ser reconhecida no resultado. Todavia, se houver saldo de reserva de reavaliação, a diminuição do ativo deve ser debitada diretamente ao patrimônio líquido contra a conta de reserva de reavaliação, até o seu limite.

10.2.4 Tratamento do saldo da reavaliação acumulada

O saldo relativo à reavaliação acumulada do item do ativo imobilizado incluído no patrimônio líquido somente pode ser transferido para lucros acumulados quando a reserva é realizada.

O valor total pode ser feito com a baixa ou a alienação do ativo. Entretanto, parte da reserva pode ser transferida enquanto o ativo é usado pela entidade. Nesse caso, o valor da reserva a ser transferido é a diferença entre a depreciação baseada no valor contábil do ativo e a depreciação que teria sido reconhecida com base no custo histórico do ativo. As transferências para lucros acumulados não transitam pelo resultado.

Os efeitos do imposto de renda, se houver, resultantes da reavaliação do ativo imobilizado são reconhecidos e divulgados de acordo com o Pronunciamento Técnico CPC 32 – Tributos sobre o Lucro.

11 EXEMPLO DE MENSURAÇÃO INICIAL

11.1 Bem adquirido à vista

Segue exemplo de mensuração inicial para bem do ativo imobilizado adquirido à vista:

Bem (máquina industrial) adquirido em 1º.01.20X1	300.000,00
Custo de instalação para colocá-la em funcionamento:	30.000,00
Custo de treinamento dos trabalhadores para operá-la:	20.000,00
Mensuração inicial	
Valor de aquisição	300.000,00
(+) Custo de instalação	30.000,00
(+) Custo de treinamento	20.000,00
(=) Valor de imobilização inicial	**350.000,00**

Teremos, portanto:

CAIXA/BANCOS				MÁQUINAS	
300.000,00	(1)	(1)	300.000,00		
30.000,00	(2)	(2)	30.000,00		
20.000,00	(3)	(3)	20.000,00		
350.000,00			350.000,00		

11.2 Bem adquirido a prazo

Segue exemplo de mensuração inicial para bem do ativo imobilizado adquirido à vista:

Bem (máquina industrial) adquirido em 1º.01.20X1, a prazo (financiada)	50.000,00
Informações para se chegar ao ajuste a valor presente (AVP)	
Prazo do financiamento em anos	4
Taxa de juros ao ano	12%
Custo de instalação para colocá-la em funcionamento	5.000,00
Custo de treinamento dos trabalhadores para operá-la	3.000,00

Determinação do Ajuste a valor presente (fórmula a ser utilizada no Excel)

```
=-VP(taxa;nper;pgto)/10
```

Com base nessa fórmula, o ajuste a valor presente, portanto, será de: R$ 15.186,75.

Mensuração inicial	
Valor de aquisição	50.000,00
(–) Ajuste a valor presente	– 15.186,75
(+) Outros custos (Custo de instalação e treinamento)	8.000,00
(=) Valor do imobilizado inicial	42.813,25

Teremos, portanto:

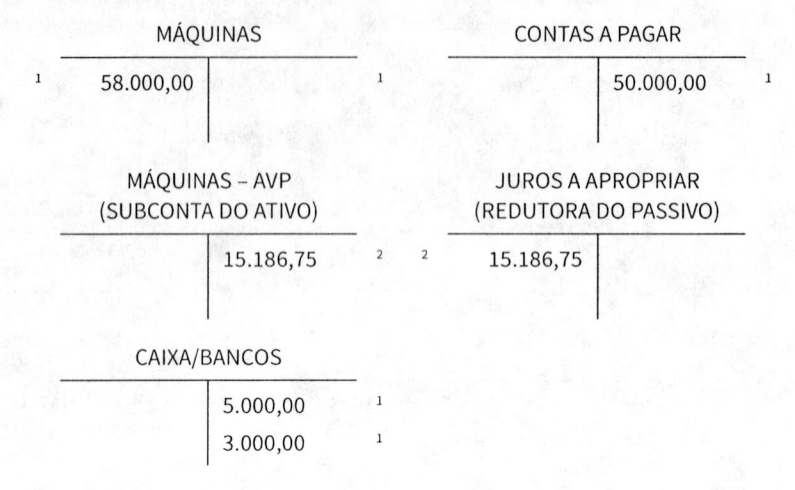

MÁQUINAS	
¹ 58.000,00	

CONTAS A PAGAR	
	50.000,00 ¹

MÁQUINAS – AVP (SUBCONTA DO ATIVO)	
15.186,75 ²	

JUROS A APROPRIAR (REDUTORA DO PASSIVO)	
² 15.186,75	

CAIXA/BANCOS	
5.000,00 ¹	
3.000,00 ¹	

11.3 Bem adquirido por meio de arrendamento mercantil

Segue exemplo de mensuração inicial para bem do ativo imobilizado adquirido por meio de arrendamento mercantil.

Exemplo:

Bem (caminhão) adquirido em 1º.01.20x1, por meio de arrendamento mercantil	150.000,00
AVP (hipotético)	35.0000

Registro do bem em 1º.01.20x1

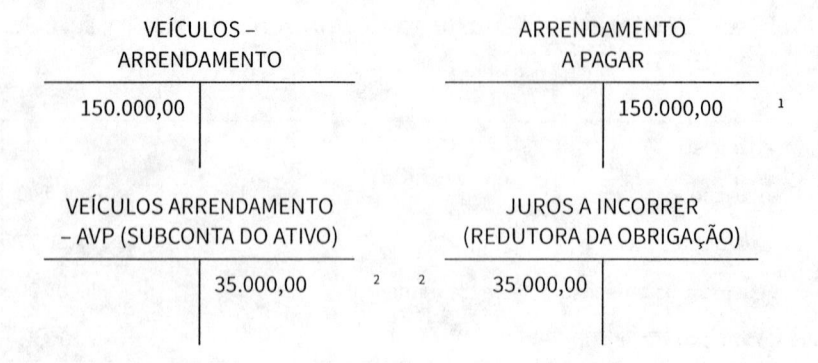

VEÍCULOS – ARRENDAMENTO	
150.000,00	

ARRENDAMENTO A PAGAR	
	150.000,00 ¹

VEÍCULOS ARRENDAMENTO – AVP (SUBCONTA DO ATIVO)	
35.000,00 ²	

JUROS A INCORRER (REDUTORA DA OBRIGAÇÃO)	
² 35.000,00	

Capítulo

8

Depreciação

1 DEPRECIAÇÃO

Depreciação pode ser conceituada como o modo pelo qual se registra, contabilmente, a diminuição do valor de bens do ativo imobilizado resultante do desgaste pelo uso, pela ação da natureza, perecimento ou pela obsolescência normal.

Essa é apenas uma das várias definições. Contudo, ela sintetiza bem o termo.

A depreciação não deve ser confundida com a amortização. Como vimos acima, a depreciação, resumidamente, representa a perda de valor dos bens físicos. Já a amortização representa a recuperação de valor aplicado na aquisição de bens tangíveis e intangíveis.

> Bens tangíveis: Diz-se de bens econômicos, ativos, etc., que têm existência física. São exemplos: veículos, imóveis, construções.

> Bens intangíveis: Diz-se de bens que não têm existência física. São exemplos clássicos: patentes ou marcas registradas.

Para se aprofundar no tema, veja livro do mesmo autor sob o título "Depreciação de Bens do Ativo imobilizado".

2 DEPRECIAÇÃO ACUMULADA

Representa toda a depreciação registrada como custo ou despesa ao longo de períodos (meses, trimestres, semestres, anos) e que se vai acumulando gradualmente em conta do Ativo Imobilizado.

3 DEPRECIAÇÃO ACELERADA

A depreciação acelerada pode ser acelerada "normal" ou e acelerada "incentivada".

A depreciação acelerada acima denominada "normal" é aquela aplicada em percentual superior às quotas normalmente aceitas. Esse fenômeno ocorre quando os bens são submetidos a condições anormais de utilização. Nesta situação, poderá haver majoração das taxas.

Já a depreciação acelerada incentivada é um instrumento utilizado pelo Governo para incentivar a implantação, renovação ou modernização de equipamentos de produção em determinados setores de atividade empresarial.

Esse incentivo consiste em antecipar a dedução da depreciação de bens para efeitos tributários, obtendo-se com isso uma postergação da tributação incidente sobre o lucro da atividade.

Questiona-se muito se seria permitida a aplicação dos coeficientes de aceleração da depreciação dos bens móveis do ativo imobilizado, em razão dos turnos de operação, conjuntamente com os coeficientes multiplicativos concedidos como incentivo fiscal a determinados setores da atividade econômica.

Em resposta à questão em "Perguntas e Respostas Pessoa Jurídica", a Receita Federal do Brasil estabeleceu que não existe impedimento a que os dois regimes sejam aplicados cumulativamente, desde que atendidas as demais exigências previstas na legislação relativa a cada um deles, pois, do contrário, haverá cerceamento de um dos dois direitos.

Ressalte-se, por oportuno, a regra geral impeditiva de que, em qualquer caso, o montante acumulado das quotas de depreciação deduzidas na apuração do lucro real não pode ultrapassar o custo de aquisição do bem registrado contabilmente. (Normativo: RIR/1999, art. 313, § 5º; e PN CST nº 95, de 1975).

4 ESCOLHA DO MÉTODO DE DEPRECIAÇÃO

Vários são os métodos de depreciação que podem ser utilizados para registrar o desgaste do bem. São eles: depreciação linear ou linha reta, soma dos dígitos, saldo decrescente, máquina hora, entre outros.

O método linear ou linha reta sempre foi o "preferido" das empresas, por ser prático e, também, por ser aceito pelo fisco, o que criou certo "comodismo" por parte da classe contábil. No entanto, isso mudou. Agora, as empresas são obrigadas a adotar método ou taxa de depreciação que efetivamente reflita o desgaste do bem, além de ter que reconhecer valor residual para o bem objeto da depreciação.

5 APLICAÇÃO DA DEPRECIAÇÃO A TODAS AS PESSOAS JURÍDICAS

Por se tratar de procedimento indispensável à determinação do correto montante do lucro do período, tanto as empresas tributadas com base no lucro real quanto aquelas optantes pelo lucro presumido ou pelo Simples (estas, desde que mantenham escrituração contábil) devem efetuar a depreciação.

Em muitos trechos desta obra, chamaremos a atenção especialmente para as regras a serem observadas pelas empresas tributadas com base no lucro real, isto porque, para essas empresas, a depreciação representa, efetivamente, um custo ou despesa que reduz a base de cálculo do Imposto de Renda e da Contribuição Social sobre o Lucro, mediante a sua dedução contábil.

NOTA

Essa exceção não se aplica, contudo, à depreciação acelerada incentivada aplicável à atividade rural.

6 CONDIÇÕES PARA DEDUTIBILIDADE DA DEPRECIAÇÃO COMO DESPESA OU CUSTO

Para efeitos de apuração do lucro real, as pessoas jurídicas podem considerar dedutíveis, como custo ou despesa operacional, importância correspondente à diminuição do valor de bens do ativo imobilizado (depreciação) resultante do desgaste por uso, ação da natureza ou obsolescência normal, observado o seguinte (arts. 305 e 306 do RIR/1999):

i. a depreciação somente será dedutível para a empresa que suportar o encargo econômico do desgaste ou da obsolescência, de acordo com as condições de propriedade, posse ou uso do bem;

ii. a depreciação poderá ser deduzida, em quotas periódicas determinadas com base no custo de aquisição e no prazo estimado de vida útil dos bens, a partir da época em que eles forem instalados, postos em serviço ou em condições de produzir e até que o valor acumulado da depreciação atinja 100% do valor do custo de aquisição;

NOTA

A depreciação somente poderá ser computada para fins fiscais a partir do momento em que o bem for posto em funcionamento. Por exemplo: máquina industrial adquirida no exterior em 1º.01.2011. Se em razão de problemas de transporte, desembaraço aduaneiro, requisitos técnicos para instalação, esse equipamento só começar a produzir em 1º.05.2011 a depreciação deverá ser registrada a partir de maio/2011.

iii. somente é dedutível a depreciação de bens que estejam relacionados intrinsecamente com a produção ou a comercialização de bens e serviços. Contudo, deverá ser observado que:

a) de acordo com o parágrafo único do art. 25 da IN SRF nº 11/1996, consideram-se intrinsecamente relacionados com a produção ou comercialização de bens ou serviços:

a.1) bens móveis e imóveis utilizados no desempenho das atividades de contabilidade;

a.2) bens imóveis utilizados como estabelecimento da administração;

a.3) bens móveis utilizados nas atividades operacionais, instalados em estabelecimento da empresa;

a.4) veículos do tipo caminhão, caminhoneta de cabina simples ou utilitário, utilizados no transporte de mercadorias e produtos adquiridos para revenda de matéria-prima, produtos intermediários e de embalagem aplicados na produção;

a.5) veículos do tipo caminhão, caminhoneta de cabina simples ou utilitário, bicicletas e motocicletas utilizados pelos cobradores, compradores e vendedores nas atividades de cobrança, compra e venda;

a.6) veículos do tipo caminhão, caminhoneta de cabina simples ou utilitário, bicicletas e motocicletas utilizados nas entregas de mercadorias e produtos vendidos;

a.7) veículos utilizados no transporte coletivo de empregados;

a.8) bens móveis e imóveis utilizados em pesquisa e desenvolvimento de produtos ou processos;

a.9) bens móveis e imóveis próprios, locados pela pessoa jurídica que tenha a locação como objeto de sua atividade;

a.10) veículos utilizados na prestação de serviços de vigilância móvel, pela pessoa jurídica que tenha por objeto essa espécie de atividade;

a.11) bens móveis e imóveis objeto de arrendamento mercantil, nos termos da Lei nº 6.099/1974, pela pessoa jurídica arrendadora (empresa de *leasing*);

b) esta restrição está em vigor desde 1º.01.1996 e aplica-se, também, à dedutibilidade da depreciação para fins de determinação da base de cálculo da Contribuição Social sobre o Lucro (inciso III do art. 13 da Lei nº 9.249/1995);

iv. no caso de bens adquiridos no exterior, de pessoas (físicas ou jurídicas) vinculadas à empresa adquirente ou domiciliadas em países com tributação favorecida (que não tribute a renda ou a tribute à alíquota máxima inferior a vinte por cento), a dedução dos encargos de depreciação fica limitada, em cada período de apuração, ao montante calculado com base no preço de transferência do bem, determinado de acordo com as normas próprias, aplicando-se essa restrição, inclusive, para efeito de determinação da base de cálculo da Contribuição Social sobre o Lucro (§ 8º do art. 18 e arts. 23, 24 e 28 da Lei nº 9.430/1996);

v. a empresa instalada em Zona de Processamento de Exportação (ZPE) não poderá computar, como custo ou encargo, a depreciação de bens adquiridos no mercado externo.

7 BENS DEPRECIÁVEIS PERANTE A LEGISLAÇÃO DO IMPOSTO DE RENDA

Podem ser objeto de depreciação todos os bens físicos sujeitos a desgaste pelo uso ou por causas naturais ou obsolescência normal, inclusive (art. 307 do RIR/1999):

I – edificações e construções, observando-se que:

a) a quota de depreciação é dedutível a partir da época da conclusão das obras e do início da sua utilização (portanto, obras em andamento ou concluídas, mas não postas em uso não podem ser depreciadas);

b) o valor das edificações deve estar destacado do valor do custo de aquisição do terreno, admitindo-se, no caso de imóvel adquirido construído, o destaque baseado em laudo pericial.

Essa segregação contábil é essencial por não ser o custo de aquisição do terreno depreciável. Veja no item 8 adiante os bens que não pode, ser depreciados.

Exemplo: imóvel adquirido à vista usado no valor de R$ 150.000,00. Se o laudo pericial informar que a edificação corresponde a R$ 50.000,00 e o terreno a R$ 100.000,00, teremos:

Lançamento contábil:

D – Edificações (AI)	50.000,00	
D – Terrenos (AI)	100.000,00	
C – Caixa/Bancos Conta Movimento (AC)		150.000,00

Razonetes:

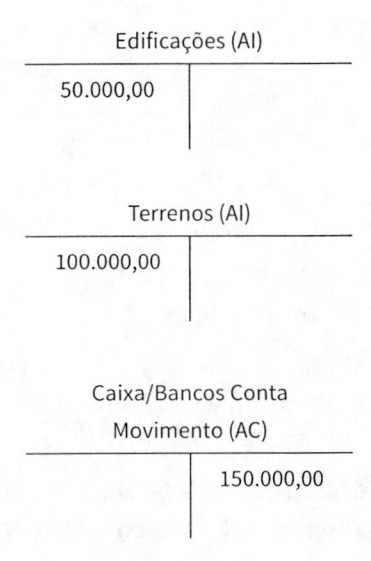

Edificações (AI)

| 50.000,00 | |

Terrenos (AI)

| 100.000,00 | |

Caixa/Bancos Conta
Movimento (AC)

| | 150.000,00 |

AI = Ativo Imobilizado
AC = Ativo Circulante.

II – construções ou benfeitorias em imóvel alugado de outrem, se o respectivo custo não puder ser amortizado durante o prazo da locação, o que ocorre quando:

a) o contrato de locação não tiver prazo determinado ou não vedar à empresa locatária o direito à indenização pelas benfeitorias realizadas (PN CST n°s 210/1973 e 104/1975);

b) o imóvel for locado de sócios, acionistas, dirigentes, participantes nos lucros ou respectivos parentes ou dependentes (PN CST n° 869/1971);

III – bens cedidos em comodato, desde que o empréstimo de tais bens seja usual nos tipos de operações, transações ou atividades da comodante e não mera liberalidade desta, como, por exemplo, os bens cedidos em comodato por fabricantes de bebidas ou sorvetes ou distribuidores de derivados de petróleo, aos comerciantes revendedores de seus produtos (PN CST n° 19/1984);

IV –projetos florestais destinados à exploração dos respectivos frutos.

8 BENS NÃO DEPRECIÁVEIS

Não podem ser depreciados de acordo com o parágrafo único do art. 307 do RIR/1999:

a) terrenos, salvo em relação aos melhoramentos ou construções;

b) prédios e construções não alugados nem utilizados na produção dos rendimentos da empresa ou destinados à revenda;

c) bens que normalmente aumentam de valor com o tempo, como obras de arte e antiguidades;

d) bens para os quais sejam registradas quotas de exaustão (florestas destinadas ao corte e jazidas minerais).

8.1 Como proceder quando o registro contábil de imóvel construído agregar o valor da construção ao do terreno?

Quando o valor do terreno não estiver separado do valor da edificação que sobre ele existir, deve ser providenciado o respectivo destaque para que seja admitida a dedução da depreciação do valor da construção ou edifício.

Para isso, a empresa poderá se basear em laudo pericial para determinar que parcela do valor contabilizado corresponde ao valor do edifício ou construção, aplicando, sobre esta, o percentual de depreciação efetivamente suportado, limitado, para efeito tributário, ao admitido para essa espécie de bem.

Lembra-se que somente os edifícios e construções alugados ou utilizados pela pessoa jurídica na produção dos seus rendimentos podem ser objeto de depreciação. (Normativo: PN CST nº 14, de 1972)

9 BENS NÃO SUJEITOS A REGISTRO NO ATIVO IMOBILIZADO – REGISTRO DIRETO COMO DESPESA

O art. 301 do RIR/1999 estabelece que não precisa ser registrado no ativo imobilizado para posterior depreciação, porque pode ser computado diretamente como custo da produção ou despesa operacional, conforme o caso, o custo de aquisição de:

I. bens cujo prazo de vida útil não ultrapasse o período de um ano, qualquer que seja o seu custo de aquisição;

II. bens cujo custo unitário de aquisição não seja superior a R$ 1.200,00, ainda que o prazo de vida útil seja superior a um ano, exceto:

a) bens que, unitariamente considerados, não tenham condições de prestar utilidade à empresa adquirente, como materiais de construção, por exemplo (PN CST nº 100/1978);

b) bens utilizados na exploração de atividade que requeira o emprego concomitante de um conjunto desses bens, tais como (PN CST nº 20/1980):

1. engradados, vasilhames e barris utilizados por empresas distribuidoras de águas minerais, refrigerantes, cervejas e chopes;

2. cadeiras utilizadas por empresas de diversões públicas em cinemas e teatros;

3. botijões de gás usados por distribuidoras de gás liquefeito de petróleo;

4. formas para calçados, facas e matrizes (moldes) para confecção de partes de calçados, utilizadas pelas indústrias calçadistas (IN SRF nº 104/1987);

5. louças e guarnições de cama, mesa e banho utilizadas por empresas que exploram serviços de hotelaria, restaurantes e atividades similares (IN SRF nº 122/1989).

10 DESPESAS COM DEPRECIAÇÃO EM FACE DA LEI Nº 12.973/2014

A Lei nº 12.973/2014 (oriunda da conversão, com alterações da MP 627/2013) estabeleceu o fim do Regime Tributário de transição (RTT) que, ao longo de mais de seis anos, fez a "ligação" entre o lucro contábil e o lucro fiscal naturalmente, sem negligenciar o Lalur que continuou a ser utilizado.

NOTA

Não é demais lembrar que a extinção do RTT se dará já em 2014, caso a empresa opte pelas normas da Lei nº 12.973/2014. Caso não seja feita a opção, adoção das novas normas será compulsória a partir de 2015.

Paralelamente, a referida lei também veio "disciplinar" a relação entre contabilidade é fisco no que diz respeito às questões conflitantes que até então o RTT tratava.

Uma dessas questões conflitantes diz respeito à despesa de depreciação. Não é demais lembrar que as novas regras contábeis determinam que a empresa faça uma análise criteriosa do imobilizado e, a partir daí, estime a vida útil dos bens. Portanto, na maioria dos casos a despesa de depreciação a ser aproveitada pelas empresas é diferente daquela imposta pelo Fisco.

Com a extinção do RTT foram necessárias alterações na legislação que permitissem a observância da legislação comercial, sem prejuízo para o Fisco.

10.1   O que mudou com a Lei nº 12.973/2013

O art. 40 da Lei nº 12.973/2014 deu nova redação ao § 1º do art. 57 da Lei nº 4.506/64, com o objetivo de eliminar da legislação tributária regras sobre contabilização da depreciação.

§ 1º do art. 57 da Lei nº 4.506/64 passou a ter a seguinte redação:

> *"(...)*
>
> *§ 1º A quota de depreciação dedutível na apuração do imposto será determinada mediante a aplicação da taxa anual de depreciação sobre o custo de aquisição do ativo.*
>
> *(...)"*

Anteriormente, o dispositivo legal referia-se **a quota de depreciação registrável**. Hoje, o dispositivo refere-se **a quota de depreciação dedutível**. Portanto, percebe-se claramente que o Fisco, no tocante às despesas de depreciação, não mais interfere no processo contábil limitando, apenas, a estabelecer regras de dedutibilidade da despesa.

Além disso, houve a introdução dos §§ 15 e 16 para autorizar a exclusão em livro fiscal da diferença de depreciação registrada na escrituração do contribuinte, o que não era permitido anteriormente. Referidos dispositivos têm a seguinte redação:

"(...)

[§ 3º A administração do Impôsto de Renda publicará periódicamente o prazo de vida útil admissível a partir de 1º de janeiro de 1965, em condições normais ou médias, para cada espécie de bem, ficando assegurado ao contribuinte o direito de computar a quota efetivamente adequada às condições de depreciação dos seus bens, desde que faça a prova dessa adequação, quando adotar taxa diferente.

(...)

§ 6º Em qualquer hipótese, o montante acumulado, das cotas de depreciação não poderá ultrapassar o custo de aquisição do bem, atualizado monetàriamente.]

(...)

§ 15. Caso a quota de depreciação registrada na contabilidade do contribuinte seja menor do que aquela calculada com base no § 3o, a diferença poderá ser excluída do lucro líquido na apuração do lucro real, observando-se o disposto no § 6º.

§ 16. Para fins do disposto no § 15, a partir do período de apuração em que o montante acumulado das quotas de depreciação computado na determinação do lucro real atingir o limite previsto no § 6º, o valor da depreciação, registrado na escrituração comercial, deverá ser adicionado ao lucro líquido para efeito de determinação do lucro real." (NR)

10.2 Como proceder fiscalmente

Os critérios contábeis não influenciarão a depreciação para efeitos fiscais. Para fins fiscais as empresas deverão utilizar as taxas anuais de depreciação permitidas pelo Fisco. Essas taxas são aquelas constantes do Anexo III da Instrução Normativa RFB nº 1700/2017.

Resumidamente, as taxas admitidas pelo Fisco são:

Bem	Taxa de Depreciação	Prazo
Veículos	20% ao ano	5 anos
Motociclos	25% ao ano	4 anos
Tratores	25% ao ano	4 anos
Máquinas e equipamentos	10% ao ano	10 anos
Edificações	4% ao ano	25 anos
Instalações	10% ao ano	10 anos
Móveis e utensílios	10% ao ano	10 anos

10.2.1 Adoção de taxas "aceleradas"

A legislação do Imposto de Renda permite que a empresa reconheça a depreciação que vai afetar o resultado com base em percentuais majorados. Trata-se da depreciação acelerada em função do uso "anormal" do bem.

Como regra, se a empresa utiliza o bem 8 horas no dia a depreciação observará a taxa normal. Agora, se a atividade se estender por dois turnos (16 horas) a taxa de depreciação a ser aplicada será majorada em 50%; se a atividade se estender por 3 turnos a majoração será de 100%.

Portanto, máquinas e equipamentos, por exemplo, sofrem depreciação fiscal normal de 10%. Se o bem for utilizado por dois turnos a depreciação será de 15%. Agora, se o trabalho se estender por 3 turnos a depreciação será de 20%.

10.3 Como proceder contabilmente

A Lei nº 6.404/1976, em seu art. 183, § 2º, alínea "a" estabelece que "a diminuição do valor dos elementos do ativo imobilizado será registrada periodicamente nas contas de depreciação, quando corresponder à perda do valor dos direitos que têm por objeto bens físicos sujeitos a desgaste ou perda de utilidade por uso, ação da natureza ou obsolescência".

Portanto, para fins contábeis, a empresa deverá reconhecer como despesa com depreciação **o valor do desgaste efetivo do bem**. Na prática, isso significa dizer que a empresa não deve observar ou aceitar as taxas de depreciação fixadas pelo Fisco.

A depreciação a ser utilizada pela empresa terá como base uma criteriosa análise dos bens que forma o imobilizado, estimando-se sua vida útil econômica e seu valor residual.

Deste modo, na prática, os bens da empresa normalmente terão vida útil diferente daqueles fixados pelo fisco. Essa diferença, para mais ou para menos, deverá ser ajustada na Lalur.

10.4 Exemplo de depreciação contábil menor do que aquela exigida pelo Fisco

Vimos anteriormente, que a empresa deverá reconhecer como despesa com depreciação o valor do desgaste efetivo do bem.

Também vimos que a Lei nº 12.973/2014 veio disciplinar a forma como a empresa deverá agir caso a depreciação a ser reconhecida contabilmente seja menor do que aquela aceita pelo fisco.

Resumidamente, se a depreciação registrada pela contabilidade for menor do que aquela imposta pelo fisco, a empresa poderá adicionar a diferença (entre a contábil e a fiscal) no Lalur. Deste modo, ela estará atendendo as novas normas contábeis e não vai ser prejudicada do ponto de vista fiscal, pois o aproveitamento da depreciação se dará parte via contabilidade, parte via Lalur.

No entanto, a partir do período em que a contabilidade contábil mais a fiscal atingir 100% do bem, a depreciação que for registrada contabilmente passa a ser excluída no Lalur, na apuração do lucro tributável.

No desenvolvimento do exemplo, consideremos os dados a seguir.

Em 02.01.x1 determinada empresa adquiri um trator, com as seguintes premissas:

- Valor de aquisição: R$ 300.000;
- Prazo de vida útil estimado (contábil): 5 anos;
- Valor residual: de R$ 35.000;
- Depreciação fiscal: 4 anos: R$ 75.000 ($ 300.000/4 anos).

Com base nessas informações, na contabilidade teremos depreciação de R$ 53.000 ao ano (R$ 265.000/5 anos).

Já no e-LALUR deverão ser feitos os seguintes registros:

- Exclusão de R$ 22.000 (R$ 75.000 menos R$ 53.000) nos anos X1, X2, X3 e X4.
- Adição de R$ 53.000 em X5.

Com isso, ao final do quarto ano teríamos a exclusão total de R$ 88.000 (R$ 22.000 vezes 4 anos). Esse valor (R$ 88.000) somado a depreciação contábil dos quatro primeiros períodos (R$ 212.000, ou seja, R$ 53.000 × 4 anos) totalizam R$ 300.000, que é o valor total do bem sujeito a depreciação.

Não podemos esquecer, no entanto, que no quinto ano, a empresa ainda faz o registro contábil de uma parcela da depreciação no valor de R$ 53.000. Esse valor deverá ser adicionado ao Lalur, isto porque, para fins fiscais, o bem estará totalmente depreciado ao final de 20x4. A depreciação feita em 20x5 atende, exclusivamente, a contabilidade e não pode ser aproveitada para fins fiscais.

A tabela a seguir resume o exposto acima.

Período	Depreciação contábil	Depreciação fiscal	Tratamento no Lalur		Depreciação acumulada
			Exclusão	Adição	
ano 1	53.000	75.000	22.000		75.000
ano 2	53.000	75.000	22.000		150.000
ano 3	53.000	75.000	22.000		225.000
ano 4	53.000	75.000	22.000		300.000
ano 5	53.000			53.000	300.000
Total	265.000	300.000	88.000	53.000	300.000

Lembra-se que a empresa assumiu um valor residual para o bem, ao final do período de depreciação, de R$ 35.000. Isso significa dizer que ao final do quinto ano a conta que registra o bem apresentará um saldo de R$ 35.000 (valor de possível venda). Já a conta de depreciação acumulada, o valor de R$ 265.000. No entanto, para fins fiscais, o bem terá sido totalmente depreciado.

9 Avaliação de Investimento pelo Método da Equivalência Patrimonial

1 CONCEITO DE MEP

Método de equivalência patrimonial é o método de contabilização por meio do qual o investimento é inicialmente reconhecido pelo custo e posteriormente ajustado pelo reconhecimento da participação atribuída ao investidor nas alterações dos ativos líquidos da investida.

O resultado do período do investidor deve incluir a parte que lhe cabe nos resultados gerados pela investida.

Nesse capítulo discorremos sobre o tema tendo como base o Pronunciamento Técnico CPC 18 (R2) – Investimento em Coligada, em Controlada e em Empreendimento Controlado em Conjunto, recentemente atualizado, em vigor desde 01.01.2013

Lembra-se que o referido CPC foi recepcionado no âmbito:

- da CVM – Deliberação CVM nº. 696/2012;
- do CFC – NBC TG 18 – Resolução nº. 1.424/2013

NOTA

Observa-se que o referido CPC tem como objetivo estabelecer a contabilização de investimentos em coligadas e em controladas e definir os requisitos para a aplicação do método da equivalência patrimonial quando da contabilização de investimentos em coligadas, em controladas e em empreendimentos controlados em conjunto (joint ventures).

2   APLICAÇÃO E EXCEÇÕES

As regras aqui tratadas devem ser aplicadas por todas as entidades que sejam investidoras com o controle individual ou conjunto de investida ou com influência significativa sobre ela.

3   DEFINIÇÕES

Os termos a seguir são utilizados neste trabalho com os seguintes significados:

Coligada é a entidade sobre a qual o investidor tem influência significativa.

Controle conjunto é o compartilhamento, contratualmente convencionado, do controle de negócio, que existe somente quando decisões sobre as atividades relevantes exigem o consentimento unânime das partes que compartilham o controle.

Demonstrações consolidadas são as demonstrações contábeis de um grupo econômico, em que ativos, passivos, patrimônio líquido, receitas, despesas e fluxos de caixa da controladora e de suas controladas são apresentados como se fossem uma única entidade econômica.

Empreendimento controlado em conjunto (joint venture) é um acordo conjunto por meio do qual as partes, que detêm o controle em conjunto do acordo contratual, têm direitos sobre os ativos líquidos desse acordo.

Influência significativa é o poder de participar das decisões sobre políticas financeiras e operacionais de uma investida, mas sem que haja o controle individual ou conjunto dessas políticas.

Investidor conjunto (joint venturer) é uma parte de um empreendimento controlado em conjunto (*joint venture*) que tem o controle conjunto desse empreendimento.

Método da equivalência patrimonial é o método de contabilização por meio do qual o investimento é inicialmente reconhecido pelo custo e, a partir daí, é ajustado para refletir a alteração pós-aquisição na participação do investidor sobre os ativos líquidos da investida.

NOTA

As receitas ou as despesas do investidor incluem sua participação nos lucros ou prejuízos da investida, e os outros resultados abrangentes do investidor incluem a sua participação em outros resultados abrangentes da investida.

Negócio em conjunto é um negócio do qual duas ou mais partes têm controle conjunto.

3.1 Demonstrações separadas

Demonstrações separadas são aquelas apresentadas adicionalmente às demonstrações consolidadas, às demonstrações contábeis individuais em que os investimentos são contabilizados por meio do método da equivalência patrimonial e às demonstrações contábeis por meio das quais os interesses de empreendedores (*venturers*) são consolidados proporcionalmente. Demonstrações separadas podem ser ou não apensadas às, ou acompanharem, referidas demonstrações contábeis. (Ver NBC TG 35 – Demonstrações Separadas.)

NOTA

Entidades que são exceção à regra de consolidação, de acordo com o item 10 da NBC TG 36 – Demonstrações Consolidadas, exceção à regra de consolidação proporcional, de acordo com o item 2 da NBC TG 19 – Investimento em Empreendimento Controlado em Conjunto (Joint Venture), e exceção à regra da equivalência patrimonial, nos termos da letra "c" do item 6, podem apresentar demonstrações separadas como suas únicas demonstrações, se isso for permitido legalmente.

4   INFLUÊNCIA SIGNIFICATIVA

Se o investidor mantém direta ou indiretamente (por exemplo), vinte por cento ou mais do poder de voto da investida, presume-se que ele tenha influência significativa, a menos que possa ser claramente demonstrado o contrário.

Por outro lado, se o investidor detém, direta ou indiretamente (por meio de controladas, por exemplo), menos de vinte por cento do poder

de voto da investida, presume-se que ele não tenha influência significativa, a menos que essa influência possa ser claramente demonstrada.

A propriedade substancial ou majoritária da investida por outro
investidor não necessariamente impede que o investidor minoritário
tenha influência significativa sobre ela.

4.1 Situações possíveis que evidenciam a existência de influência significativa

A existência de influência significativa por investidor geralmente é
evidenciada por uma ou mais das seguintes formas:

a) representação no conselho de administração ou na diretoria
da investida;

b) participação nos processos de elaboração de políticas, inclusive
em decisões sobre dividendos e outras distribuições;

c) operações materiais entre o investidor e a investida;

d) intercâmbio de diretores ou gerentes; ou

e) fornecimento de informação técnica essencial.

4.2 Instrumentos que conferem a entidade poder de voto adicional

A entidade pode ter em seu poder direitos de subscrição, opções não
padronizadas de compras de ações (*warrants*), opções de compra de
ações, instrumentos de dívida ou patrimoniais conversíveis em ações
ordinárias ou outros instrumentos semelhantes com potencial de, se
exercidos ou convertidos, conferir à entidade poder de voto adicional
ou reduzir o poder de voto de outra parte sobre as políticas financeiras
e operacionais da investida (isto é, potenciais direitos de voto).

A existência e a efetivação dos potenciais direitos de voto prontamen-
te exercíveis ou conversíveis, incluindo os potenciais direitos de voto
detidos por outras entidades, devem ser consideradas na avaliação de
a entidade possuir ou não influência significativa ou controle. Os potenciais direitos de voto não são exercíveis ou conversíveis quando, por
exemplo, não podem ser exercidos ou convertidos até uma data futura
ou até a ocorrência de evento futuro.

4.2.1 Fatores que interferem o exercício potencial de voto

Ao avaliar se os potenciais direitos de voto contribuem para a influência significativa ou para o controle, a entidade deve examinar todos os fatos e circunstâncias (inclusive os termos do exercício dos potenciais direitos de voto e quaisquer outros acordos contratuais considerados individualmente ou em conjunto) que possam afetar os direitos potenciais, exceto a intenção da administração e a capacidade financeira de exercê-los ou convertê-los.

4.3 Perda de influência significativa

A entidade perde a influência significativa sobre a investida quando ela perde o poder de participar nas decisões sobre as políticas financeiras e operacionais daquela investida. A perda da influência significativa pode ocorrer com ou sem mudança no nível de participação acionária absoluta ou relativa. Isso pode ocorrer, por exemplo, quando uma coligada torna-se sujeita ao controle de governo, tribunal, órgão administrador ou entidade reguladora. Isso pode ocorrer também como resultado de acordo contratual.

5 ASPECTOS GERAIS DO MÉTODO DA EQUIVALÊNCIA PATRIMONIAL

Pelo método da equivalência patrimonial, o investimento em coligada, em empreendimento controlado em conjunto e em controlada (neste caso, no balanço individual) deve ser inicialmente reconhecido pelo custo e o seu valor contábil será aumentado ou diminuído pelo reconhecimento da participação do investidor nos lucros ou prejuízos do período, gerados pela investida após a aquisição.

A participação do investidor no lucro ou prejuízo do período da investida deve ser reconhecida no resultado do período do investidor. As distribuições recebidas da investida reduzem o valor contábil do investimento. Ajustes no valor contábil do investimento também são necessários pelo reconhecimento da participação proporcional do investidor nas variações de saldo dos componentes dos outros resultados abrangentes da investida, reconhecidos diretamente em seu patrimônio líquido. Tais variações incluem aquelas decorrentes da reavaliação de ativos imobilizados, quando permitida legalmente, e das diferenças de conversão em moeda estrangeira, quando aplicável. A participação do investidor nessas mudanças deve ser reconhecida de forma reflexa, ou seja, em outros resultados abrangentes diretamente no patrimônio líquido do investidor (ver NBC TG 26 – Apresentação das Demonstrações Contábeis), e não no seu resultado.

O reconhecimento do resultado com base nas distribuições recebidas sobre o mesmo pode não ser uma mensuração adequada da receita auferida pelo investidor no investimento em coligada, em controlada e em empreendimento controlado em conjunto, em função de as distribuições recebidas terem pouca relação com o desempenho da investida. Em decorrência de o investidor possuir o controle individual ou conjunto, ou exercer influência significativa sobre a investida, ele tem interesse no desempenho da investida e, como resultado, interesse no retorno de seu investimento. O investidor deve reconhecer contabilmente esse interesse por meio da extensão do alcance de suas demonstrações contábeis com a inclusão de sua participação nos lucros ou prejuízos da investida. Como resultado, a aplicação do método da equivalência patrimonial proporciona relatórios com maior grau de informação acerca dos ativos líquidos do investidor e acerca de suas receitas e despesas.

Como regra, quando existirem potenciais direitos de voto ou outros derivativos que contenham potenciais direitos de voto, os interesses da entidade na investida devem ser determinados exclusivamente com base nos interesses de propriedade existentes e não devem refletir o possível exercício ou conversão dos potenciais direitos de voto ou de outros instrumentos derivativos.

Ocorre, porém, que em algumas circunstâncias, a entidade tem, na essência, interesses de propriedade decorrentes do resultado de transação que lhe dê, no momento corrente, acesso aos retornos associados aos interesses de propriedade. Nessas circunstâncias, a proporção alocada à entidade deve ser determinada levando em consideração o eventual exercício de direitos potenciais de voto e outros instrumentos derivativos que no momento corrente dê à entidade acesso aos retornos.

6 APLICAÇÃO DO MÉTODO DA EQUIVALÊNCIA PATRIMONIAL

A entidade com o controle individual ou conjunto (compartilhado), ou com influência significativa sobre uma investida, deve contabilizar esse investimento utilizando o método da equivalência patrimonial, a menos que o investimento se enquadre nas exceções previstas nos itens 7 E 8, adiante.

7 EXCEÇÕES À APLICAÇÃO DO MÉTODO DA EQUIVALÊNCIA PATRIMONIAL

A entidade não precisa aplicar o método da equivalência patrimonial aos investimentos em que detenha o controle individual ou conjunto (compartilhado), ou exerça influência significativa, se a entidade for uma controladora, que, se permitido legalmente, estiver dispensada de elaborar demonstrações consolidadas por seu enquadramento na exceção de alcance do item 4(a) da NBC TG 36, ou se todos os seguintes itens forem observados:

a) a entidade é controlada (integral ou parcial) de outra entidade, a qual, em conjunto com os demais acionistas ou sócios, incluindo aqueles sem direito a voto, foram informados a respeito e não fizeram objeção quanto à não aplicação do método da equivalência patrimonial;

b) os instrumentos de dívida ou patrimoniais da entidade não são negociados publicamente (bolsas de valores domésticas ou estrangeiras ou mercado de balcão, incluindo mercados locais e regionais);

c) a entidade não arquivou e não está em processo de arquivamento de suas demonstrações contábeis na Comissão de Valores Mobiliários (CVM) ou outro órgão regulador, visando à emissão e/ou distribuição pública de qualquer tipo ou classe de instrumentos no mercado de capitais; e

d) a controladora final ou qualquer controladora intermediária da entidade disponibiliza ao público suas demonstrações contábeis consolidadas, elaboradas em conformidade com as normas, interpretações e comunicados técnicos do CFC.

7.1 Investimento mantido direta ou indiretamente por uma entidade que seja uma organização de capital de risco

Quando o investimento em coligada e em controlada, ou em empreendimento controlado em conjunto, for mantido direta ou indiretamente por uma entidade que seja uma organização de capital de risco, essa entidade pode adotar a mensuração ao valor justo por meio do resultado para esses investimentos, em consonância com a NBC TG 38.

7.2 Investimento detido indiretamente por meio de organização de capital de risco

Quando a entidade possuir investimento em coligada, em controlada ou em empreendimento controlado em conjunto, cuja parcela da participação seja detida indiretamente por meio de organização de capital de risco, a entidade pode adotar a mensuração ao valor justo por meio do resultado para essa parcela da participação no investimento, em consonância com a NBC TG 38, independentemente de a organização de capital de risco exercer influência significativa sobre essa parcela da participação. Se a entidade fizer essa escolha contábil, deve adotar o método da equivalência patrimonial para a parcela remanescente da participação que detiver no investimento em coligada, em controlada ou em empreendimento controlado em conjunto que não seja detida indiretamente por meio de uma organização de capital de risco.

8 CLASSIFICAÇÃO DE INVESTIMENTO COMO MANTIDO PARA VENDA

A entidade deve aplicar a NBC TG 31 em investimento, ou parcela de investimento, em coligada, em controlada ou em empreendimento controlado em conjunto que se enquadre nos critérios requeridos para sua classificação como "mantido para venda".

Qualquer parcela retida de investimento em coligada ou em controlada, ou em empreendimento controlado em conjunto, que não tenha sido classificada como "mantido para venda", deve ser contabilizada por meio do uso do método da equivalência patrimonial até o momento da baixa efetiva da parcela classificada como mantido para venda.

Após a baixa efetiva, a entidade deve contabilizar qualquer interesse remanescente no investimento em coligada, em controlada ou em empreendimento controlado em conjunto, em consonância com a NBC TG 38, a menos que o interesse remanescente qualifique-se para a aplicação do método da equivalência patrimonial, o qual deverá ser adotado nesse caso.

Quando o investimento, ou parcela de investimento, em coligada, em controlada ou em empreendimento controlado em conjunto, previamente classificado como "mantido para venda", não mais se enquadrar nas condições requeridas para ser classificado como tal, a ele deve ser aplicado o método da equivalência patrimonial de modo retrospectivo, a partir da data de sua classificação como "mantido para venda".

As demonstrações contábeis para os períodos abrangidos desde a classificação do investimento como "mantido para venda" deverão ser ajustadas de modo a refletir essa informação.

9 DESCONTINUIDADE DO USO DO MÉTODO DA EQUIVALÊNCIA PATRIMONIAL

A entidade deve descontinuar o uso do método da equivalência patrimonial a partir da data em que o investimento deixar de se qualificar como coligada, controlada ou como empreendimento controlado em conjunto, conforme a seguir orientado:

a) Se o interesse remanescente no investimento, antes qualificado como coligada, controlada, ou empreendimento controlado em conjunto, for um ativo financeiro, a entidade deve mensurá-lo ao valor justo. O valor justo do interesse remanescente deve ser considerado como seu valor justo no reconhecimento inicial tal qual um ativo financeiro, em consonância com a NBC TG 38. A entidade deve reconhecer na demonstração do resultado do período, como receita ou despesa, qualquer diferença entre:

i. o valor justo de qualquer interesse remanescente e qualquer contraprestação advinda da alienação de parte do interesse no investimento; e

ii. o valor contábil líquido de todo o investimento na data em que houve a descontinuidade do uso do método da equivalência patrimonial.

b) Quando a entidade descontinuar o uso do método da equivalência patrimonial, deve contabilizar todos os montantes previamente reconhecidos em seu patrimônio líquido em rubrica de outros resultados abrangentes, e que estejam relacionados com o investimento objeto da mudança de mensuração contábil, na mesma base que seria requerido caso a investida tivesse diretamente se desfeito dos ativos e passivos relacionados.

Desse modo, assim como a receita ou a despesa previamente reconhecida em outros resultados abrangentes pela investida seria reclassificada para a demonstração do resultado do período como receita ou despesa quando da baixa e da liquidação de ativos e passivos relacionados, a entidade deve reclassificar a receita ou a despesa reconhecida no seu patrimônio líquido para a demonstração do resultado (como ajuste de reclassificação) quando o método da equivalência patrimonial for descontinuado. Por exemplo, se a coligada, controlada ou o empreendimento controlado em conjunto tiver diferenças de conversão acumuladas relacionadas à entidade no exterior e a investidora decidir descontinuar o uso do método da equivalência patrimonial, a investidora deve reclassificar para a demonstração do resultado do período, como receita ou despesa, a receita ou a despesa previamente reconhecida de forma reflexa em outros resultados abrangentes relacionada à entidade no exterior.

Se o investimento em coligada tornar-se investimento em controlada ou em controlada em conjunto (de modo compartilhado), a entidade deve continuar adotando o método da equivalência patrimonial e não proceder à remensuração do interesse retido.

10 MUDANÇAS NA PARTICIPAÇÃO SOCIETÁRIA

Se a participação societária de entidade em coligada, controlada ou empreendimento controlado em conjunto for reduzida, porém a investidora continuar a aplicar o método da equivalência patrimonial, a investidora deve reclassificar para a demonstração do resultado, como receita ou despesa. Isso se dá de acordo com a proporção da receita ou despesa previamente reconhecida em outros resultados abrangentes que esteja relacionada com a redução na participação societária, caso referido ganho ou perda tivesse que ser reclassificado para a demonstração do resultado, como receita ou despesa, na eventual baixa e liquidação dos ativos e passivos relacionados.

11 PROCEDIMENTOS PARA O MÉTODO DA EQUIVALÊNCIA PATRIMONIAL

Muitos dos procedimentos que são apropriados para a aplicação do método da equivalência patrimonial são similares aos procedimentos de consolidação, descritos na NBC TG 36. Além disso, os conceitos que fundamentam os procedimentos utilizados para contabilizar a aquisição de controlada devem ser também adotados para contabilizar a aquisição de investimento em coligada ou em empreendimento controlado em conjunto.

11.1 Participação de grupo econômico em coligada ou em empreendimento controlado em conjunto

A participação de grupo econômico em coligada ou em empreendimento controlado em conjunto é dada pela soma das participações mantidas pela controladora e suas outras controladas no investimento. As participações mantidas por outras coligadas ou empreendimentos controlados em conjunto do grupo devem ser ignoradas para essa finalidade. Quando a coligada ou empreendimento controlado em conjunto tiver investimentos em controladas, em coligadas ou em empreendimentos controlados em conjunto (*joint ventures*), o lucro ou o prejuízo, os outros resultados abrangentes e os ativos líquidos considerados para aplicação do método da equivalência patrimonial devem ser aqueles reconhecidos nas demonstrações contábeis da coligada ou do empreendimento controlado em conjunto (incluindo a participação detida pela coligada ou pelo empreendimento controlado em conjunto no lucro ou prejuízo, nos outros resultados abrangentes e nos ativos líquidos de suas coligadas e de seus empreendimentos controlados em conjunto), após a realização dos ajustes necessários para uniformizar as práticas contábeis. Esse mesmo procedimento deve ser aplicado à figura da controlada no caso das demonstrações contábeis individuais.

11.2 Reconhecimento de resultados decorrentes de transações ascendentes (*upstream*) e descendentes (*downstream*)

Os resultados decorrentes de transações ascendentes (*upstream*) e descendentes (*downstream*) entre o investidor (incluindo suas controladas consolidadas) e a coligada ou o empreendimento controlado em conjunto devem ser reconhecidos nas demonstrações contábeis do investidor somente na extensão da participação de outros investidores sobre essa coligada ou empreendimento controlado em conjunto, desde que esses outros investidores sejam partes independentes do grupo econômico a que pertence a investidora. As transações ascendentes são, por exemplo, vendas de ativos da coligada ou do empreendimento controlado em conjunto para o investidor. As transações descendentes são, por exemplo, vendas de ativos do investidor para a coligada ou para o empreendimento controlado em conjunto. A participação do investidor nos resultados resultantes dessas transações deve ser eliminada.

11.2.1 Não reconhecimento de transações descendentes (*downstream*) e de transações ascendentes (*upstream*) entre a controladora e a controlada

Os resultados decorrentes de transações descendentes (*downstream*) entre a controladora e a controlada não devem ser reconhecidos nas demonstrações contábeis individuais da controladora enquanto os ativos transacionados estiverem no balanço de adquirente pertencente ao mesmo grupo econômico. Esse procedimento deve ser aplicado inclusive quando a controladora for, por sua vez, controlada de outra entidade do mesmo grupo econômico.

Os resultados decorrentes de transações ascendentes (*upstream*) entre a controlada e a controladora e de transações entre as controladas do mesmo grupo econômico devem ser reconhecidos nas demonstrações contábeis da vendedora, mas não devem ser reconhecidos nas demonstrações contábeis individuais da controladora enquanto os ativos transacionados estiverem no balanço de adquirente pertencente ao grupo econômico.

> **NOTA**
>
> As regras acima devem produzir o mesmo resultado líquido e o mesmo patrimônio líquido para a controladora que são obtidos a partir das demonstrações consolidadas dessa controladora e suas controladas. Devem também ser observadas as disposições contidas na Interpretação Técnica ITG 09 – Demonstrações Contábeis Individuais, Demonstrações Separadas, Demonstrações Consolidadas e Aplicação do Método da Equivalência Patrimonial.

11.2.2 Evidências de redução no valor realizável líquido dos ativos

Quando transações descendentes (*downstream*) fornecerem evidência de redução no valor realizável líquido dos ativos a serem vendidos ou integralizados, ou de perda por redução ao valor recuperável desses ativos, referidas perdas devem ser reconhecidas integralmente pela investidora.

Quando transações ascendentes (*upstream*) fornecerem evidência de redução no valor realizável líquido dos ativos a serem adquiridos ou de perda por redução ao valor recuperável desses ativos, o investidor deve reconhecer sua participação nessas perdas.

11.3 Contabilização da integralização por meio de ativo não monetário

A integralização por meio de ativo não monetário de participação patrimonial subscrita em coligada ou em empreendimento controlado em conjunto deve ser contabilizada em consonância com o estabelecido no subitem 11.2, exceto se a transação não tiver natureza comercial, conforme aplicação dada ao termo pela NBC TG 27 – Ativo Imobilizado. Se tal transação não tiver natureza comercial, o ganho ou a perda deve ser considerado como não realizado e não deve ser reconhecido a menos que as regras estabelecidas em 11.4, adiante, também sejam aplicáveis.

O ganho ou a perda não realizado deve ser eliminado contra o investimento contabilizado de acordo com o método da equivalência patrimonial e não deve ser apresentado como ganho ou perda diferido no balanço patrimonial consolidado ou no balanço patrimonial individual da entidade em que os investimentos são contabilizados com base no método da equivalência patrimonial. Tratamento análogo deve ser dispensado à participação patrimonial subscrita em controlada.

11.4   Integralização com ativos monetários e não monetários

Se adicionalmente à participação patrimonial recebida em coligada, controlada ou em empreendimento controlado em conjunto, a entidade também receber ativos monetários e não monetários, a entidade deve reconhecer na sua totalidade, na demonstração do resultado do período, como receita ou despesa, a parcela do ganho ou da perda do ativo não monetário integralizado com relação ao ativo monetário ou não monetário recebido.

11.5   Contabilização das diferenças entre o custo do investimento e a participação do investidor no valor justo líquido dos ativos e passivos identificáveis

O investimento em coligada, em controlada e em empreendimento controlado em conjunto deve ser contabilizado pelo método da equivalência patrimonial a partir da data em que o investimento se tornar sua coligada, controlada ou empreendimento controlado em conjunto. Na aquisição do investimento, quaisquer diferenças entre o custo do investimento e a participação do investidor no valor justo líquido dos ativos e passivos identificáveis da investida devem ser contabilizadas como segue:

a)   o ágio fundamentado em rentabilidade futura (*goodwill*) relativo a uma coligada, a uma controlada ou a um empreendimento controlado em conjunto (neste caso, no balanço individual da controladora) deve ser incluído no valor contábil do investimento e sua amortização não é permitida;

b)   qualquer excedente da participação do investidor no valor justo líquido dos ativos e passivos identificáveis da investida sobre o custo do investimento (ganho por compra vantajosa) deve ser incluído como receita na determinação da participação do investidor nos resultados da investida no período em que o investimento for adquirido.

Ajustes apropriados devem ser efetuados após a aquisição, nos resultados da investida, por parte do investidor, para considerar, por exemplo, a depreciação de ativos com base nos respectivos valores justos da data da aquisição.

Da mesma forma, retificações na participação do investidor nos resultados da investida devem ser feitas, após a aquisição, por conta de perdas reconhecidas pela investida em decorrência da redução ao valor recuperável (*impairment*) de ativos, tais como, por exemplo, para o ágio fundamentado em rentabilidade futura (*goodwill*) ou para o ativo imobilizado. Devem ser observadas, nesses casos, as disposições da Interpretação Técnica ITG 09.

11.6 Demonstrações contábeis para fins do MEP

Deve ser utilizada a demonstração contábil mais recente da coligada, da controlada ou do empreendimento controlado em conjunto para aplicação do método da equivalência patrimonial. Quando o término do exercício social do investidor for diferente daquele da investida, esta deve elaborar, para utilização por parte do investidor, demonstrações contábeis na mesma data das demonstrações do investidor, a menos que isso seja impraticável.

De acordo com o estabelecido acima, quando as demonstrações contábeis da investida utilizadas para aplicação do método da equivalência patrimonial forem de data diferente da data usada pelo investidor, ajustes pertinentes devem ser feitos em decorrência dos efeitos de transações e eventos significativos que ocorrerem entre aquela data e a data das demonstrações contábeis do investidor. Independentemente disso, a defasagem máxima entre as datas de encerramento das demonstrações da investida e do investidor não deve ser superior a dois meses.

A duração dos períodos abrangidos nas demonstrações contábeis e qualquer diferença entre as respectivas datas de encerramento devem ser as mesmas de um período para outro.

As demonstrações contábeis do investidor devem ser elaboradas utilizando práticas contábeis uniformes para eventos e transações de mesma natureza em circunstâncias semelhantes.

Se a investida utilizar práticas contábeis diferentes daquelas adotadas pelo investidor em eventos e transações de mesma natureza em circunstâncias semelhantes, devem ser efetuados ajustes necessários para adequar as demonstrações contábeis da investida às práticas contábeis do investidor quando da utilização destas para aplicação do método da equivalência patrimonial.

11.6.1 Ações preferenciais com direito a dividendo cumulativo em poder da investida

Se a investida tiver ações preferenciais com direito a dividendo cumulativo em circulação que estiverem em poder de outras partes que não o investidor, as quais são classificadas como parte integrante do patrimônio líquido, o investidor deve calcular sua participação nos resultados do período da investida após ajustá-lo pela dedução dos dividendos pertinentes a essas ações, independentemente de eles terem sido declarados ou não.

11.7 Procedimentos a serem adotados quando a participação do investidor se igualar ou exceder o saldo contábil da participação na investida

Quando a participação do investidor nos prejuízos do período da coligada ou do empreendimento controlado em conjunto se igualar ou exceder o saldo contábil de sua participação na investida, o investidor deve descontinuar o reconhecimento de sua participação em perdas futuras.

A participação na investida deve ser o valor contábil do investimento nessa investida, avaliado pelo método da equivalência patrimonial, juntamente com alguma participação de longo prazo que, em essência, constitui parte do investimento líquido total do investidor na investida. Por exemplo, um componente, cuja liquidação não está planejada, nem tampouco é provável que ocorra num futuro previsível, é, em essência, uma extensão do investimento da entidade naquela investida.

Tais componentes podem incluir ações preferenciais, bem como recebíveis ou empréstimos de longo prazo, porém não incluem componentes como recebíveis ou exigíveis de natureza comercial ou quaisquer recebíveis de longo prazo para os quais existam garantias adequadas, tais como empréstimos garantidos. O prejuízo reconhecido pelo método da equivalência patrimonial que exceda o investimento em ações ordinárias do investidor deve ser aplicado aos demais componentes que constituem a participação do investidor na investida em ordem inversa de interesse residual – *seniority* (isto é, prioridade na liquidação).

Após reduzir, até zero, o saldo contábil da participação do investidor, perdas adicionais devem ser consideradas, e um passivo deve ser reconhecido, somente na extensão em que o investidor tiver incorrido em obrigações legais ou construtivas (não formalizadas) ou tiver feito pagamentos em nome da investida. Se a investida subsequentemente apurar lucros, o investidor deve retomar o reconhecimento de sua participação nesses lucros somente após o ponto em que a parte que lhe cabe nesses lucros posteriores se igualar à sua participação nas perdas não reconhecidas.

NOTA

As regras acima não são aplicáveis a investimento em controlada no balanço individual da controladora, devendo ser observada a prática contábil que produzir o mesmo resultado líquido e o mesmo patrimônio líquido para a controladora que são obtidos a partir das demonstrações consolidadas do grupo econômico, para atendimento ao requerido quanto aos atributos de relevância e de representação fidedigna (o que já inclui a primazia da essência sobre a forma), conforme dispõem a NBC TG ESTRUTURA CONCEITUAL – Estrutura Conceitual para Elaboração e Divulgação de Relatório Contábil-Financeiro e a NBC TG 26.

12 PERDAS POR REDUÇÃO AO VALOR RECUPERÁVEL

Após a aplicação do método da equivalência patrimonial, incluindo o reconhecimento dos prejuízos da coligada ou do empreendimento controlado em conjunto o investidor deve aplicar os requisitos da NBC TG 38 para determinar a necessidade de reconhecer alguma perda adicional por redução ao valor recuperável do investimento líquido total desse investidor na investida.

O investidor, em decorrência de sua participação na coligada ou no empreendimento controlado em conjunto, também deve aplicar os requisitos da NBC TG 38 para determinar a existência de alguma perda adicional por redução ao valor recuperável (*impairment*) em itens que não fazem parte do investimento líquido nessa coligada ou empreendimento controlado em conjunto para determinar o montante dessa perda.

NOTA

No caso do balanço individual da controladora, o reconhecimento de perdas adicionais por redução ao valor recuperável (*impairment*) com relação ao investimento em controlada deve ser feito com observância com as regras estabelecidas na nota ao subitem 11.7.

12.1 Ágio fundamentado em rentabilidade futura (*goodwill*)

Em função de o ágio fundamentado em rentabilidade futura (*goodwill*) integrar o valor contábil do investimento na investida (não deve ser reconhecido separadamente), ele não deve ser testado separadamente com relação ao seu valor recuperável.

Em vez disso, o valor contábil total do investimento é que deve ser testado como um único ativo, em conformidade com o disposto na NBC TG 01 – Redução ao Valor Recuperável de Ativos, pela comparação de seu valor contábil com seu valor recuperável (valor justo líquido de despesa de venda ou valor em uso, dos dois, o maior), sempre que os requisitos da NBC TG 38 indicarem que o investimento possa estar afetado, ou seja, que indicarem alguma perda por redução ao seu valor recuperável.

A perda por redução ao valor recuperável reconhecida nessas circunstâncias não deve ser alocada a qualquer ativo que constitui parte do valor contábil do investimento na investida, incluindo o ágio fundamentado em rentabilidade futura (*goodwill*). Consequentemente, a reversão dessas perdas deve ser reconhecida de acordo com a NBC TG 01, na extensão do aumento subsequente no valor recuperável do investimento. Na determinação do valor em uso do investimento, a entidade deve estimar:

a) sua participação no valor presente dos fluxos de caixa futuros que se espera sejam gerados pela investida, incluindo os fluxos de caixa das operações da investida e o valor residual esperado com a alienação do investimento; ou

b) o valor presente dos fluxos de caixa futuros esperados em função do recebimento de dividendos provenientes do investimento e o valor residual esperado com a alienação do investimento.

Sob as premissas adequadas, os métodos acima devem produzir o mesmo resultado.

NOTAS

O valor recuperável de investimento em coligada ou em empreendimento controlado em conjunto deve ser determinado para cada investimento, a menos que a coligada ou o empreendimento controlado em conjunto não gerem entradas de caixa de forma contínua que sejam em grande parte independentes daquelas geradas por outros ativos da entidade.

O ágio fundamentado em rentabilidade futura (*goodwill*) também deve integrar o valor contábil do investimento na controlada (não deve ser reconhecido separadamente) na apresentação das demonstrações contábeis individuais da controladora. Mas, nesse caso, esse ágio, no balanço individual da controladora, para fins de teste para redução ao valor recuperável (*impairment*), deve receber o mesmo tratamento contábil que é dado a ele nas demonstrações consolidadas. Devem ser observados os requisitos da NBC TG 36 e da Interpretação Técnica ITG 09.

13 DEMONSTRAÇÕES SEPARADAS

O investimento em coligada, em controlada ou em empreendimento controlado em conjunto deve ser contabilizado nas demonstrações contábeis separadas do investidor em conformidade com o disposto no item 10 da NBC TG 35.

14 A QUESTÃO DA MAIS-VALIA, MENOS-VALIA E *GOODWILL*

Com a implantação das novas normas contábeis, o ágio e o deságio na aquisição de investimentos permanentes passaram a ter tratamento diferente do que até então ocorria. O ágio passou a ser dividido em "ágio por expectativa de lucros futuros" e "ágio sobre Ativos identificados". Por sua vez, o que no passado convencionou-se chamar de deságio, hoje, as novas normas contábeis passaram a denominar de "ganho por compra vantajosa", o qual é registrado diretamente como resultado, e não mais como ativo.

Nesse diapasão, a legislação fiscal precisou disciplinar a questão tributária. Isso se deu por meio da Lei nº 12.973/2014 que, paralelamente, pôs fim ao Regime Tributário de Transição (RTT).

14.1 Desdobramento do custo de aquisição

14.1.1   O que dispõe as normas contábeis (CPC 18)

O item 32 do CPC 18 (R2) (Investimento em Coligada, em Controlada e em Empreendimento Controlado em Conjunto), já em consonância com as novas normas contábeis assim dispõem:

> *"32. O investimento em coligada, em controlada e em empreendimento controlado em conjunto deve ser contabilizado pelo método da equivalência patrimonial a partir da data em que o investimento se tornar sua coligada, controlada ou empreendimento controlado em conjunto.*
>
> *Na aquisição do investimento, quaisquer diferenças entre o custo do investimento e a participação do investidor no valor justo líquido dos ativos e passivos identificáveis da investida devem ser contabilizadas como segue:*
>
> *(a) o ágio fundamentado em rentabilidade futura (goodwill) relativo a uma coligada, a uma controlada ou a um empreendimento controlado em conjunto (neste caso, no balanço individual da controladora) deve ser incluído no valor contábil do investimento e sua amortização não é permitida;*
>
> *(b) qualquer excedente da participação do investidor no valor justo líquido dos ativos e passivos identificáveis da investida sobre o custo do investimento (ganho por compra vantajosa) deve ser incluído como receita na determinação da participação do investidor nos resultados da investida no período em que o investimento for adquirido."*

14.1.2   O que dispõe as normas fiscais

De acordo com o artigo 20 do Decreto lei nº 1.598/1977, com a nova redação dada pelo art. 2º da Lei nº 12.973/2014:

"Art. 20. O contribuinte que avaliar investimento pelo valor de patrimônio líquido deverá, por ocasião da aquisição da participação, desdobrar o custo de aquisição em:

I – valor de patrimônio líquido na época da aquisição, determinado de acordo com o disposto no artigo 21[*]; e

II – mais ou menos-valia, que corresponde à diferença entre o valor justo dos ativos líquidos da investida, na proporção da porcentagem da participação adquirida, e o valor de que trata o inciso I do caput; e

III – ágio por rentabilidade futura (goodwill), que corresponde à diferença entre o custo de aquisição do investimento e o somatório dos valores de que tratam os incisos I e II do caput.

§ 1º Os valores de que tratam os incisos I a III do caput serão registrados em subcontas distintas.

(...)

§ 3º O valor de que trata o inciso II do caput deverá ser baseado em laudo elaborado por perito independente que deverá ser protocolado na Secretaria da Receita Federal do Brasil ou cujo sumário deverá ser registrado em Cartório de Registro de Títulos e Documentos, até o último dia útil do 13º (décimo terceiro) mês subsequente ao da aquisição da participação.

(...)

§ 5º A aquisição de participação societária sujeita à avaliação pelo valor do patrimônio líquido exige o reconhecimento e a mensuração:

I – primeiramente, dos ativos identificáveis adquiridos e dos passivos assumidos a valor justo; e

II – posteriormente, do ágio por rentabilidade futura (goodwill) ou do ganho proveniente de compra vantajosa.

§ 6º O ganho proveniente de compra vantajosa de que trata o § 5o, que corresponde ao excesso do valor justo dos ativos líquidos da investida, na proporção da participação adquirida, em relação ao custo de aquisição do investimento, será computado na determinação do lucro real no período de apuração da alienação ou baixa do investimento.

§ 7º A Secretaria da Receita Federal do Brasil disciplinará o disposto neste artigo, podendo estabelecer formas alternativas de registro e de apresentação do laudo previsto no § 3º." (NR)"

* Com base no PL da investida

14.1.2.1 *Objetivo da alteração*

A leitura das regras fiscais deixa claro os objetivos das alterações promovidas na legislação. Entre elas pode-se destacar os seguintes:

1) alinhar a legislação fiscal ao critério contábil (CPC 18) de avaliação dos investimentos pela equivalência patrimonial;

2) determinar que o registro separadamente do valor do investimento, do valor justo dos ativos líquidos da investida (mais-valia) e da diferença decorrente de rentabilidade futura (*goodwill*). No passado, esses dois últimos valores recebiam o nome de ágio/deságio;

3) determinar que os valores registrados a título de mais-valia devem ser comprovados mediante laudo elaborado por perito independente que deverá ser protocolado na RFB ou cujo sumário deve ser registrado em Cartório de Registro de Títulos e Documentos até o último dia útil do décimo terceiro mês subsequente ao da aquisição da participação.

4) Estabelecer a tributação do ganho por compra vantajosa no período de apuração da alienação ou baixa do investimento.

Do exposto acima, observa-se que a empresa que tiver investimento em coligada ou controlada deverá, por ocasião da aquisição do investimento, classificar o custo de aquisição em contas distinta, conforme segue:

- Valor do investimento corresponde a participação societária aplicada sobre o patrimônio líquido da investida;

- Valor da mais-valia ou menos-valia, que corresponde à diferença entre o valor de custo e o valor justo dos ativos identificados que deram origem a mais ou menos-valia;

- Valor do *goodwill* (expectativa de lucro futuro), oriundo da diferença para mais entre o valor patrimonial do investimento mais o ágio sobre ativos identificados e o custo de aquisição do investimento.

- Caso haja "ganho" na operação, esse ganho representado pela diferença para menos entre o valor registrado em investimento e o custo de aquisição desse mesmo investimento será registrado em conta de resultado, como resultado do MEP.

14.2 Exemplo

Para exemplificar esse novo tratamento contábil e fiscal no que diz respeito à aquisição de Investimentos permanentes avaliados pelo método da equivalência patrimonial, consideremos os dados a seguir:

Balanço da investida Sena em 31.12.x1			
Ativo		**Passivo**	
Caixa	100	Fornecedores	800
Duplicatas a receber	1.000	Financiamentos	1.300
Estoque	3.000	Impostos a pagar	900
Imobilizado	4.000	Patrimônio Líquido	5.100
		Capital	3.000
		Lucros	1.500
		Reservas	600
Total	8.100	Total	8.100

Investidora Delta adquiri participação no capital de Sena de	70%
Valor pago pelo investimento	10.000
Bens da investida a valor justo (para fins de equivalência) – Fundamento econômico para a mais-valia:	
Imobilizado	6.000

Como na contabilidade da investida o bem está registrado por R$ 4.000, temos ai a ocorrência da mais-valia no valor de R$ 2.000 (R$ 6.000 – R$ 4.000).

NOTA

Antes das alterações promovidas na legislação comercial e fiscal, o investimento seria assim contabilizado:

Lançamento 1

D – Investimento	3.570	
D – Ágio	6.430	
C – Caixa/Bancos		10.000

Com as alterações promovidas, vimos que há a necessidade de se evidenciar e destacar a mais-valia e o *goodwill*. Ambos os valores comporão o grupo investimento. Em relação a mais-valia é importante que se crie uma conta para o fundamento econômico que o originou. No nosso exemplo, o fundamento econômico foi o imobilizado. Deste modo, a conta deverá trazer essa referência. Como sugestão poderá ser denominada "Mais-valia – Imobilizado – DL 1598, art. 20, II". Isso é importante no momento do reconhecimento da mais-valia como resultado, conforme destacado mais adiante, em item próprio.

Diante do exposto, o registro contábil deverá se apresentar da seguinte forma, observados os dados do exemplo:

Lançamento 2

D – Investimentos em controladas – DL 1598, art. 20, I	3.570
D – Mais-valia – Imobilizado – DL 1598, art. 20, II	1.400
D – *Goodwill* – DL 1598, art. 20, III	5.030
C – Caixa/Bancos	10.000

Origem dos valores acima:

a) Participação na Cia investida (DL 1598, art. 20, I)
   R$ 3.570 (70% do PL de R$ 5.100)

b) Mais-Valia (DL 1598, art. 20, II)
   R$ 1.400 (70% da Mais-Valia de R$ 2.000)

c) Ágio por Rentabilidade Futura – *goodwill* (DL 1598, art. 20, III)
   R$ 5.030, assim apurado: $ 10.000 –($ 3.570 + $ 1.400)

14.3 Tratamento Contábil

14.3.1 Mais-valia

A Mais-Valia será "transferida" para resultado quando os bens que lhe deram origem forem baixados na investida, seja por depreciação, amortização ou alienação.

A contrapartida será a conta de resultado de equivalência patrimonial e não despesa de amortização de ágio, como era antes.

Na prática, a mais-valia será "baixada" ou "transferida" para o resultado proporcionalmente a baixa do ativo que a gerou. No nosso exemplo, o ativo que gerou a mais-valia foi um imobilizado. Neste caso, a baixa da mais-valia se dará proporcionalmente à depreciação do bem na investida.

Se o ativo que tivesse gerado a mais-valia fosse o estoque, a baixa se daria a medida da venda desse estoque.

Dando continuidade ao exemplo, consideremos que o bem da investida tenha sido depreciado em 10%. A investidora deverá fazer o seguinte registro em sua contabilidade

Lançamento 3

D – Resultado com MEP (Resultado)

C – Mais-valia – Imobilizado – DL 1598, art. 20, II   140

14.3.2 *Goodwill*

Já o *goodwill* não será "amortizado", sendo apenas submetido periodicamente ao teste de *impairment* (valor de recuperação), que analisará sua capacidade de contribuir para a produção de resultados futuros.

Se o teste de *impairment* revelar aumento no valor do *goodwill*, nada será feito na contabilidade.

Agora, se o teste revelar perda de valor, essa perda deverá ser reconhecida. Neste caso, teremos o seguinte registro:

Lançamento 4

D – Despesa com *impairment* (resultado)

C – Perda por desvalorização – *Goodwill* (redutora do investimento)

NOTA

O *goodwill* é compilação dos "intangíveis" formados ao longo dos anos de existência da investida. São exemplos de intangíveis: ponto comercial, carteira de clientes, capital intelectual. São esses intangíveis, entre outros, que criam a expectativa de rentabilidade futura.

14.4   Ocorrência de menos-valia

Caso a avaliação dos ativos e passivos a valor justo, conforme definido no inciso II do art. 20 do Decreto-Lei nº 1.598/77, aponte deságio em vez de ágio (menos-valia), tal valor será caracterizado como ganho em compra vantajosa **sendo tratado na contabilidade diretamente em receita (CPC 18 (R2), 32, B)**

Exemplo: consideremos os mesmos dados do exemplo anterior. No entanto, estamos considerando que o valor justo do imobilizado da investida seja R$ 3.000. Lembra-se que o patrimônio líquido da investida corresponde a R$ 5.100

Diante desses dados, temos:

Investidora Delta adquiri participação no capital de Sena de	70%
Valor pago pelo investimento	10.000
Bens da investida a valor justo (para fins de equivalência) – Fundamento econômico para a menos-valia:	
Imobilizado	3.000

Como na contabilidade da investida o bem está registrado por R$ 4.000, temos ai a ocorrência da menos-valia no valor de R$ 1.000 (R$ 4.000 – R$ 3.000).

Diante do exposto, o registro contábil deverá se apresentar da seguinte forma, observados os dados do exemplo:

Lançamento 5

D – Investimentos em controladas – DL 1598, art. 20, I	3.570	
D – *Goodwill* – DL 1598, art. 20, III	7.130	
C – Ganho por compra vantajosa (menos-valia) – DL 1598, art. 20, II		700
C – Caixa/Bancos		10.000

Origem dos valores acima:

a) Participação na Cia investida (DL 1.598, art. 20, I)
R$ 3.570 (70% do PL de R$ 5.100)

b) Ganho por compra vantajosa – Menos-Valia
(DL 1598, art. 20, II)
R$ 700 (70% da menos-valia de R$ 1.000)

c) Ágio por Rentabilidade Futura – *goodwill* (DL 1598, art. 20, III)
R$ 7.130, assim apurado: $ 10.000 –[$ 3.570 + (–$ 700)]

10

Ativos Intangíveis

1 INTRODUÇÃO

É fato que a Lei nº 6.404/1976 passou por algumas alterações nesses últimos anos.

Foram duas alterações significativas. A primeira delas, por meio da Lei nº 11.638/2007 que, inclusive, criou o grupo de contas intangível, originalmente pertencente ao Ativo Permanente.

A segunda alteração se deu por meio da MP nº 449/2008, atualmente, Lei nº 11.941/2009 que veio, até certo ponto, alterar substancialmente a Lei nº 6.404/1976 no que diz respeito aos seus grandes grupos de contas.

Uma das alterações foi a "eliminação" do grupo de contas denominado Ativo Permanente. Naturalmente, os itens que compunham esse grupo de contas (investimentos, imobilizado, intangível e diferido) precisaram ser remanejados.

Para recepcionar esses itens, foi criado o Ativo não circulante, que passou a agregar o antigo realizável a longo prazo mais o ativo permanente.

Como se observa, além da "reformulação" dos grandes grupos de contas, a grande mudança ficou por conta da criação, no final de 2007, do subgrupo de contas hoje pertencente ao ativo não circulante, denominado intangível.

2 ALGUMAS DEFINIÇÕES

No presente trabalho, serão utilizados os termos abaixo com os seguintes significados:

- *Mercado ativo*: é um mercado no qual se verificam as seguintes condições:
  a) os itens transacionados no mercado são homogêneos;
  b) compradores e vendedores dispostos a negociar podem ser encontrados a qualquer momento; e
  c) os preços estão disponíveis para o público.
- *Combinação de negócios*: é o resultado de transações ou outros eventos em que um adquirente obtém o controle de uma ou mais atividades empresariais diferentes. A obtenção do controle pode ser alcançada de diversas formas.
- *Data de aquisição de uma combinação de negócios*: é a data em que a adquirente obtém efetivamente o controle sobre a adquirida.
- *Amortização*: é a alocação sistemática do valor amortizável de ativo intangível ao longo da sua vida útil.
- *Ativo*: é um recurso:
  a) controlado por uma entidade como resultado de eventos passados; e
  b) do qual se espera que resultem benefícios econômicos futuros para a entidade.
- *Valor contábil*: é o valor pelo qual um ativo é reconhecido no balanço patrimonial após a dedução da amortização acumulada e da perda por desvalorização.
- *Custo*: é o montante de caixa ou equivalente de caixa pago ou o valor justo de qualquer outra remuneração dada para adquirir um ativo na data da sua aquisição ou construção, ou ainda, se for o caso, o valor atribuído ao ativo quando inicialmente reconhecido de acordo com as disposições específicas de outro Pronunciamento.
- *Valor amortizável*: é o custo de um ativo ou outro valor que substitua o custo, menos o seu valor residual.
- *Desenvolvimento*: é a aplicação dos resultados da pesquisa ou de outros conhecimentos em um plano ou projeto visando à produção de materiais, dispositivos, produtos, processos, sistemas ou serviços novos ou substancialmente aprimorados, antes do início da sua produção comercial ou do seu uso.

- *Valor específico para a entidade*: é o valor presente dos fluxos de caixa que uma entidade espera (i) obter com o uso contínuo de um ativo e com a alienação ao final da sua vida útil ou (ii) incorrer para a liquidação de um passivo.

- *Valor justo de um ativo*: é o valor pelo qual um ativo pode ser negociado entre partes interessadas, conhecedoras do negócio e independentes entre si, com ausência de fatores que pressionem para a liquidação da transação ou que caracterizem uma transação compulsória.

- *Perda por desvalorização*: é o valor pelo qual o valor contábil de um ativo ou de uma unidade geradora de caixa excede seu valor recuperável (Pronunciamento Técnico CPC 01 – Redução ao Valor Recuperável de Ativos).

- *Ativo intangível*: é um ativo não monetário identificável sem substância física.

- *Ativo monetário*: é aquele representado por dinheiro ou por direitos a serem recebidos em dinheiro.

- *Pesquisa*: é a investigação original e planejada realizada com a expectativa de adquirir novo conhecimento e entendimento científico ou técnico.

- *Valor residual* de um ativo intangível: é o valor estimado que uma entidade obteria com a venda do ativo, após deduzir as despesas estimadas de venda, caso o ativo já tivesse a idade e a condição esperadas para o fim de sua vida útil.

- **Vida útil** é:
  a) o período de tempo no qual a entidade espera utilizar um ativo; ou
  b) o número de unidades de produção ou de unidades semelhantes que a entidade espera obter pela utilização do ativo.

3 CONCEITO DE ATIVO INTANGÍVEL

As entidades frequentemente despendem recursos ou contraem obrigações com a aquisição, o desenvolvimento, a manutenção ou o aprimoramento de recursos intangíveis como conhecimento científico ou técnico, desenho e implantação de novos processos ou sistemas, licenças, propriedade intelectual, conhecimento mercadológico, nome, reputação, imagem e marcas registradas (incluindo nomes comerciais e títulos de publicações).

Exemplos de itens que se enquadram nessas categorias amplas são: *softwares*, patentes, direitos autorais, direitos sobre filmes cinematográficos, listas de clientes, direitos sobre hipotecas, licenças de pesca, quotas de importação, franquias, relacionamentos com clientes ou fornecedores, fidelidade de clientes, participação no mercado e direitos de comercialização.

Nem todos os itens descritos acima se enquadram na definição de ativo intangível, ou seja, **são identificáveis, controlados e geradores de benefícios econômicos futuros**.

Se determinado item não atender a definição de ativo intangível, o gasto incorrido na sua aquisição ou geração interna deve ser reconhecido como despesa quando incorrido. No entanto, se o item for adquirido em uma combinação de negócios passará a fazer parte do ágio derivado da expectativa de rentabilidade futura (*goodwill*) reconhecido na data da aquisição.

4 PRECEITOS BÁSICOS PARA SE CLASSIFICAR UM ATIVO INTANGÍVEL

Conforme vimos acima, para ser considerado como ativo intangível o item deve ser identificável, controlado e gerador de benefício econômico futuro. A seguir, comentamos cada um desses requisitos.

4.1 Identificação

A definição de ativo intangível requer que ele seja identificável para diferenciá-lo do ágio derivado da expectativa de rentabilidade futura (*goodwill*).

O ágio derivado da expectativa de rentabilidade futura (*goodwill*) reconhecido em uma combinação de negócios é um ativo que representa benefícios econômicos futuros gerados por outros ativos adquiridos em uma combinação de negócios, que não são identificados individualmente e reconhecidos separadamente.

Tais benefícios econômicos futuros podem advir da sinergia entre os ativos identificáveis adquiridos ou de ativos que, individualmente, não se qualificam para reconhecimento em separado nas demonstrações contábeis.

Um ativo satisfaz o critério de identificação, em termos de definição de um ativo intangível, quando:

a) for separável, ou seja, puder ser separado da entidade e vendido, transferido, licenciado, alugado ou trocado, individualmente ou junto com um contrato, ativo ou passivo relacionado, independente da intenção de uso pela entidade; ou

b) resultar de direitos contratuais ou outros direitos legais, independentemente de tais direitos serem transferíveis ou separáveis da entidade ou de outros direitos e obrigações.

4.2   Controle

A entidade controla um ativo quando detém o poder de obter benefícios econômicos futuros gerados pelo recurso subjacente e de restringir o acesso de terceiros a esses benefícios. Normalmente, a capacidade da entidade de controlar os benefícios econômicos futuros de ativo intangível advém de direitos legais que possam ser exercidos num tribunal.

A ausência de direitos legais dificulta a comprovação do controle. No entanto, a imposição legal de um direito não é uma condição imprescindível para o controle, visto que a entidade pode controlar benefícios econômicos futuros de outra forma.

O conhecimento de mercado e o técnico podem gerar benefícios econômicos futuros. A entidade controla esses benefícios se, por exemplo, o conhecimento for protegido por direitos legais, tais como direitos autorais, uma limitação de um acordo comercial (se permitida) ou o dever legal dos empregados de manterem a confidencialidade.

A entidade pode dispor de equipe de pessoal especializado e ser capaz de identificar habilidades adicionais que gerarão benefícios econômicos futuros a partir do treinamento.

A entidade pode, também, esperar que esse pessoal continue a disponibilizar as suas habilidades. Entretanto, o controle da entidade sobre os eventuais benefícios econômicos futuros gerados pelo pessoal especializado e pelo treinamento é insuficiente para que esses itens se enquadrem na definição de ativo intangível.

Por razão semelhante, raramente, um talento gerencial ou técnico específico atende à definição de ativo intangível, a não ser que esteja protegido por direitos legais sobre a sua utilização e obtenção dos benefícios econômicos futuros, além de se enquadrar nos outros aspectos da definição.

A entidade pode ter uma carteira de clientes ou participação de mercado e esperar que, em virtude dos seus esforços para criar relacionamentos e fidelizar clientes, estes continuarão a negociar com a entidade. No entanto, a ausência de direitos legais de proteção ou de outro tipo de controle sobre as relações com os clientes ou a sua fidelidade faz com que a entidade normalmente não tenha controle suficiente sobre os benefícios econômicos previstos, gerados do relacionamento com os clientes e de sua fidelidade, para considerar que tais itens (por exemplo, carteira de clientes, participação de mercado, relacionamento e fidelidade dos clientes) se enquadrem na definição de ativos intangíveis. Entretanto, na ausência de direitos legais de proteção do relacionamento com clientes, a capacidade de realizar operações com esses clientes ou similares por meio de relações não contratuais (que não sejam as advindas de uma combinação de negócios) fornece evidências de que a entidade é, mesmo assim, capaz de controlar os eventuais benefícios econômicos futuros gerados pelas relações com clientes. Uma vez que tais operações também fornecem evidências que esse relacionamento com clientes é separável, ele pode ser definido como ativo intangível.

4.3   Benefício econômico futuro

Os benefícios econômicos futuros gerados por ativo intangível podem incluir a receita da venda de produtos ou serviços, redução de custos ou outros benefícios resultantes do uso do ativo pela entidade. Por exemplo, o uso da propriedade intelectual em um processo de produção pode reduzir os custos de produção futuros em vez de aumentar as receitas futuras.

5 ALGUNS ESCLARECIMENTOS

5.1 Ativo que contém elementos intangíveis e tangíveis

É fato que alguns ativos intangíveis podem estar contidos em elementos que possuem substância física, como um disco (como no caso de *software*), documentação jurídica (no caso de licença ou patente) ou em um filme.

Para saber se um ativo que contém elementos intangíveis e tangíveis deve ser tratado como ativo imobilizado ou como ativo intangível, a entidade avalia qual elemento é mais significativo. Por exemplo, um *software* de uma máquina-ferramenta controlada por computador que não funciona sem esse *software* específico é parte integrante do referido equipamento, devendo ser tratado como ativo imobilizado. O mesmo se aplica ao sistema operacional de um computador.

Quando o *software* não é parte integrante do respectivo *hardware*, ele deve ser tratado como ativo intangível.

5.2 Gastos com propaganda, marcas, patentes, treinamento, início das operações e atividades de pesquisa e desenvolvimento

As regras tratadas neste capítulo aplicam-se, entre outros, a gastos com propaganda, marcas, patentes, treinamento, início das operações (também denominados pré-operacionais) e atividades de pesquisa e desenvolvimento.

Observa-se que as atividades de pesquisa e desenvolvimento desti-nam-se ao desenvolvimento de conhecimento. Por conseguinte, apesar de poderem gerar um ativo com substância física (p. ex., um protótipo), o elemento físico do ativo é secundário em relação ao seu componente intangível, isto é, o conhecimento incorporado ao mesmo.

5.3 Arrendamento financeiro

No caso de arrendamento financeiro, o ativo correspondente pode ser tangível ou intangível.

Após o reconhecimento inicial, o arrendatário aplica as normas do Pronunciamento 04 para a contabilização de um ativo intangível.

Esclarece-se que direitos cedidos por meio de contratos de licenciamento para itens como filmes cinematográficos, gravações em vídeo, peças, manuscritos, patentes e direitos autorais se enquadram no conceito de intangíveis.

5.4 Transações especializadas que requerem tratamento especializado

Pode ocorrer de determinadas atividades ou transações, por serem especializadas, darem origem a questões que requerem tratamento diferenciado.

Essas questões ocorrem, por exemplo, na contabilização de gastos com a exploração ou o desenvolvimento e a extração de petróleo, gás e depósitos minerais de indústrias extrativas ou no caso de contratos de seguros. Portanto, para esses casos específicos, não é aplicável os preceitos tratados aqui tratados. Isso significa dizer que tais gastos não devem ser tratados como intangíveis. Contudo, os demais gastos com outros ativos intangíveis utilizados (caso do *software*) e a outros gastos incorridos (como os gastos pré-operacionais) por indústrias extrativas ou seguradoras devem ser tratados como tal.

6 ALGUMAS EXCEÇÕES

As normas aqui tratadas aplicam-se à contabilização de ativos intangíveis, exceto a:

a) ativos intangíveis dentro do alcance de outro pronunciamento que não seja o 04;

b) ágio pago por expectativa de rentabilidade futura (*goodwill* ou fundo de comércio) surgido na aquisição de investimento avaliado pelo método de equivalência patrimonial ou decorrente de combinação de negócios;

c) ativos financeiros, que atendam à definição de Instrumentos Financeiros;

d) arrendamentos mercantis dentro do alcance de outro Pronunciamento que não seja o 04;

e) direitos de exploração de recursos minerais e gastos com a exploração ou o desenvolvimento e a extração de minérios, petróleo, gás natural e outros recursos exauríveis similares;

f) ativos intangíveis de longo prazo, classificados como mantidos para venda, ou incluídos em um grupo de itens que estejam classificados como mantidos para venda;

g) ativos fiscais diferidos;

h) ativos decorrentes de benefícios a empregados; e

i) custos de aquisição diferidos e ativos intangíveis resultantes dos direitos contratuais de seguradora segundo contratos de seguro.

NOTA

No caso dos ativos intangíveis, mesmo relacionados a contratos de seguro, os requerimentos de divulgação são aplicáveis.

7 CRITÉRIOS DE RECONHECIMENTO E MENSURAÇÃO DO ATIVO INTANGÍVEL

O reconhecimento de um item como ativo intangível exige que a entidade demonstre que ele atende:

a) a definição de ativo intangível tratado anteriormente; e

b) os critérios de reconhecimento, tratados nesse trabalho.

NOTA

Este reconhecimento é aplicável a custos incorridos inicialmente para adquirir ou gerar internamente um ativo intangível e aos custos incorridos posteriormente para acrescentar algo, substituir parte ou recolocá-lo em condições de uso.

Os ativos intangíveis podem se originar de diversas formas. Eles podem:

- ser adquiridos separadamente;
- ser adquiridos em uma combinação de negócios;

- ser adquiridos por meio de subvenção ou assistência governamentais;
- ter sua origem na permuta de ativos intangíveis, do ágio derivado da expectativa de rentabilidade futura (*goodwill*) gerado internamente;
- ter seu reconhecimento e mensuração iniciais derivados dos ativos intangíveis gerados internamente.

7.1 Natureza dos ativos intangíveis e a questão dos gastos subsequentes

Nota-se que a natureza dos ativos intangíveis implica, em muitos casos, não haver o que ser adicionado ao ativo nem se poder substituir parte dele. Por conseguinte, a maioria dos gastos subsequentes provavelmente são efetuados para manter a expectativa de benefícios econômicos futuros incorporados ao ativo intangível existente, e não atendem à definição de ativo intangível, tampouco aos critérios para seu reconhecimento tratados anteriormente.

Além disso, dificilmente gastos subsequentes são atribuídos diretamente a determinado ativo intangível em vez da entidade como um todo.

Portanto, somente em raras ocasiões, os gastos subsequentes (incorridos após o reconhecimento inicial de ativo intangível adquirido ou a conclusão de um gerado internamente) devem ser reconhecidos no valor contábil de ativo intangível.

Nota-se que os gastos subsequentes com marcas, títulos de publicações, logomarcas, listas de clientes e itens de natureza similar (quer sejam eles adquiridos externamente ou gerados internamente) sempre são reconhecidos no resultado, quando incorridos, uma vez que não se consegue separá-los de outros gastos incorridos no desenvolvimento do negócio como um todo.

7.2 Premissas básicas para reconhecimento de um ativo intangível

Um ativo intangível deve ser reconhecido apenas se:

a) for provável que os benefícios econômicos futuros esperados atribuíveis ao ativo serão gerados em favor da entidade; e

b) o custo do ativo possa ser mensurado com segurança.

A entidade deve avaliar a probabilidade de geração dos benefícios econômicos futuros utilizando premissas razoáveis e comprováveis que representem a melhor estimativa da administração em relação ao conjunto de condições econômicas que existirão durante a vida útil do ativo.

A entidade utiliza seu julgamento para avaliar o grau de certeza relacionado ao fluxo de benefícios econômicos futuros atribuíveis ao uso do ativo, com base nas evidências disponíveis no momento do reconhecimento inicial, dando maior peso às evidências externas.

Um ativo intangível deve ser reconhecido inicialmente tendo como base o seu custo.

8 AQUISIÇÃO SEPARADA

Normalmente, o preço que a entidade paga para adquirir separadamente um ativo intangível reflete sua expectativa sobre a probabilidade de os benefícios econômicos futuros esperados, incorporados no ativo, serem gerados a seu favor.

Em outras palavras, a entidade espera que haja benefícios econômicos a seu favor, mesmo que haja incerteza em relação à época e ao valor desses benefícios econômicos. Portanto, a condição de probabilidade referida na letra "a" do subitem 7.2 é sempre considerada atendida para ativos intangíveis adquiridos separadamente.

Além disso, o custo de ativo intangível adquirido em separado pode normalmente ser mensurado com segurança, sobretudo quando o valor é pago em dinheiro ou com outros ativos monetários.

O custo de ativo intangível adquirido separadamente inclui:

a) seu preço de compra, acrescido de impostos de importação e impostos não recuperáveis sobre a compra, após deduzidos os descontos comerciais e abatimentos; e

b) qualquer custo diretamente atribuível à preparação do ativo para a finalidade proposta.

Exemplos de custos diretamente atribuíveis são:

- custos de benefícios aos empregados incorridos diretamente para que o ativo fique em condições operacionais (de uso ou funcionamento);
- honorários profissionais diretamente relacionados para que o ativo fique em condições operacionais; e
- custos com testes para verificar se o ativo está funcionando adequadamente.

Exemplos de gastos que não fazem parte do custo de ativo intangível:

- custos incorridos na introdução de novo produto ou serviço (incluindo propaganda e atividades promocionais);
- custos da transferência das atividades para novo local ou para nova categoria de clientes (incluindo custos de treinamento); e
- custos administrativos e outros custos indiretos.

8.1 Hipótese de cessação do reconhecimento dos custos

O reconhecimento dos custos no valor contábil de ativo intangível cessa quando esse ativo está nas condições operacionais pretendidas pela administração. Portanto, os custos incorridos no uso ou na transferência ou reinstalação de ativo intangível não são incluídos no seu valor contábil, como, por exemplo, os seguintes custos:

a) custos incorridos durante o período em que um ativo capaz de operar nas condições operacionais pretendidas pela administração não é utilizado; e

b) prejuízos operacionais iniciais, tais como os incorridos enquanto a demanda pelos produtos do ativo é estabelecida.

Algumas operações realizadas em conexão com o desenvolvimento de ativo intangível não são necessárias para deixá-lo em condições operacionais pretendidas pela administração.

Essas atividades eventuais podem ocorrer antes ou durante as atividades de desenvolvimento. Como essas atividades não são necessárias para que um ativo fique em condições de funcionar da maneira pretendida pela administração, as receitas e as despesas relacionadas devem ser reconhecidas imediatamente no resultado e incluídas nas suas respectivas classificações de receita e despesa.

8.1.1 Prazo de pagamento de ativo intangível excedente aos prazos normais de crédito – Tratamento

Se o prazo de pagamento de ativo intangível excede os prazos normais de crédito, seu custo é o equivalente ao preço à vista.

A diferença entre esse valor e o total dos pagamentos deve ser reconhecida como despesa com juros durante o período, a menos que seja passível de capitalização, como custo financeiro diretamente identificável de ativo, durante o período em que esteja sendo preparado para o uso pretendido pela administração (quando se tratar de ativo que leva necessariamente um período substancial de tempo para ficar pronto para o seu uso).

Nesse último caso, o custo financeiro deve ser capitalizado no valor do ativo.

9 AQUISIÇÃO DE INTANGÍVEL NO CONTEXTO DE COMBINAÇÃO DE NEGÓCIOS

Se um ativo intangível for adquirido em uma combinação de negócios, o seu custo é o valor justo na data de aquisição. Esse custo, naturalmente, reflete nas expectativas sobre a probabilidade de que os benefícios econômicos futuros incorporados no ativo serão gerados em favor da entidade.

Em outras palavras, a entidade espera que haja benefícios econômicos em seu favor, mesmo se houver incerteza em relação à época e ao valor desses benefícios econômicos. Portanto, a condição de probabilidade referida na letra "a" do subitem 7.2 é sempre considerada atendida para ativos intangíveis adquiridos em uma combinação de negócios.

Se um ativo adquirido em uma combinação de negócios for separável ou resultar de direitos contratuais ou outros direitos legais, considera-se que exista informação suficiente para mensurar com segurança o seu valor justo. Por conseguinte, o critério de mensuração previsto na letra "b" do subitem 7.2 é sempre considerado atendido para ativos intangíveis adquiridos em uma combinação de negócios.

Deste modo, o adquirente deve reconhecer na data da aquisição, separadamente do ágio derivado da expectativa de rentabilidade futura (*goodwill*) apurado em uma combinação de negócios, um ativo intangível da adquirida, independentemente de o ativo ter sido reconhecido pela adquirida antes da aquisição da empresa.

Isso significa que a adquirente reconhece como ativo, separadamente do ágio derivado da expectativa de rentabilidade futura (*goodwill*), um projeto de pesquisa e desenvolvimento em andamento da adquirida se o projeto atender à definição de ativo intangível.

Um projeto de pesquisa e desenvolvimento em andamento da adquirida atende à definição de ativo intangível quando:

a) corresponder à definição de ativo; e

b) for identificável, ou seja, é separável ou resulta de direitos contratuais ou outros direitos legais.

9.1   Mensuração do valor justo de ativo intangível adquirido em combinação de negócios

Se um ativo intangível adquirido em uma combinação de negócios for separável ou resultar de direitos contratuais ou outros direitos legais, considera-se que o seu valor justo pode ser mensurado com segurança.

Quando, para as estimativas utilizadas na avaliação do valor justo de ativo intangível, existir uma gama de resultados possíveis, com diferentes probabilidades, a incerteza passa a fazer parte da determinação do valor justo.

Se um ativo intangível adquirido em uma combinação de negócios tiver vida útil definida, haverá a presunção de que o valor justo possa ser estimado com segurança.

9.1.1   Circunstâncias que permitem a separação dos ativos intangíveis dos ativos tangíveis em uma combinação de negócios

Um ativo intangível adquirido em uma combinação de negócios pode ser separável, em determinadas circunstâncias, apenas conjuntamente com os ativos tangíveis ou intangíveis relacionados. Por exemplo, o título de uma revista pode não ser negociável separadamente da base de dados de assinantes ou uma marca de água mineral de determinada fonte não pode ser vendida sem a própria fonte.

Nesses casos em que o valor justo individual de cada ativo do grupo não puder ser medido com segurança, o adquirente deve reconhecer um grupo de ativos como um único ativo separadamente do ágio derivado da expectativa de rentabilidade futura (*goodwill*).

Da mesma forma, as expressões "marca" e "nome comercial" costumam ser utilizadas como sinônimos de marca registrada e de outros tipos de marcas. No entanto, normalmente, as primeiras são os nomes comerciais genéricos, usados como referência a um grupo de ativos complementares, tais como a marca registrada e o respectivo nome comercial, fórmulas, receitas e especialização técnica.

Caso os valores justos individuais dos ativos intangíveis complementares, incluindo a marca, não possam ser apurados individualmente, o adquirente reconhece-os num só ativo.

Se for possível mensurar com segurança esses valores de forma individualizada, o adquirente pode, ainda, reconhecê-los como um único ativo se eles tiverem vida útil semelhante.

9.1.2 Valor justo do ativo intangível

Os preços de mercado cotados em mercado ativo oferecem uma estimativa confiável do valor justo de ativo intangível. O preço de mercado adequado costuma ser o preço corrente de oferta de compra.

Se não estiver disponível, o preço da operação similar mais recente pode oferecer uma base de estimativa do valor justo, desde que não tenha ocorrido nenhuma mudança econômica significativa entre a data da operação e a data em que o valor justo do ativo é estimado.

Se não existir mercado ativo para um ativo intangível, o seu valor justo será o valor que a entidade teria pago por ele, na data de aquisição, em operação sem favorecimento entre partes conhecedoras do assunto e dispostas a negociar com base na melhor informação disponível.

Na apuração desse valor, a entidade deve considerar o resultado de operações recentes com ativos similares.

As entidades habitualmente envolvidas na compra e venda de ativos intangíveis exclusivos (ou únicos) podem desenvolver técnicas para mensurar indiretamente os seus valores justos.

Essas técnicas podem ser utilizadas para a mensuração inicial de ativo intangível adquirido em uma combinação de negócios se o seu objetivo for estimar o valor justo e se refletirem operações correntes no setor a que esses ativos pertencem. Tais técnicas incluem, conforme o caso:

a) a aplicação de múltiplos que refletem as atuais operações de mercado a indicadores que determinam a rentabilidade do ativo (tais como: receitas, participação de mercado e lucro operacional) ou o fluxo de *royalties* que pode ser obtido com o licenciamento do ativo intangível a terceiros em operação sem favorecimento; ou

b) a estimativa de fluxo de caixa futuro líquido descontado gerado por esse ativo.

10 GASTOS SUBSEQUENTES EM PROJETO DE PESQUISA E DESENVOLVIMENTO EM ANDAMENTO ADQUIRIDO

Devem ser contabilizados, observados os critérios estabelecidos para a fase de pesquisa e para a fase de desenvolvimento, os gastos de pesquisa ou desenvolvimento:

a) relativos a projeto de pesquisa e desenvolvimento em andamento, adquirido em separado ou em combinação de negócios e reconhecido como ativo intangível; e

b) incorridos após a aquisição desse projeto.

A aplicação desses critérios significa que os gastos subsequentes de projeto de pesquisa e desenvolvimento em andamento, adquirido separadamente ou em uma combinação de negócios e reconhecido como ativo intangível, devem ser reconhecidos da seguinte maneira:

- gastos de pesquisa – como despesa quando incorridos;
- gastos de desenvolvimento que não atendem aos critérios de reconhecimento como ativo intangível, previstos no item 0 – como despesa quando incorridos; e

- gastos de desenvolvimento em conformidade com referidos critérios de reconhecimento do item 0 – adicionados ao valor contábil do projeto de pesquisa ou desenvolvimento em andamento adquirido.

11 AQUISIÇÃO POR MEIO DE SUBVENÇÃO OU ASSISTÊNCIA GOVERNAMENTAIS

Em alguns casos, um ativo intangível pode ser adquirido sem custo ou por valor nominal, por meio de subvenção ou assistência governamentais.

Isso pode ocorrer quando um governo transfere ou destina a uma entidade ativos intangíveis. São exemplos, a transferência de direito de aterrissagem em aeroporto, licenças para operação de estações de rádio ou de televisão, licenças de importação ou quotas ou direitos de acesso a outros recursos restritos.

Os custos incorridos que sejam diretamente atribuídos à preparação do ativo para o uso pretendido devem ser acrescidos ao valor de registro inicial, exceto se outra previsão estiver contida em Pronunciamento Técnico específico.

12 AQUISIÇÃO POR MEIO DE PERMUTA DE ATIVOS

Um ou mais ativos intangíveis podem ser adquiridos por meio de permuta por ativo ou ativos não monetários, ou conjunto de ativos monetários e não monetários.

O ativo ou ativos objeto de permuta podem ser de mesma natureza ou de naturezas diferentes.

A seguir, discorremos sobre a permuta de ativo não monetário por outro; todavia, o mesmo conceito pode ser aplicado a todas as permutas descritas anteriormente.

O custo de ativo intangível é mensurado pelo valor justo a não ser que:

a) a operação de permuta não tenha natureza comercial; ou

b) o valor justo do ativo recebido e do ativo cedido não possa ser mensurado com segurança.

O ativo adquirido é mensurado dessa forma mesmo que a entidade não consiga dar baixa imediata ao ativo cedido. Se o ativo adquirido não for mensurável ao valor justo, seu custo é determinado pelo valor contábil do ativo cedido.

12.1 Permuta de natureza comercial

A entidade deve determinar se a operação de permuta tem natureza comercial considerando até que ponto os seus fluxos de caixa futuros serão modificados em virtude da operação.

A operação de permuta tem natureza comercial se:

a) a configuração (ou seja, risco, oportunidade e valor) dos fluxos de caixa do ativo recebido for diferente da configuração dos fluxos de caixa do ativo cedido; ou

b) o valor específico para a entidade de parcela das suas atividades for afetado pelas mudanças resultantes da permuta; e

c) a diferença em "a" ou "b" for significativa em relação ao valor justo dos ativos permutados.

Para determinar se uma operação de permuta tem natureza comercial, o valor específico para a entidade da parcela das suas atividades afetado pela operação deve estar refletido nos fluxos de caixa após os efeitos da sua tributação. O resultado dessas análises pode ficar claro sem que a entidade realize cálculos detalhados.

12.1.1 Mensuração do custo do ativo intangível com segurança

O valor justo de ativo intangível para o qual não existem transações comparáveis só pode ser mensurado com segurança:

a) se a variabilidade da faixa de estimativas de valor justo razoável não for significativa; ou

b) se as probabilidades de várias estimativas, dentro dessa faixa, possam ser razoavelmente avaliadas e utilizadas na mensuração do valor justo.

Caso a entidade seja capaz de mensurar com segurança tanto o valor justo do ativo recebido como do ativo cedido, então o valor justo do segundo é usado para determinar o custo, a não ser que o valor justo do primeiro seja mais evidente.

13 *GOODWILL* GERADO INTERNAMENTE

O ágio derivado da expectativa de rentabilidade futura (*goodwill*) gerado internamente não deve ser reconhecido como ativo.

Em alguns casos, incorre-se em gastos para gerar benefícios econômicos futuros, mas que não resultam na criação de ativo intangível que se enquadre nos critérios de reconhecimento do ativo intangível.

Esses gastos costumam ser descritos como contribuições para o ágio derivado da expectativa de rentabilidade futura (*goodwill*) gerado internamente, o qual não é reconhecido como ativo porque não é um recurso identificável (ou seja, não é separável nem advém de direitos contratuais ou outros direitos legais) controlado pela entidade que pode ser mensurado com segurança ao custo.

As diferenças entre valor de mercado da entidade e o valor contábil de seu patrimônio líquido, a qualquer momento, podem incluir uma série de fatores que afetam o valor da entidade. No entanto, essas diferenças não representam o custo dos ativos intangíveis controlados pela entidade.

14 ATIVO INTANGÍVEL GERADO INTERNAMENTE

Por vezes, é difícil avaliar se um ativo intangível gerado internamente se qualifica para o reconhecimento, em razão das dificuldades para:

a) identificar se, e quando, existe um ativo identificável que gerará benefícios econômicos futuros esperados; e

b) determinar com segurança o custo do ativo. Em alguns casos, não é possível separar o custo incorrido com a geração interna de ativo intangível do custo da manutenção ou melhoria do ágio derivado da expectativa de rentabilidade futura (*goodwill*) gerado internamente ou com as operações regulares (do dia a dia) da entidade.

Para avaliar se um ativo intangível gerado internamente atende aos critérios de reconhecimento, a entidade deve classificar a geração do ativo:

- na fase de pesquisa; e/ou
- na fase de desenvolvimento.

Embora os termos "pesquisa" e "desenvolvimento" estejam definidos, as expressões "fase de pesquisa" e "fase de desenvolvimento" têm um significado mais amplo, conforme visto nos subitens a seguir

Caso a entidade não consiga diferenciar a fase de pesquisa da fase de desenvolvimento de projeto interno de criação de ativo intangível, o gasto com o projeto deve ser tratado como incorrido apenas na fase de pesquisa.

14.1 Fase de pesquisa

Nenhum ativo intangível resultante de pesquisa (ou da fase de pesquisa de projeto interno) deve ser reconhecido. Os gastos com pesquisa (ou da fase de pesquisa de projeto interno) devem ser reconhecidos como despesa quando incorridos.

Durante a fase de pesquisa de projeto interno, a entidade não está apta a demonstrar a existência de ativo intangível que gerará prováveis benefícios econômicos futuros. Portanto, tais gastos são reconhecidos como despesa quando incorridos.

São exemplos de atividades de pesquisa:

a) atividades destinadas à obtenção de novo conhecimento;

b) busca, avaliação e seleção final das aplicações dos resultados de pesquisa ou outros conhecimentos;

c) busca de alternativas para materiais, dispositivos, produtos, processos, sistemas ou serviços; e

d) formulação, projeto, avaliação e seleção final de alternativas possíveis para materiais, dispositivos, produtos, processos, sistemas ou serviços novos ou aperfeiçoados.

14.2 Fase de desenvolvimento

Um ativo intangível resultante de desenvolvimento (ou da fase de desenvolvimento de projeto interno) deve ser reconhecido somente se a entidade puder demonstrar todos os aspectos a seguir enumerados:

a) viabilidade técnica para concluir o ativo intangível de forma que ele seja disponibilizado para uso ou venda;

b) intenção de concluir o ativo intangível e de usá-lo ou vendê-lo;

c) capacidade para usar ou vender o ativo intangível;

d) forma como o ativo intangível deve gerar benefícios econômicos futuros. Entre outros aspectos, a entidade deve demonstrar a existência de mercado para os produtos do ativo intangível ou para o próprio ativo intangível ou, caso este se destine ao uso interno, a sua utilidade;

e) disponibilidade de recursos técnicos, financeiros e outros recursos adequados para concluir seu desenvolvimento e usar ou vender o ativo intangível; e

f) capacidade de mensurar com segurança os gastos atribuíveis ao ativo intangível durante seu desenvolvimento.

14.2.1 Ativo intangível com potencial de gerar prováveis benefícios econômicos futuros

Na fase de desenvolvimento de projeto interno, a entidade pode, em alguns casos, identificar um ativo intangível e demonstrar que este gerará prováveis benefícios econômicos futuros, uma vez que a fase de desenvolvimento de um projeto é mais avançada do que a fase de pesquisa.

São exemplos de atividades de desenvolvimento:

a) projeto, construção e teste de protótipos e modelos pré-produção ou pré-utilização;

b) projeto de ferramentas, gabaritos, moldes e matrizes que envolvam nova tecnologia;

c) projeto, construção e operação de fábrica-piloto, desde que já não esteja em escala economicamente viável para produção comercial; e

d) projeto, construção e teste da alternativa escolhida de materiais, dispositivos, produtos, processos, sistemas e serviços novos ou aperfeiçoados.

Para demonstrar como um ativo intangível gerará prováveis benefícios econômicos futuros, a entidade avalia os benefícios econômicos a serem obtidos por meio desse ativo. Para tanto, devem ser utilizados como base os princípios do Pronunciamento Técnico CPC 01 – Redução ao Valor Recuperável de Ativos.

Se o ativo gerar benefícios econômicos somente em conjunto com outros ativos, deve ser considerado o conceito de unidades geradoras de caixa, também previsto no Pronunciamento Técnico CPC 01.

14.3 Plano de negócios para evidenciar a geração de benefícios de um ativo intangível

A disponibilidade de recursos para concluir, usar e obter os benefícios gerados por um ativo intangível pode ser evidenciada, por exemplo, por um plano de negócios que demonstre os recursos técnicos, financeiros e outros recursos necessários, e a capacidade da entidade de garantir esses recursos.

Em alguns casos, a entidade demonstra a disponibilidade de recursos externos ao conseguir junto a um financiador indicação de que ele está disposto a financiar o plano.

Os sistemas de custeio de uma entidade podem muitas vezes mensurar com segurança o custo da geração interna de ativo intangível e outros gastos incorridos para obter direitos autorais, licenças ou para desenvolver *software* de computadores.

14.4 Itens que não devem ser reconhecidos como ativos intangíveis

Marcas, títulos de publicações, listas de clientes e outros itens similares, gerados internamente, não devem ser reconhecidos como ativos intangíveis.

Tais gastos não podem ser separados dos custos relacionados ao desenvolvimento do negócio como um todo. Dessa forma, esses itens não são reconhecidos como ativos intangíveis.

15 CUSTO DE ATIVO INTANGÍVEL GERADO INTERNAMENTE

O custo de ativo intangível gerado internamente que se qualifica para o reconhecimento contábil se restringe à soma dos gastos incorridos a partir da data em que o ativo intangível atende aos critérios de reconhecimento. Nota-se que não é permitida a reintegração de gastos anteriormente reconhecidos como despesa.

15.1 Gastos que devem ser atribuídos ao custo do ativo intangível gerado internamente

O custo de ativo intangível gerado internamente inclui todos os gastos diretamente atribuíveis, necessários à criação, produção e preparação do ativo para ser capaz de funcionar da forma pretendida pela administração.

Exemplos de custos diretamente atribuíveis:

a) gastos com materiais e serviços consumidos ou utilizados na geração do ativo intangível;

b) custos de benefícios a empregados relacionados à geração do ativo intangível;

c) taxas de registro de direito legal; e

d) amortização de patentes e licenças utilizadas na geração do ativo intangível.

Os seguintes itens não são componentes do custo de ativo intangível gerado internamente:

- gastos com vendas, administrativos e outros gastos indiretos, exceto se tais gastos puderem ser atribuídos diretamente à preparação do ativo para uso;

- ineficiências identificadas e prejuízos operacionais iniciais incorridos antes do ativo atingir o desempenho planejado; e

- gastos com o treinamento de pessoal para operar o ativo.

15.2 Exemplo

Uma entidade está desenvolvendo novo processo de produção. No exercício de 20X5, os gastos incorridos foram de $ 1.000, dos quais $ 900 foram incorridos antes de 1º de dezembro de 20X5 e $ 100 entre essa data e 31 de dezembro de 20X5.

A entidade está apta a demonstrar que em 1º de dezembro de 20X5 o processo de produção atendia aos critérios para reconhecimento como ativo intangível. O valor recuperável do *know-how* incorporado no processo (inclusive futuras saídas de caixa para concluí-lo e deixá-lo pronto para uso) está estimado em $ 500.

Ao final de 20X5, o processo de produção está reconhecido como ativo intangível ao custo de $ 100 (gasto incorrido desde a data em que os critérios de reconhecimento foram atendidos, ou seja, 1º de dezembro de 20X5). Os gastos de $ 900 incorridos antes de 1º de dezembro de 20X5 são reconhecidos como despesa porque os critérios de reconhecimento só foram atendidos nessa data, não sendo incluídos no custo do processo de produção reconhecido na data do balanço.

No exercício de 20X6, os gastos incorridos são de $ 2.000. Ao final de 20X6, o valor recuperável do *know-how* incorporado no processo (inclusive futuras saídas de caixa para concluí-lo e deixá-lo pronto para uso) está estimado em $1.900.

Ao final de 20X6, o custo do processo de produção é de $ 2.100 (gastos de $ 100 reconhecidos no final de 20X5 mais $ 2.000 reconhecidos em 20X6). A entidade deve reconhecer uma perda de valor de $ 200 para ajustar o valor contábil do processo antes dessa perda de valor ($ 2.100) ao seu valor recuperável ($ 1.900). Essa perda de valor deve ser provisionada para o caso de, em um período posterior, os requerimentos de reversão de perda de valor, previstos no Pronunciamento Técnico CPC 01 – Redução ao Valor Recuperável de Ativos, serem atendidos.

16 RECONHECIMENTO DOS GASTOS DE UM ITEM INTANGÍVEL COMO DESPESA

Os gastos com um item intangível devem ser reconhecidos como despesa quando incorridos, exceto:

a) se fizerem parte do custo de ativo intangível que atenda aos critérios de reconhecimento; ou

b) se o item é adquirido em uma combinação de negócios e não possa ser reconhecido como ativo intangível. Nesse caso, esse gasto (incluído no custo da combinação de negócios) deve fazer parte do valor atribuível ao ágio derivado da expectativa de rentabilidade futura (*goodwill*) na data de aquisição.

Em alguns casos, são incorridos gastos para gerar benefícios econômicos futuros à entidade, sem a aquisição ou criação de ativo intangível ou outros ativos passíveis de serem reconhecidos.

No caso do fornecimento de produtos, a entidade reconhece esse gasto como despesa quando tiver o direito de acessar aqueles produtos.

A hipótese do fornecimento de serviços, a entidade reconhece o gasto como despesa quando recebe os serviços. Por exemplo, gastos com pesquisa devem ser reconhecidos como despesa quando incorridos, exceto quando forem adquiridos como parte de uma combinação de negócios.

NOTA

Gastos com um item intangível reconhecidos inicialmente como despesa não devem ser reconhecidos como parte do custo de ativo intangível em data subsequente.

16.1 Outros gastos que devem ser reconhecidos como despesa

Exemplos de outros gastos a serem reconhecidos como despesa quando incorridos:

a) gastos com atividades pré-operacionais destinadas a constituir a empresa (ou seja, custo do início das operações), exceto se estiverem incluídas no custo de um item do Ativo Imobilizado. O custo do início das operações pode incluir custos de estabelecimento, tais como custos jurídicos e de secretaria, incorridos para constituir a pessoa jurídica, gastos para abrir novas instalações ou negócio (ou seja, custos pré-abertura) ou gastos com o início de novas unidades operacionais ou o lançamento de novos produtos ou processos;

b) gastos com treinamento;

c) gastos com publicidade e atividades promocionais (incluindo envio de catálogos); e

d) gastos com remanejamento ou reorganização, total ou parcial, da entidade.

16.2 Reconhecimento de pagamentos antecipado como ativos

Uma entidade tem o direito de acessar os produtos quando estes passam a ser de sua propriedade.

Da mesma forma, ela tem o direito de acessar produtos que tenham sido desenvolvidos por um fornecedor, de acordo com os termos de contrato de fornecimento e cuja entrega possa ser exigida pela entidade em troca do pagamento efetuado.

Serviços são recebidos quando são prestados por um fornecedor de acordo com contrato de prestação de serviços e não quando a entidade usa os mesmos para prestar outros serviços, como, por exemplo, para enviar material de publicidade aos clientes.

Deste modo, a empresa não está impedida de reconhecer o pagamento antecipado como ativo, quando bens tenham sido pagos antes de a entidade obter o direito de acessar aqueles bens. De forma similar, a empresa não está impedida de reconhecer o pagamento antecipado como ativo, quando serviços tiverem sido pagos antes de a entidade receber esses serviços.

16.3 Mensuração após reconhecimento

A Estrutura Conceitual para a Elaboração e Apresentação das Demonstrações Contábeis que consta do Pronunciamento Conceitual Básico do CPC prevê que a entidade pode, em determinadas circunstâncias, optar pelo método de custo ou pelo método de reavaliação para a sua política contábil.

Quando a opção pelo método de reavaliação não estiver restringida por Lei ou norma legal regularmente estabelecida, a entidade deve optar em reconhecer um ativo intangível pelo método de custo ou pelo método de reavaliação.

Observa-se, porém, que, por força da Lei nº 11.638/2007, a rea-valiação de bens tangíveis ou intangíveis deixou de ser permitida, a partir de 1º.01.2008.

No que diz respeito ao método de custo, após o seu reconhecimento inicial, um ativo intangível deve ser apresentado ao custo, menos a eventual amortização acumulada e a perda acumulada, conforme dispõe o Pronunciamento Técnico CPC 01 – Redução ao Valor Recuperável de Ativos.

17 VIDA ÚTIL DO ATIVO INTANGÍVEL

A entidade deve avaliar se a vida útil de ativo intangível é definida ou indefinida e, no primeiro caso, a duração ou o volume de produção ou unidades semelhantes que formam essa vida útil.

A entidade deve atribuir vida útil indefinida a um ativo intangível quando, com base na análise de todos os fatores relevantes, não existe um limite previsível para o período durante o qual o ativo deverá gerar fluxos de caixa líquidos positivos para a entidade.

A contabilização de ativo intangível baseia-se na sua vida útil. Um ativo intangível com vida útil definida deve ser amortizado. Já ativo intangível com vida útil indefinida não deve ser amortizado.

17.1 Fatores que devem ser considerados na vida útil do ativo intangível

Muitos fatores são considerados na determinação da vida útil de ativo intangível, inclusive:

a) a utilização prevista de um ativo pela entidade e se o ativo pode ser gerenciado eficientemente por outra equipe de administração;

b) os ciclos de vida típicos dos produtos do ativo e as informações públicas sobre estimativas de vida útil de ativos semelhantes, utilizados de maneira semelhante;

c) obsolescência técnica, tecnológica, comercial ou de outro tipo;

d) a estabilidade do setor em que o ativo opera e as mudanças na demanda de mercado para produtos ou serviços gerados pelo ativo;

e) medidas esperadas da concorrência ou de potenciais concorrentes;

f) o nível dos gastos de manutenção requerido para obter os benefícios econômicos futuros do ativo e a capacidade e intenção da entidade para atingir tal nível;

g) o período de controle sobre o ativo e os limites legais ou similares para a sua utilização, tais como datas de vencimento dos arrendamentos/locações relacionados; e

h) se a vida útil do ativo depende da vida útil de outros ativos da entidade.

17.1.1 Conceituação do termo "indefinida"

O termo "indefinida" não significa "infinita".

A vida útil de ativo intangível deve levar em consideração apenas a manutenção futura exigida para mantê-lo no nível de desempenho avaliado no momento da estimativa da sua vida útil e capacidade e intenção da entidade para atingir tal nível.

A conclusão de que a vida útil de ativo intangível é indefinida não deve estar fundamentada em uma previsão de gastos futuros superiores ao necessário para mantê-lo nesse nível de desempenho.

Considerando o histórico de rápidas alterações na tecnologia, os *softwares* e muitos outros ativos intangíveis estão suscetíveis à obsolescência tecnológica. Portanto, é provável que sua vida útil seja curta.

A vida útil de ativo intangível pode ser muito longa ou até indefinida. A incerteza justifica a prudência na estimativa da sua vida útil, mas isso não justifica escolher um prazo tão curto que seja irreal.

17.1.2 Vida útil do ativo intangível limitada à vigência dos direitos

A vida útil de ativo intangível resultante de direitos contratuais ou outros direitos legais não deve exceder a vigência desses direitos, podendo ser menor dependendo do período durante o qual a entidade espera utilizar o ativo.

Caso os direitos contratuais ou outros direitos legais sejam outorgados por um prazo limitado renovável, a vida útil do ativo intangível só deve incluir o prazo de renovação, se existirem evidências que suportem a renovação pela entidade sem custo significativo.

17.1.3   Fatores que influenciam a vida útil do ativo intangível

Podem existir tanto fatores econômicos como legais influenciando a vida útil de ativo intangível.

Os fatores econômicos determinam o período durante o qual a entidade receberá benefícios econômicos futuros, enquanto os fatores legais podem restringir o período durante o qual a entidade controla o acesso a esses benefícios. A vida útil a ser considerada deve ser o menor dos períodos determinados por esses fatores.

A existência dos fatores a seguir, entre outros, indica que a entidade está apta a renovar os direitos contratuais ou outros direitos legais sem custo significativo:

a) existem evidências, possivelmente com base na experiência, de que os direitos contratuais ou outros direitos legais serão renovados. Se a renovação depender de autorização de terceiros, devem ser incluídas evidências de que essa autorização será concedida;

b) existem evidências de que quaisquer condições necessárias para obter a renovação serão cumpridas; e

c) o custo de renovação para a entidade não é significativo se comparado aos benefícios econômicos futuros que se espera fluam para a entidade a partir dessa renovação.

Caso esse custo seja significativo, quando comparado aos benefícios econômicos futuros esperados, o custo de "renovação" deve representar, em essência, o custo de aquisição de um novo ativo intangível na data da renovação.

17.2 Ativo intangível com vida útil definida

17.2.1 Período e método de amortização

O valor amortizável de ativo intangível com vida útil definida deve ser apropriado de forma sistemática ao longo da sua vida útil estimada.

A amortização deve ser iniciada a partir do momento em que o ativo estiver disponível para uso, ou seja, quando se encontrar no local e nas condições necessários para que possa funcionar da maneira pretendida pela administração.

A amortização deve cessar na data em que o ativo é classificado como mantido para venda ou incluído em um grupo de ativos classificado como mantido para venda ou, ainda, na data em que ele é baixado, o que ocorrer primeiro.

O método de amortização utilizado reflete o padrão de consumo pela entidade dos benefícios econômicos futuros. Se não for possível determinar esse padrão com segurança, deve ser utilizado o método linear.

A despesa de amortização para cada período deve ser reconhecida no resultado, a não ser que outra norma ou Pronunciamento contábil permita ou exija a sua inclusão no valor contábil de outro ativo.

Podem ser utilizados vários métodos de amortização para apropriar de forma sistemática o valor amortizável de um ativo ao longo da sua vida útil. Tais métodos incluem o método linear, também conhecido como método de linha reta, o método dos saldos decrescentes e o método de unidades produzidas.

A seleção do método deve obedecer ao padrão de consumo dos benefícios econômicos futuros esperados, incorporados ao ativo, e aplicado consistentemente entre períodos, a não ser que exista alteração nesse padrão.

A amortização deve normalmente ser reconhecida no resultado. No entanto, por vezes os benefícios econômicos futuros incorporados no ativo são absorvidos para a produção de outros ativos.

Nesses casos, a amortização faz parte do custo de outro ativo, devendo ser incluída no seu valor contábil. Por exemplo, a amortização de ativos intangíveis utilizados em processo de produção faz parte do valor contábil dos estoques.

17.2.2 Valor residual

Deve-se presumir que o valor residual de ativo intangível com vida útil definida é zero, a não ser que:

a) haja compromisso de terceiros para comprar o ativo ao final da sua vida útil; ou

b) exista mercado ativo para ele e:

b.1) o valor residual possa ser determinado em relação a esse mercado; e

b.2) seja provável que esse mercado continuará a existir ao final da vida útil do ativo.

O valor amortizável de ativo com vida útil definida é determinado após a dedução de seu valor residual.

Um valor residual diferente de zero implica que a entidade espera a alienação do ativo intangível antes do final de sua vida econômica.

A estimativa do valor residual baseia-se no valor recuperável pela alienação, utilizando os preços em vigor na data da estimativa para a venda de ativo similar que tenha atingido o final de sua vida útil e que tenha sido operado em condições semelhantes àquelas em que o ativo será utilizado.

O valor residual é revisado pelo menos ao final de cada exercício. Uma alteração no valor residual deve ser contabilizada como mudança na estimativa contábil, de acordo com as normas em vigor sobre Práticas Contábeis, Mudanças nas Estimativas Contábeis e Correção de Erros.

O valor residual de ativo intangível pode ser aumentado. A despesa de amortização de ativo intangível será zero enquanto o valor residual subsequente for igual ou superior ao seu valor contábil.

17.2.3 Revisão do período e do método de amortização

O período e o método de amortização de ativo intangível com vida útil definida devem ser revisados pelo menos ao final de cada exercício.

Caso a vida útil prevista do ativo seja diferente de estimativas anteriores, o prazo de amortização deve ser devidamente alterado.

Se houver alteração no padrão de consumo previsto, o método de amortização deve ser alterado para refletir essa mudança. Tais mudanças devem ser registradas como mudanças nas estimativas contábeis, de acordo com as normas em vigor sobre Práticas Contábeis, Mudanças nas Estimativas Contábeis e Correção de Erros.

Ao longo da vida de ativo intangível, pode ficar evidente que a estimativa de sua vida útil é inadequada. Por exemplo, o reconhecimento de prejuízo por perda de valor pode indicar que o prazo de amortização deve ser alterado.

Com o decorrer do tempo, o padrão dos benefícios econômicos futuros gerados pelo ativo intangível que se espera ingressem na entidade pode mudar. Por exemplo, pode ficar evidente que o método dos saldos decrescentes é mais adequado que o método linear.

Outro exemplo é o caso da utilização de direitos de licença que depende de medidas pendentes em relação a outros componentes do plano de negócios. Nesse caso, os benefícios econômicos gerados pelo ativo talvez só sejam auferidos em períodos posteriores.

17.3 Ativo intangível com vida útil indefinida

Ativo intangível com vida útil indefinida não deve ser amortizado.

O Pronunciamento Técnico CPC 01 – Redução ao Valor Recuperável de Ativos estabelece que a entidade deve testar a perda de valor dos ativos intangíveis com vida útil indefinida comparando o seu valor recuperável com o seu valor contábil:

a) anualmente; e

b) sempre que existir indícios de que o ativo intangível pode ter perdido valor.

17.3.1 Revisão da vida útil

A vida útil de ativo intangível que não é amortizado deve ser revisada periodicamente para determinar se eventos e circunstâncias continuam a consubstanciar a avaliação de vida útil indefinida. Caso contrário, a mudança na avaliação de vida útil de indefinida para definida deve ser contabilizada como mudança de estimativa contábil.

Observa-se que a revisão da vida útil de ativo intangível de indefinida para definida é um indicador de que o ativo pode já não ter valor. Assim, a entidade deve testar a perda de valor do ativo em relação ao seu valor recuperável, observado o Pronunciamento Técnico 01, reconhecendo a eventual desvalorização como perda.

17.4 Recuperação do valor contábil – Perda por redução ao valor recuperável de ativos

Para determinar se um ativo intangível já não tem valor, devem ser aplicadas as regras do Pronunciamento Técnico CPC 01 – Redução ao Valor Recuperável de Ativos. Esse Pronunciamento determina quando e como a entidade deve revisar o valor contábil de seus ativos, como determinar o seu valor recuperável e quando reconhecer ou reverter perda por desvalorização.

17.5 Baixa, alienação e apuração de ganho ou perda

O ativo intangível deve ser baixado:

a) por ocasião de sua alienação; ou

b) quando não há expectativa de benefícios econômicos futuros com a sua utilização ou alienação.

Os ganhos ou perdas decorrentes da baixa de ativo intangível devem ser determinados pela diferença entre o valor líquido da alienação, se houver, e o valor contábil do ativo.

Esses ganhos ou perdas devem ser reconhecidos no resultado quando o ativo é baixado (exceto se critério específico estiver previsto em outro pronunciamento contábil), mas os ganhos não devem ser classificados como receitas de venda.

Existem várias formas de alienação de ativo intangível (por exemplo: venda, arrendamento financeiro ou doação). Para determinar a data da alienação de ativo, a entidade deve aplicar os mesmos critérios de reconhecimento de receitas de venda de produtos, exceto se houver Pronunciamento contábil específico dispondo sobre o tema.

Se for reconhecido no valor contábil de ativo o custo de substituição de parte de ativo intangível, a entidade deve baixar o valor contábil da parcela substituída.

Se a apuração desse valor contábil não for praticável para a entidade, esta pode utilizar o custo de substituição como indicador do custo da parcela substituída na época em que foi adquirida ou gerada internamente.

Observa-se que no caso de reaquisição de direitos por meio de uma combinação de negócios, se esses direitos forem subsequentemente re-vendidos a um terceiro, o correspondente valor contábil, se existir, deve ser utilizado para determinar o ganho ou a perda na revenda.

A importância a receber pela alienação de ativo intangível deve ser reconhecida inicialmente pelo seu valor justo.

Se esse pagamento for a prazo, o valor recebido deve ser reconhecido inicialmente pelo valor presente. A diferença entre o valor nominal da remuneração e seu valor presente deve ser reconhecida como receita de juros pela fluência do prazo, refletindo o rendimento do valor a receber.

A amortização de ativo intangível com vida útil definida não termina quando ele deixa de ser utilizado, a não ser que esteja completamente amortizado ou classificado como mantido para venda.

18 DIVULGAÇÃO

18.1 Regra

Como regra, a entidade deve divulgar as seguintes informações para cada classe de ativos intangíveis, fazendo a distinção entre ativos intan-gíveis gerados internamente e outros ativos intangíveis:

a) com vida útil indefinida ou definida e, se definida, os prazos de vida útil ou as taxas de amortização utilizados;

b) os métodos de amortização utilizados para ativos intangíveis com vida útil definida;

c) o valor contábil bruto e eventual amortização acumulada (mais as perdas acumuladas no valor recuperável) no início e no final do período;

d) a rubrica da demonstração do resultado em que qualquer amortização de ativo intangível for incluída;

e) a conciliação do valor contábil no início e no final do período, demonstrando:

e.1) adições, indicando separadamente as que foram geradas por desenvolvimento interno e as adquiridas, bem como as adquiridas por meio de uma combinação de negócios;

e.2) ativos classificados como mantidos para venda ou incluídos em grupo de ativos classificados como mantidos para venda e outras baixas;

e.3) aumentos ou reduções durante o período, decorrentes de reavaliações e perda por desvalorização de ativos reconhecidas ou revertidas diretamente no patrimônio líquido, de acordo com o Pronunciamento Técnico CPC 01 – Redução ao Valor Recuperável de Ativos (lembra-se que, por força da Lei nº 11.638/2007, a reavaliação deixou de ser admitida);

e.4) provisões para perdas de ativos, reconhecidas no resultado do período, de acordo com o Pronunciamento Técnico CPC 01 – Redução ao Valor Recuperável de Ativos (se houver);

e.5) reversão de perda por desvalorização de ativos, apropriada ao resultado do período, de acordo com o Pronunciamento Técnico CPC 01 – Redução ao Valor Recuperável de Ativos (se houver);

e.6) qualquer amortização reconhecida no período;

e.7) variações cambiais líquidas geradas pela conversão das demonstrações contábeis para a moeda de apresentação e de operações no exterior para a moeda de apresentação da entidade; e

e.8) outras alterações no valor contábil durante o período.

Nota-se que a entidade deve divulgar informações sobre ativos intangíveis que perderam o seu valor de acordo com o Pronunciamento Técnico CPC 01 – Redução ao Valor Recuperável de Ativos além, é claro, das informações exigidas em "e.3 a "e.5 acima.

18.1.1 Definição da classe de ativos intangíveis

Uma classe de ativos intangíveis é um grupo de ativos de natureza e com utilizações similares nas atividades da entidade. Entre os exemplos de classes distintas, temos:

a) marcas;

b) títulos de periódicos;

c) *softwares*;

d) licenças e franquias;

e) direitos autorais, patentes e outros direitos de propriedade industrial, de serviços e operacionais;

f) receitas, fórmulas, modelos, projetos e protótipos; e

g) ativos intangíveis em desenvolvimento.

As classes acima mencionadas devem ser separadas (agregadas) em classes menores (maiores) se isso resultar em informação mais relevante para os usuários das demonstrações contábeis.

18.1.2 Alterações possíveis causadas pela divulgação das informações

A entidade deve divulgar a natureza e o valor das variações nas estimativas contábeis com impacto relevante no período corrente ou em períodos subsequentes. Essa divulgação pode resultar de alterações:

a) na avaliação da vida útil de ativo intangível;

b) no método de amortização; ou

c) nos valores residuais.

18.1.3 Outras divulgações

A entidade também deve divulgar:

a) em relação a ativos intangíveis avaliados como tendo vida útil indefinida, o seu valor contábil e os motivos que fundamentam essa avaliação. Ao apresentar essas razões, a entidade deve descrever os fatores mais importantes que levaram à definição de vida útil indefinida do ativo;

b) uma descrição, o valor contábil e o prazo de amortização remanescente de qualquer ativo intangível individual relevante para as demonstrações contábeis da entidade;

c) em relação a ativos intangíveis adquiridos por meio de subvenção ou assistência governamentais e inicialmente reconhecidos ao valor justo:

    c.1) o valor justo inicialmente reconhecido dos ativos;

    c.2) o seu valor contábil; e

    c.3) se são mensurados, após o reconhecimento, pelo método de custo ou de reavaliação (lembra-se que, por força da Lei nº 11.638/2007, a partir de 1º.01.2008 as empresas estão impedidas de fazer a reavaliação)[1];

d) a existência e os valores contábeis de ativos intangíveis cuja titularidade é restrita e os valores contábeis de ativos intangíveis oferecidos como garantia de obrigações; e

e) o valor dos compromissos contratuais advindos da aquisição de ativos intangíveis.

Quando a entidade descrever os fatores mais importantes que levaram à definição de que a vida útil do ativo é indefinida, deve levar em consideração os fatores relacionados no subitem 2.1.

18.2 Gasto com pesquisa e desenvolvimento

A entidade deve divulgar o total de gastos com pesquisa e desenvolvimento reconhecidos como despesas no período.

Os gastos com pesquisa e desenvolvimento devem incluir todos os gastos diretamente atribuíveis às atividades de pesquisa ou de desenvolvimento.

---

[1] Na data da aprovação deste Pronunciamento, a reavaliação de bens tangíveis ou intangíveis não é permitida em virtude das previsões contidas na Lei nº 11.638/2007, que alterou a Lei nº 6.404/1976, com vigência a partir de 1º de janeiro de 2008.

18.3 Outras informações

É recomendável, mas não obrigatório, que a entidade divulgue as seguintes informações:

a) descrição de qualquer ativo intangível totalmente amortizado que ainda esteja em operação; e

b) breve descrição de ativos intangíveis significativos, controlados pela entidade, mas que não são reconhecidos como ativos porque não atendem aos critérios de reconhecimento do Pronunciamento Técnico 04, ou porque foram adquiridos ou gerados antes de sua entrada em vigor.

19 EFEITOS DE ADOÇÃO INICIAL DO PRONUNCIAMENTO TÉCNICO 04

Os efeitos de adoção inicial do Pronunciamento 04 devem ser contabilizados como segue:

a) quando um ativo não atender aos critérios de reconhecimento como ativo intangível, mas foi anteriormente reconhecido como ativo, o item deve ser baixado a partir de dezembro de 2008, como mudança de prática contábil, de acordo com as normas em vigor sobre Práticas Contábeis, Mudanças nas Estimativas Contábeis e Correção de Erros;

b) quando um ativo intangível existe em dezembro de 2008 e o custo com o seu desenvolvimento atende aos critérios de reconhecimento como ativo intangível, mas não estava previamente reconhecido como ativo, o ativo intangível não deve ser reconhecido em dezembro de 2008;

c) quando um ativo intangível existe em dezembro de 2008 e o custo com o seu desenvolvimento atende aos critérios de reconhecimento como ativo intangível, tendo sido esse custo anteriormente reconhecido como ativo, considera-se que o reconhecimento foi efetuado de maneira apropriada.

20 EXEMPLOS

A seguir, reproduzimos exemplos ilustrativos de ativos intangíveis que acompanham o Pronunciamento Técnico CPC 04.

Observa-se, contudo, que o CPC deixa claro que os exemplos não fazem parte do referido pronunciamento.

Segue teor dos referidos exemplos.

"COMITÊ DE PRONUNCIAMENTOS CONTÁBEIS PRONUNCIAMENTO TÉCNICO CPC 04

Ativo Intangível

Exemplos ilustrativos

Estes exemplos acompanham, mas não fazem parte do Pronunciamento Técnico CPC 04 Ativo Intangível.

Avaliação da vida útil de ativo intangível

A seguinte orientação proporciona exemplos sobre a determinação da vida útil de ativo intangível de acordo com o Pronunciamento Técnico CPC 04.

Cada um dos exemplos seguintes descreve um ativo intangível adquirido, os fatos e as circunstâncias que envolvem a determinação da sua vida útil e o reconhecimento subsequente baseado nessa determinação.

Exemplo 1 – lista de clientes adquirida

Uma entidade de *marketing* adquire uma lista de clientes e espera ser capaz de obter benefícios da informação contida na lista por pelo menos durante um ano, mas não mais do que três anos.

A lista de clientes deveria ser amortizada durante a melhor estimativa da administração em relação à sua vida útil econômica, por exemplo: 18 meses. Embora a entidade possa ter intenção de adicionar nomes de clientes e/ou outra informação à lista no futuro, os benefícios esperados da lista de clientes adquirida relacionam-se apenas com os clientes nessa lista na data em que foi adquirida. A lista de clientes também seria analisada quanto à necessidade de reconhecimento de perda por desvalorização de acordo com o Pronunciamento Técnico CPC 01 – Redução ao Valor

Recuperável de Ativos, ao avaliar se há qualquer indicação de que a lista de clientes possa estar sujeita a uma perda.

Exemplo 2 – patente adquirida que expira após 15 anos

Espera-se que um produto protegido pela tecnologia patenteada seja fonte de geração de fluxos de caixa líquidos em benefício da entidade durante, pelo menos, 15 anos. A entidade tem o compromisso de um terceiro para comprar essa patente em cinco anos por 60% do justo valor da patente na data em que foi adquirida, e a entidade pretende vender a patente em cinco anos.

A patente seria amortizada durante os cinco anos de vida útil para a entidade, com um valor residual igual ao valor presente de 60% do valor justo da patente na data em que foi adquirida. A patente também seria analisada quanto à necessidade de reconhecimento de perda por desvalorização de acordo com o Pronunciamento Técnico CPC 01 – Redução ao Valor Recuperável de Ativos.

Exemplo 3 – *copyright* adquirido que tem vida legal remanescente de 50 anos

A análise dos hábitos dos consumidores e das tendências do mercado proporciona evidência de que o material com *copyright* irá gerar fluxos de caixa líquidos em benefício da entidade durante apenas mais 30 anos.

O *copyright* deve ser amortizado durante a sua vida útil estimada de 30 anos. O *copyright* também seria analisado quanto à necessidade de reconhecimento de perda por desvalorização de acordo com o Pronunciamento Técnico CPC 01 – Redução ao Valor Recuperável de Ativos.

Exemplo 4 – licença de transmissão (*broadcasting*) adquirida que expira após cinco anos

A licença de transmissão (*broadcasting*) é renovável a cada 10 anos se a entidade proporcionar pelo menos um nível médio de serviço aos seus clientes e cumprir os requisitos legislativos relevantes. A licença pode ser renovada indefinidamente a baixo custo e foi renovada duas vezes antes da aquisição mais recente. A entidade adquirente pretende renovar a licença indefinidamente e as evidências existentes suportam a sua capacidade para o fazer. Historicamente, não tem havido qualquer contestação quanto à renovação da licença. Não se espera que a tecnologia usada na transmissão seja substituída por outra tecnologia em futuro previsível. Portanto, espera-se que a licença contribua para os fluxos de caixa líquidos em benefício da entidade indefinidamente.

A licença de transmissão seria tratada como tendo vida útil indefinida porque se espera que contribua para os fluxos de caixa líquidos em benefício da entidade indefinidamente. Portanto, a licença não seria amortizada enquanto a sua vida útil não fosse determinada como definida. A licença deve ser testada quanto à necessidade de reconhecimento de perda por desvalorização de acordo com o Pronunciamento Técnico CPC 01 – Redução ao Valor Recuperável de Ativos.

Exemplo 5 – licença de transmissão do exemplo 4

A autoridade licenciadora subsequentemente decide que vai deixar de renovar as licenças de transmissão e, em vez disso, vai leiloar essas licenças. No momento em que a autoridade licenciadora toma essa decisão, a licença de transmissão da entidade tem três anos até expirar. A entidade espera que a licença continue a contribuir para os fluxos de caixa líquidos em favor da entidade até expirar.

Dado que a licença de transmissão já não pode ser renovada, a sua vida útil deixou de ser indefinida. Assim, a licença adquirida seria amortizada durante os três anos de vida útil que faltam e imediatamente testada quanto à necessidade de reconhecimento de perda por desvalorização de acordo com o Pronunciamento Técnico CPC 01 – Redução ao Valor Recuperável de Ativos.

Exemplo 6 – autorização de rota de linhas aéreas adquiridas entre duas cidades que expira após três anos

A autorização de rota pode ser renovada a cada cinco anos, e a entidade adquirente pretende cumprir as regras e regulamentos aplicáveis que envolvem a renovação. As renovações de autorizações de rota são rotineiramente concedidas a um custo mínimo e historicamente têm sido renovadas quando a linha aérea cumpre as regras e regulamentos aplicáveis. A entidade adquirente espera utilizar a rota entre as duas cidades indefinidamente a partir dos seus aeroportos centrais e espera que a infraestrutura de suporte relacionada (utilização de portões de aeroporto, *slots* e locações de instalações de terminais) continue a funcionar nesses aeroportos enquanto tiver a autorização de rota. Análises da procura e dos fluxos de caixa suportam esses pressupostos.

Dado que os fatos e as circunstâncias suportam a capacidade da entidade adquirente para continuar a fornecer serviços aéreos indefinidamente entre as duas cidades, o ativo intangível relacionado com a autorização de rota é tratado como tendo vida útil indefinida. Portanto, a autorização de rota não seria amortizada enquanto a sua vida útil não fosse determinada como definida. Seria testada quanto à necessidade de reconhecimento de perda por desvalorização de acordo com o Pronunciamento Técnico CPC 01 – Redução ao Valor Recuperável de Ativos.

Exemplo 7 – marca comercial adquirida usada para identificar e distinguir um produto de consumo que tem sido líder de mercado nos últimos oito anos

A marca comercial tem vida legal restante de cinco anos, mas é renovável a cada 10 anos a baixo custo. A entidade adquirente pretende renovar a marca comercial continuamente e a evidência suporta a sua capacidade para fazê-lo. Uma análise de (1) estudos sobre o ciclo de vida do produto, (2) tendências de mercado, competitivas e ambientais, e (3) oportunidades de extensão da marca proporcionam evidência de que o produto com marca comercial irá gerar fluxos de caixa líquidos para a entidade adquirente durante um período indefinido.

A marca comercial seria tratada com tendo vida útil indefinida porque se espera que contribua para fluxos de caixa líquidos para a entidade indefinidamente. Portanto, a marca comercial não seria amortizada enquanto a sua vida útil não fosse determinada como definida. Seria testada quanto à necessidade de reconhecimento de perda por desvalorização de acordo com o Pronunciamento Técnico CPC 01 – Redução ao Valor Recuperável de Ativos.

Exemplo 8 – marca comercial adquirida há 10 anos que distingue um produto de consumo líder

A marca comercial era considerada como tendo vida útil indefinida quando foi adquirida porque se esperava que o produto com a marca comercial gerasse fluxos de caixa líquidos para a entidade indefinidamente.

Contudo, uma marca concorrente inesperada entrou recentemente no mercado e vai reduzir as futuras vendas do produto. A administração estima que os fluxos de caixa líquidos gerados pelo produto serão 20% inferiores no futuro previsível. Contudo, a administração espera que o produto continue a gerar fluxos de caixa líquidos para a entidade indefinidamente mesmo que por valores reduzidos.

Como resultado do decréscimo projetado nos futuros fluxos de caixa líquidos, a entidade determina que o valor recuperável estimado da marca comercial é inferior ao valor contábil, sendo reconhecida a perda por desvalorização. Dado que ainda é considerada como tendo a vida útil indefinida, a marca comercial não seria amortizada, mas continuaria sujeita ao teste quanto à necessidade de reconhecimento de a perda por desvalorização de acordo com o Pronunciamento Técnico CPC 01 – Redução ao Valor Recuperável de Ativos.

Exemplo 9 – marca comercial para uma linha de produtos que foi adquirida há vários anos em combinação de negócios

No momento de uma combinação de negócios, a adquirida produzia a linha de produtos há 35 anos com muitos novos modelos desenvolvidos segundo a marca comercial. Na data de aquisição, a adquirente esperava continuar a produção da linha, e uma análise de vários fatores econômicos indicou que não havia limite para o período durante o qual a marca comercial iria contribuir para os fluxos de caixa líquidos da adquirente. Consequentemente, a marca comercial não foi amortizada pela adquirente. Contudo, a administração decidiu recentemente que a produção da linha de produtos será descontinuada em um prazo previsto de quatro anos.

Dado que a vida útil da marca comercial adquirida já não é mais considerada como indefinida, o valor contábil da marca comercial deve ser testado quanto à necessidade de reconhecimento de perda por desvalorização de acordo com o Pronunciamento Técnico CPC 01 – Redução ao Valor Recuperável de Ativos e amortizado durante os quatro anos de vida útil remanescentes."

Capítulo

11

Provisões, Passivos e Ativos Contingentes

1 INTRODUÇÃO

O objetivo do Pronunciamento Técnico CPC 25 é o de estabelecer a aplicação de critérios de reconhecimento e bases de mensuração apropriados a provisões e a passivos e ativos contingentes e que seja divulgada informação suficiente nas notas explicativas para permitir que os usuários entendam sua natureza, oportunidade e valor.

2 APLICAÇÃO E EXCEÇÕES

As normas aqui tratadas devem ser aplicadas por todas as entidades na contabilização de provisões e de passivos e ativos contingentes, exceto:

a) os que resultem de contratos a executar, a menos que o contrato seja oneroso; e

b) os cobertos por outro Pronunciamento Técnico que não o 25, objeto deste capítulo.

Por sua vez, as normas aqui tratadas não se aplicam a instrumentos financeiros (incluindo garantias) que se encontrem dentro do alcance do Pronunciamento Técnico CPC 38 – Instrumentos Financeiros: Reconhecimento e Mensuração.

NOTA

Contratos a executar são contratos pelos quais nenhuma parte cumpriu qualquer das suas obrigações ou ambas as partes só tenham parcialmente cumprido as suas obrigações em igual extensão. O Pronunciamento Técnico 25 não se aplica a contratos a executar a menos que eles sejam onerosos.

2.1 Provisão, passivo ou ativo contingente – Tratamento por "outro Pronunciamento"

Quando outro Pronunciamento Técnico que não o 25, objeto deste capítulo, trata de um tipo específico de provisão ou de passivo ou ativo contingente, a entidade aplica esse Pronunciamento Técnico em vez do Pronunciamento Técnico 25. Por exemplo, certos tipos de provisões são tratados nos Pronunciamentos Técnicos relativos a:

a) contratos de construção (ver o Pronunciamento Técnico CPC 17 – Contratos de Construção);

b) tributos sobre o lucro (ver o Pronunciamento Técnico CPC 32 – Tributos sobre o Lucro);

c) arrendamento mercantil (ver o Pronunciamento Técnico CPC 06 – Operações de Arrendamento Mercantil). Porém, como esse CPC 06 não contém requisitos específicos para tratar arrendamentos mercantis operacionais que tenham se tornado onerosos, o Pronunciamento Técnico 25 aplica-se a tais casos;

d) benefícios a empregados (ver o Pronunciamento Técnico CPC 33 – Benefícios a Empregados);

e) contratos de seguro (ver o Pronunciamento Técnico CPC 11 – Contratos de Seguro);

NOTA

Este Pronunciamento Técnico, contudo, aplica-se a provisões e a passivos e ativos contingentes de seguradora que não sejam os resultantes das suas obrigações e direitos contratuais segundo os contratos de seguro dentro do alcance do CPC.

f) combinação de negócios (ver o Pronunciamento Técnico CPC 15 – Combinação de Negócios).

NOTA

Nesse Pronunciamento, são tratadas as contabilizações de ativos e passivos contingentes adquiridos em combinação de negócios.

2.1.1 Provisões que se relacionem com o reconhecimento de receitas

Alguns valores tratados como provisão podem relacionar-se com o reconhecimento de receita. Por exemplo, quando a entidade dá garantias em troca de remuneração.

O Pronunciamento Técnico 25, objeto deste capítulo, não trata do reconhecimento de receita. O Pronunciamento Técnico CPC 30 – Receitas identifica as circunstâncias em que a receita é reconhecida e proporciona orientação sobre a aplicação dos critérios de reconhecimento.

Da mesma forma, o Pronunciamento Técnico 25 não altera os requisitos do CPC 30.

2.1.2 Definição de provisão

Provisão pode ser definido como passivo de prazo ou valor incertos. Em alguns países, o termo "provisão" é também usado no contexto de itens tais como depreciação, redução ao valor recuperável de ativos e créditos de liquidação duvidosa: estes são ajustes dos valores contábeis de ativos e não são tratados neste Pronunciamento Técnico.

Alguns Pronunciamentos Técnicos especificam se os gastos são tratados como ativo ou como despesa. Esses assuntos não são tratados neste capítulo. Consequentemente, o Pronunciamento Técnico 25 não proíbe nem exige a capitalização dos custos reconhecidos quando a provisão é feita.

2.1.3 Provisões para reestruturações

O Pronunciamento Técnico 25, objeto deste texto, aplica-se a provisões para reestruturações (incluindo unidades operacionais descontinuadas). Quando uma reestruturação atende à definição de unidade operacional descontinuada, o Pronunciamento Técnico CPC 31 – Ativo Não Circulante Mantido para Venda e Operação Descontinuada pode exigir divulgação adicional.

3 ALGUMAS DEFINIÇÕES

Os seguintes termos são usados neste capítulo, com os significados especificados:

- *Provisão* é um passivo de prazo ou de valor incertos.
- *Passivo* é uma obrigação presente da entidade, derivada de eventos já ocorridos, cuja liquidação se espera que resulte em saída de recursos da entidade capazes de gerar benefícios econômicos.
- *Evento que cria obrigação* é um evento que cria uma obrigação legal ou não formalizada que faça com que a entidade não tenha nenhuma alternativa realista senão liquidar essa obrigação.
- *Obrigação legal* é uma obrigação que deriva de:
  a) contrato (por meio de termos explícitos ou implícitos);
  b) legislação; ou
  c) outra ação da lei.
- *Obrigação não formalizada* é uma obrigação que decorre das ações da entidade em que:
  a) por via de padrão estabelecido de práticas passadas, de políticas publicadas ou de declaração atual suficientemente específica, a entidade tenha indicado a outras partes que aceitará certas responsabilidades; e
  b) em consequência, a entidade cria uma expectativa válida nessas outras partes de que cumprirá com essas responsabilidades.
- *Passivo contingente* é:
  a) uma obrigação possível que resulta de eventos passados e cuja existência será confirmada apenas pela ocorrência ou não de um ou mais eventos futuros incertos não totalmente sob controle da entidade; ou
  b) uma obrigação presente que resulta de eventos passados, mas que não é reconhecida porque:
    b.1) não é provável que uma saída de recursos que incorporam benefícios econômicos seja exigida para liquidar a obrigação; ou
    b.2) o valor da obrigação não pode ser mensurado com suficiente confiabilidade.
- *Ativo contingente* é um ativo possível que resulta de eventos passados e cuja existência será confirmada apenas pela ocorrência

ou não de um ou mais eventos futuros incertos não totalmente sob controle da entidade.

- *Contrato oneroso* é um contrato em que os custos inevitáveis de satisfazer as obrigações do contrato excedem os benefícios econômicos que se esperam sejam recebidos ao longo do mesmo contrato.
- *Reestruturação* é um programa planejado e controlado pela administração e que altera materialmente:
  a) o âmbito de um negócio empreendido por entidade; ou
  b) a maneira como o negócio é conduzido.

4 PROVISÃO E OUTROS PASSIVOS

As provisões podem ser distintas de outros passivos tais como contas a pagar e passivos derivados de apropriações por competência (*accruals*) porque há incerteza sobre o prazo ou o valor do desembolso futuro necessário para a sua liquidação. Por contraste:

a) as contas a pagar são passivos a pagar por conta de bens ou serviços fornecidos ou recebidos e que tenham sido faturados ou formalmente acordados com o fornecedor; e

b) os passivos derivados de apropriações por competência (*accruals*) são passivos a pagar por bens ou serviços fornecidos ou recebidos, mas que não tenham sido pagos, faturados ou formalmente acordados com o fornecedor, incluindo valores devidos a empregados (por exemplo, valores relacionados com pagamento de férias).

NOTA

Embora algumas vezes seja necessário estimar o valor ou prazo desses passivos, a incerteza é geralmente muito menor do que nas provisões.

Lembra-se que os passivos derivados de apropriação por competência (*accruals*) são frequentemente divulgados como parte das contas a pagar, enquanto as provisões são divulgadas separadamente.

5 RELAÇÃO ENTRE PROVISÃO E PASSIVO CONTINGENTE

Em sentido geral, todas as provisões são contingentes porque são incertas quanto ao seu prazo ou valor. Porém, aqui o termo "contingente" é usado para passivos e ativos que não sejam reconhecidos porque a sua existência somente será confirmada pela ocorrência ou não de um ou mais eventos futuros incertos não totalmente sob o controle da entidade.

Adicionalmente, o termo passivo contingente é usado para passivos que não satisfaçam os critérios de reconhecimento.

5.1 Distinções possíveis

É necessário fazer a seguinte distinção entre:

a) provisões – que são reconhecidas como passivo (presumindo-se que possa ser feita uma estimativa confiável) porque são obrigações presentes e é provável que uma saída de recursos que incorporam benefícios econômicos seja necessária para liquidar a obrigação; e

b) passivos contingentes – que não são reconhecidos como passivo porque são:

b.1) obrigações possíveis, visto que ainda há de ser confirmado se a entidade tem ou não uma obrigação presente que possa conduzir a uma saída de recursos que incorporam benefícios econômicos, ou

b.2) obrigações presentes que não satisfazem os critérios de reconhecimento do Pronunciamento Técnico 25 (porque não é provável que seja necessária uma saída de recursos que incorporem benefícios econômicos para liquidar a obrigação, ou não pode ser feita uma estimativa suficientemente confiável do valor da obrigação).

6 RECONHECIMENTO

6.1 Provisão

Uma provisão deve ser reconhecida quando:

a) a entidade tem uma obrigação presente (legal ou não formalizada) como resultado de evento passado;

b) seja provável que será necessária uma saída de recursos que incorporam benefícios econômicos para liquidar a obrigação; e

c) possa ser feita uma estimativa confiável do valor da obrigação.

Se essas condições não forem satisfeitas, nenhuma provisão deve ser reconhecida.

6.1.1 Obrigação presente

Em casos raros, não é claro se existe ou não uma obrigação presente.

Nessas hipóteses, presume-se que um evento passado dá origem a uma obrigação presente se, levando em consideração toda a evidência disponível, é mais provável que sim do que não que existe uma obrigação presente na data do balanço.

Em quase todos os casos, será claro se um evento passado deu origem a uma obrigação presente.

Em casos raros – como em um processo judicial, por exemplo – , pode-se discutir tanto se certos eventos ocorreram quanto se esses eventos resultaram em uma obrigação presente. Nesse caso, a entidade deve determinar se a obrigação presente existe na data do balanço ao considerar toda a evidência disponível incluindo, por exemplo, a opinião de peritos.

A evidência considerada inclui qualquer evidência adicional proporcionada por eventos após a data do balanço. Com base em tal evidência:

a) quando for mais provável que sim do que não que existe uma obrigação presente na data do balanço, a entidade deve reconhecer a provisão (se os critérios de reconhecimento forem satisfeitos); e

b) quando for mais provável que não existe uma obrigação presente na data do balanço, a entidade divulga um passivo contingente, a menos que seja remota a possibilidade de uma saída de recursos que incorporam benefícios econômicos (ver subitem 12.2).

6.1.2 Evento passado

Um evento passado que conduz a uma obrigação presente é chamado de um evento que cria obrigação.

Para um evento ser um evento que cria obrigação, é necessário que a entidade não tenha qualquer alternativa realista senão liquidar a obrigação criada pelo evento. Esse é o caso somente:

a) quando a liquidação da obrigação pode ser imposta legalmente; ou

b) no caso de obrigação não formalizada, quando o evento (que pode ser uma ação da entidade) cria expectativas válidas em terceiros de que a entidade cumprirá a obrigação.

6.1.2.1 Gastos futuros

As demonstrações contábeis tratam da posição financeira da entidade no fim do seu período de divulgação e não da sua possível posição no futuro. Por isso, nenhuma provisão é reconhecida para despesas que necessitam ser incorridas para operar no futuro.

Os únicos passivos reconhecidos no balanço da entidade são os que já existem na data do balanço.

São reconhecidas como provisão apenas as obrigações que surgem de eventos passados que existam independentemente de ações futuras da entidade (isto é, a conduta futura dos seus negócios). São exemplos de tais obrigações as penalidades ou os custos de limpeza de danos ambientais ilegais, que em ambos os casos dariam origem na liquidação a uma saída de recursos que incorporam benefícios econômicos independentemente das ações futuras da entidade.

De forma similar, a entidade reconhece uma provisão para os custos de descontinuidade de poço de petróleo ou de central elétrica nuclear na medida em que a entidade é obrigada a retificar danos já causados.

Por outro lado, por causa de pressões comerciais ou exigências legais, a entidade pode pretender ou precisar efetuar gastos para operar de forma particular no futuro (por exemplo, montando filtros de fumaça em certo tipo de fábrica). Dado que a entidade pode evitar os gastos futuros pelas suas próprias ações, por exemplo, alterando o seu modo de operar, ela não tem nenhuma obrigação presente relativamente a esse gasto futuro e nenhuma provisão é reconhecida.

6.1.2.2 Partes envolvidas em uma obrigação

Uma obrigação envolve sempre outra parte a quem se deve a obrigação. Não é necessário, porém, saber a identidade da parte a quem se deve a obrigação – em verdade, a obrigação pode ser ao público em geral.

Em virtude de obrigação envolver sempre compromisso com outra parte, isso implica que a decisão da diretoria ou do conselho de administração não dá origem a uma obrigação não formalizada na data do balanço. Isso, a menos que a decisão tenha sido comunicada antes daquela data aos afetados por ela de forma suficientemente específica para suscitar neles uma expectativa válida de que a entidade cumprirá as suas responsabilidades.

Um evento que não gera imediatamente uma obrigação pode gerá-la em data posterior, por força de alterações na lei ou porque um ato da entidade (por exemplo, uma declaração pública suficientemente específica) dá origem a uma obrigação não formalizada. Por exemplo, quando forem causados danos ambientais, pode não haver obrigação para remediar as consequências. Porém, o fato de ter havido o dano torna-se um evento que cria obrigações quando uma nova lei exige que o dano existente seja retificado ou quando a entidade publicamente aceita a responsabilidade pela retificação de modo a criar uma obrigação não formalizada.

Quando os detalhes de nova lei proposta ainda tiverem de ser finalizados, a obrigação surgirá somente quando for praticamente certo que a legislação será promulgada conforme a minuta divulgada. Neste trabalho, tal obrigação é tratada como obrigação legal.

As diferenças de circunstâncias relativas à promulgação tornam impossível especificar um único evento que torna a promulgação de lei praticamente certa. Em muitos casos, será impossível estar praticamente certo da promulgação de legislação até que ela seja promulgada.

6.1.3 Saída provável de recursos que incorporam benefícios econômicos

Para que um passivo se qualifique para reconhecimento, é necessário haver não somente uma obrigação presente, mas também a probabilidade de saída de recursos que incorporam benefícios econômicos para liquidar essa obrigação.

Para a finalidade do Pronunciamento Técnico 25[1], uma saída de recursos ou outro evento é considerado como provável se o evento for mais provável que sim do que não de ocorrer, isto é, se a probabilidade de que o evento ocorrerá for maior do que a probabilidade de isso não acontecer. Quando não for provável que exista uma obrigação presente, a entidade divulga um passivo contingente, a menos que a possibilidade de saída de recursos que incorporam benefícios econômicos seja remota (ver subitem 12.2).

6.1.3.1 Ocorrência de várias obrigações semelhantes

Quando há várias obrigações semelhantes (por exemplo, garantias sobre produtos ou contratos semelhantes), a avaliação da probabilidade de que uma saída de recursos será exigida na liquidação deverá considerar o tipo de obrigação como um todo. Embora possa ser pequena a probabilidade de uma saída de recursos para qualquer item isoladamente, pode ser provável que alguma saída de recursos ocorra para o tipo de obrigação. Se esse for o caso, uma provisão é reconhecida (se os outros critérios para reconhecimento forem atendidos).

6.1.4 Estimativa confiável da obrigação

O uso de estimativas é uma parte essencial da elaboração de demonstrações contábeis e não prejudica a sua confiabilidade. Isso é especialmente verdadeiro no caso de provisões, que pela sua natureza são mais incertas do que a maior parte de outros elementos do balanço.

Exceto em casos extremamente raros, a entidade é capaz de determinar um conjunto de desfechos possíveis e, dessa forma, fazer uma estimativa da obrigação que seja suficientemente confiável para ser usada no reconhecimento da provisão.

Nos casos extremamente raros em que nenhuma estimativa confiável possa ser feita, existe um passivo que não pode ser reconhecido. Esse passivo é divulgado como passivo contingente (ver subitem 12.2).

---

[1] A definição de provável do Pronunciamento 25 de "mais provável que sim do que não de ocorrer" não necessariamente se aplica a outros pronunciamentos.

6.2 Passivo contingente

A entidade não deve reconhecer um passivo contingente.

O passivo contingente é divulgado, como exigido pelo subitem 12.2, a menos que seja remota a possibilidade de uma saída de recursos que incorporam benefícios econômicos.

Quando a entidade for conjunta e solidariamente responsável por obrigação, a parte da obrigação que se espera que as outras partes liquidem é tratada como passivo contingente.

A entidade reconhece a provisão para a parte da obrigação para a qual é provável uma saída de recursos que incorporam benefícios econômicos, exceto em circunstâncias extremamente raras em que nenhuma estimativa suficientemente confiável possa ser feita.

6.2.1 Avaliação periódica dos passivos contingentes

Os passivos contingentes podem desenvolver-se de maneira não inicialmente esperada. Por isso, são periodicamente avaliados para determinar se uma saída de recursos que incorporam benefícios econômicos se tornou provável.

Se for provável que uma saída de benefícios econômicos futuros serão exigidos para um item previamente tratado como passivo contingente, a provisão deve ser reconhecida nas demonstrações contábeis do período no qual ocorre a mudança na estimativa da probabilidade (exceto em circunstâncias extremamente raras em que nenhuma estimativa suficientemente confiável possa ser feita).

6.3 Ativo contingente

A entidade não deve reconhecer um ativo contingente.

Os ativos contingentes surgem normalmente de evento não planejado ou de outros não esperados que dão origem à possibilidade de entrada de benefícios econômicos para a entidade.

Um exemplo é uma reivindicação que a entidade esteja reclamando por meio de processos legais, em que o desfecho seja incerto.

Os ativos contingentes não são reconhecidos nas demonstrações contábeis, uma vez que pode tratar-se de resultado que nunca venha a ser realizado. Porém, quando a realização do ganho é praticamente certa, então o ativo relacionado não é um ativo contingente e o seu reconhecimento é adequado.

O ativo contingente é divulgado, como exigido pelo subitem 12.1.1.1, quando for provável a entrada de benefícios econômicos.

6.3.1 Avaliação periódica dos ativos contingentes

Os ativos contingentes são avaliados periodicamente para garantir que os desenvolvimentos sejam apropriadamente refletidos nas demonstrações contábeis. Se for praticamente certo que ocorrerá uma entrada de benefícios econômicos, o ativo e o correspondente ganho serão reconhecidos nas demonstrações contábeis do período em que ocorrer a mudança de estimativa. Se a entrada de benefícios econômicos se tornar provável, a entidade divulgará o ativo contingente (ver subitem 12.1.1.1).

7 MENSURAÇÃO

7.1 Melhor estimativa

O valor reconhecido como provisão deve ser a melhor estimativa do desembolso exigido para liquidar a obrigação presente na data do balanço.

A melhor estimativa do desembolso exigido para liquidar a obrigação presente é o valor que a entidade racionalmente pagaria para liquidar a obrigação na data do balanço ou para transferi-la para terceiros nesse momento.

É muitas vezes impossível ou proibitivamente dispendioso liquidar ou transferir a obrigação na data do balanço. Porém, a estimativa do valor que a entidade racionalmente pagaria para liquidar ou transferir a obrigação produz a melhor estimativa do desembolso exigido para liquidar a obrigação presente na data do balanço.

7.1.1 Responsável pela estimativa

As estimativas do desfecho e do efeito financeiro são determinadas pelo julgamento da administração da entidade, complementados pela experiência de transações semelhantes e, em alguns casos, por relatórios de peritos independentes. As evidências consideradas devem incluir qualquer evidência adicional fornecida por eventos subsequentes à data do balanço.

7.1.2 Como estimar a provisão?

As incertezas que rodeiam o valor a ser reconhecido como provisão são tratadas por vários meios de acordo com as circunstâncias.

Quando a provisão a ser mensurada envolve uma grande população de itens, a obrigação deve ser estimada ponderando-se todos os possíveis desfechos pelas suas probabilidades associadas.

O nome para esse método estatístico de estimativa é "valor esperado". Portanto, a provisão será diferente dependendo de a probabilidade da perda de um dado valor ser, por exemplo, de 60 por cento ou de 90 por cento. Quando houver uma escala contínua de desfechos possíveis, e cada ponto nessa escala é tão provável como qualquer outro, é usado o ponto médio da escala.

Exemplo

A entidade vende bens com uma garantia segundo a qual os clientes estão cobertos pelo custo da reparação de qualquer defeito de fabricação que se tornar evidente dentro dos primeiros seis meses após a compra.

Se forem detectados defeitos menores em todos os produtos vendidos, a entidade irá incorrer em custos de reparação de 1 milhão. Se forem detectados defeitos maiores em todos os produtos vendidos, a entidade irá incorrer em custos de reparação de 4 milhões. A experiência passada da entidade e as expectativas futuras indicam que, para o próximo ano, 75 por cento dos bens vendidos não terão defeito, 20 por cento dos bens vendidos terão defeitos menores e 5 por cento dos bens vendidos terão defeitos maiores. De acordo com o subitem 6.1.3.1, a entidade avalia a probabilidade de uma saída para as obrigações de garantias como um todo.

O valor esperado do custo das reparações é: (75% x 0) + (20% x $ 1 milhão) + (5% de $ 4 milhões) = $ 400.000.

7.1.3 Mensuração de obrigação única

Quando uma única obrigação estiver sendo mensurada, o desfecho individual mais provável pode ser a melhor estimativa do passivo. Porém, mesmo em tal caso, a entidade considera outras consequências possíveis.

Quando outras consequências possíveis forem principalmente mais altas ou principalmente mais baixas do que a consequência mais provável, a melhor estimativa será um valor mais alto ou mais baixo.

Exemplo: se a entidade tiver de reparar um defeito grave em uma fábrica importante que tenha construído para um cliente, o resultado individual mais provável pode ser a reparação ter sucesso na primeira tentativa por um custo de $ 1.000, mas a provisão é feita por um valor maior se houver uma chance significativa de que outras tentativas serão necessárias.

NOTA

A provisão deve ser mensurada antes dos impostos; as consequências fiscais da provisão, e alterações nela, são tratadas pelo Pronunciamento Técnico CPC 32 – Tributos sobre o Lucro.

7.2 Risco e incerteza

Os riscos e incertezas que inevitavelmente existem em torno de muitos eventos e circunstâncias devem ser levados em consideração para se alcançar a melhor estimativa da provisão.

O risco descreve a variabilidade de desfechos. Uma nova avaliação do risco pode aumentar o valor pelo qual um passivo é mensurado. É preciso ter cuidado ao realizar julgamentos em condições de incerteza, para que as receitas ou ativos não sejam superavaliados e as despesas ou passivos não sejam subavaliados. Porém, a incerteza não justifica a criação de provisões excessivas ou uma superavaliação deliberada de passivos. Por exemplo, se os custos projetados de desfecho particularmente adverso forem estimados em base conservadora, então esse desfecho não é deliberadamente tratado como sendo mais provável do que a situação realística do caso. É necessário cuidado para evitar duplicar ajustes de risco e incerteza com a consequente superavaliação da provisão.

NOTA

A divulgação das incertezas que cercam o valor do desembolso é feita de acordo com a letra "b" do subitem 12.1.

7.3 Valor presente

Quando o efeito do valor do dinheiro no tempo é material, o valor da provisão deve ser o valor presente dos desembolsos que se espera que sejam exigidos para liquidar a obrigação.

Em virtude do valor do dinheiro no tempo, as provisões relacionadas com saídas de caixa que surgem logo após a data do balanço são mais onerosas do que aquelas em que as saídas de caixa de mesmo valor surgem mais tarde. Em função disso, as provisões são descontadas, quando o efeito é material.

A taxa de desconto deve ser a taxa antes dos impostos que reflita as atuais avaliações de mercado quanto ao valor do dinheiro no tempo e os riscos específicos para o passivo. A taxa de desconto não deve refletir os riscos relativamente aos quais as estimativas de fluxos de caixa futuros tenham sido ajustadas (ver o Pronunciamento Técnico CPC 12 – Ajuste a Valor Presente).

7.4 Evento futuro

Os eventos futuros que possam afetar o valor necessário para liquidar a obrigação devem ser refletidos no valor da provisão quando houver evidência objetiva suficiente de que eles ocorrerão.

Os eventos futuros esperados podem ser particularmente importantes ao mensurar as provisões. Por exemplo, a entidade pode acreditar que o custo de limpar um local no fim da sua vida útil será reduzido em função de mudanças tecnológicas futuras.

O valor reconhecido reflete uma expectativa razoável de observadores tecnicamente qualificados e objetivos, tendo em vista toda a evidência disponível quanto à tecnologia que estará disponível no momento da limpeza. Portanto, é apropriado incluir, por exemplo, reduções de custo esperadas associadas com experiência desenvolvida na aplicação de tecnologia existente ou o custo esperado de aplicação da tecnologia existente a uma operação de limpeza maior ou mais complexa da que previamente tenha sido levada em consideração.

A entidade, porém, não deve antecipar o desenvolvimento da tecnologia completamente nova de limpeza a menos que isso seja apoiado por evidência objetiva suficiente.

7.4.1 Efeito de legislação nova na mensuração da obrigação

O efeito de possível legislação nova deve ser considerado na mensuração da obrigação existente quando existe evidência objetiva suficiente de que a promulgação da lei é praticamente certa.

A variedade de circunstâncias que surgem na prática torna impossível especificar um evento único que proporcionará evidência objetiva suficiente em todos os casos. Exige-se evidência do que a legislação vai exigir e também de que a sua promulgação e a sua implementação são praticamente certas. Em muitos casos, não existe evidência objetiva suficiente até que a nova legislação seja promulgada.

7.5 Alienação esperada de ativo

Os ganhos da alienação esperada de ativos não devem ser levados em consideração ao mensurar a provisão.

Os ganhos na alienação esperada de ativos não devem ser levados em consideração ao mensurar a provisão, mesmo se a alienação esperada estiver intimamente ligada ao evento que dá origem à provisão. Em vez disso, a entidade deve reconhecer ganhos nas alienações esperadas de ativos no momento determinado pelo Pronunciamento Técnico que trata dos respectivos ativos.

8 REEMBOLSO

Quando se espera que algum ou todos os desembolsos necessários para liquidar uma provisão sejam reembolsados por outra parte, o reembolso deve ser reconhecido quando, e somente quando, for praticamente certo que o reembolso será recebido se a entidade liquidar a obrigação. O reembolso deve ser tratado como ativo separado. O valor reconhecido para o reembolso não deve ultrapassar o valor da provisão.

NOTA

Na demonstração do resultado, a despesa relativa a uma provisão pode ser apresentada líquida do valor reconhecido de reembolso.

8.1 Reconhecimento da provisão (passivo) versus reconhecimento de ativo (reembolso)

Algumas vezes, a entidade é capaz de esperar que outra parte pague parte ou todo o desembolso necessário para liquidar a provisão (por exemplo, por meio de contratos de seguro, cláusulas de indenização ou garantias de fornecedores). A outra parte pode reembolsar valores pagos pela entidade ou pagar diretamente os valores.

Na maioria dos casos, a entidade permanece comprometida pela totalidade do valor em questão de forma que a entidade teria que liquidar o valor inteiro se a terceira parte deixasse de efetuar o pagamento por qualquer razão.

Nessa situação, é reconhecida uma provisão para o valor inteiro do passivo e é reconhecido um ativo separado pelo reembolso esperado, desde que seu recebimento seja praticamente certo se a entidade liquidar o passivo.

Em alguns casos, a entidade não está comprometida pelos custos em questão se a terceira parte deixar de efetuar o pagamento. Nessa hipótese, a entidade não tem nenhum passivo relativo a esses custos, não sendo assim incluídos na provisão.

NOTA

Como referido no subitem 6.2, a obrigação pela qual a entidade esteja conjunta e solidariamente responsável é um passivo contingente, uma vez que se espera que a obrigação seja liquidada pelas outras partes.

9 MUDANÇA NA PROVISÃO

As provisões devem ser reavaliadas em cada data de balanço e ajustadas para refletir a melhor estimativa corrente. Se já não for mais provável que seja necessária uma saída de recursos que incorporam benefícios econômicos futuros para liquidar a obrigação, a provisão deve ser revertida.

Quando for utilizado o desconto a valor presente, o valor contábil da provisão aumentará a cada período para refletir a passagem do tempo. Esse aumento deve ser reconhecido como despesa financeira.

10 USO DE PROVISÃO

Uma provisão deve ser usada somente para os desembolsos para os quais a provisão foi originalmente reconhecida.

Somente os desembolsos que se relacionem com a provisão original são compensados com a mesma provisão.

Reconhecer os desembolsos contra uma provisão que foi originalmente reconhecida para outra finalidade esconderia o impacto de dois eventos diferentes.

11 APLICAÇÕES DE REGRA DE RECONHECIMENTO E DE MENSURAÇÃO

11.1 Perda operacional futura

Provisões para perdas operacionais futuras não devem ser reconhecidas.

As perdas operacionais futuras não satisfazem a definição de passivo do item 10, nem os critérios gerais de reconhecimento estabelecidos no subitem 6.1.

A expectativa de perdas operacionais futuras é uma indicação de que certos ativos da unidade operacional podem não ser recuperáveis. A entidade deve testar esses ativos quanto à recuperabilidade segundo o Pronunciamento Técnico CPC 01 – Redução ao Valor Recuperável de Ativos.

11.2 Contrato oneroso

Se a entidade tiver um contrato oneroso, a obrigação presente de acordo com o contrato deve ser reconhecida e mensurada como provisão.

Muitos contratos (por exemplo, algumas ordens de compra de rotina) podem ser cancelados sem pagar compensação à outra parte e, portanto, não há obrigação. Outros contratos estabelecem direitos e obrigações para cada uma das partes do contrato.

Quando os eventos tornam esse contrato oneroso, o contrato deve ser tratado dentro do alcance do Pronunciamento Técnico 25, e existirá um passivo que deverá ser reconhecido. Os contratos de execução que não sejam onerosos não são abrangidos pelo Pronunciamento Técnico 25.

NOTAS

1) Contrato oneroso é definido pelo Pronunciamento Técnico 25 como um contrato em que os custos inevitáveis de satisfazer as obrigações do contrato

excedem os benefícios econômicos que se espera sejam recebidos ao longo do mesmo contrato.

2) Os custos inevitáveis do contrato refletem o menor custo líquido de sair do contrato, e este é determinado com base: a) no custo de cumprir o contrato; ou b) no custo de qualquer compensação ou de penalidades provenientes do não cumprimento do contrato, dos dois o menor.

3) Antes de ser estabelecida uma provisão separada para um contrato oneroso, a entidade deve reconhecer qualquer perda decorrente de desvalorização que tenha ocorrido nos ativos relativos a esse contrato (ver o Pronunciamento Técnico CPC 01 – Redução ao Valor Recuperável de Ativos).

11.3 Reestruturação

Exemplos de eventos que podem se enquadrar na definição de reestruturação são:

a) venda ou extinção de linha de negócios;

b) fechamento de locais de negócios de um país ou região ou a realocação das atividades de negócios de um país ou região para outro;

c) mudanças na estrutura da administração, por exemplo, eliminação de um nível de gerência; e

d) reorganizações fundamentais que tenham efeito material na natureza e no foco das operações da entidade.

11.3.1 Provisão para custos de reestruturação – Quando reconhecer

Uma provisão para custos de reestruturação deve ser reconhecida somente quando são cumpridos os critérios gerais de reconhecimento de provisões estabelecidos no subitem 6.1.

NOTA

A partir desse subitem até o subitem 11.3.5, são demonstrados como os critérios gerais de reconhecimento se aplicam às reestruturações.

Uma obrigação não formalizada para reestruturação surge somente quando a entidade:

a) tiver um plano formal detalhado para a reestruturação, identificando pelo menos:

a.1) o negócio ou parte do negócio em questão;

a.2) os principais locais afetados;

a.3) o local, as funções e o número aproximado de empregados que serão incentivados financeiramente a se demitir;

a.4) os desembolsos que serão efetuados; e

a.5) quando o plano será implantado; e

b) tiver criado expectativa válida naqueles que serão afetados pela reestruturação, seja ao começar a implantação desse plano ou ao anunciar as suas principais características para aqueles afetados pela reestruturação.

11.3.2 Evidências de que a empresa iniciou o processo de implantação do plano de reestruturação

A evidência de que a entidade começou a implantar o plano de reestruturação seria fornecida, por exemplo, pela desmontagem da fábrica, pela venda de ativos ou pela divulgação das principais características do plano.

A divulgação do plano detalhado para reestruturação constitui obrigação não formalizada para reestruturação somente se for feita de tal maneira e em detalhes suficientes (ou seja, apresentando as principais características do plano) que origine expectativas válidas de outras partes, tais como clientes, fornecedores e empregados (ou os seus representantes) de que a entidade realizará a reestruturação.

Para que o plano seja suficiente para dar origem a uma obrigação não formalizada, quando comunicado àqueles por ele afetados, é necessário que sua implementação comece o mais rápido possível e seja concluída dentro de um prazo que torne improvável a ocorrência de mudanças significativas no plano. Entretanto, caso se espere que haja grande atraso antes de a reestruturação começar ou que esta demore tempo demais, deixa de ser provável que o plano crie expectativa válida da parte de outros de que a entidade está, atualmente, comprometida com a reestruturação, porque o período de execução dá oportunidade para a entidade mudar seus planos.

11.3.2.1 Decisão de reestruturação

Uma decisão de reestruturação da administração ou da diretoria tomada antes da data do balanço não dá origem a uma obrigação não formalizada na data do balanço, a menos que a entidade tenha, antes da data do balanço:

a) começado a implementação do plano de reestruturação; ou

b) anunciado as principais características do plano de reestruturação àqueles afetados por ele, de forma suficientemente específica, criando neles expectativa válida de que a entidade fará a reestruturação.

NOTA

A entidade pode começar a implementar um plano de reestruturação, ou anunciar as suas principais características àqueles afetados pelo plano, somente depois da data do balanço. Exige-se divulgação conforme o Pronunciamento Técnico CPC 24 – Evento Subsequente, se a reestruturação for material e se a não divulgação puder influenciar as decisões econômicas dos usuários tomadas com base nas demonstrações contábeis.

11.3.2.2 Implicações provenientes de obrigação não formalizada

Embora uma obrigação não formalizada não seja criada apenas por decisão da administração, ela pode resultar de outros eventos anteriores combinados com essa decisão. Por exemplo, as negociações com representantes de empregados para pagamento de demissões, ou com compradores, para a venda de operação, podem ter sido concluídas, sujeitas apenas à aprovação da diretoria.

Uma vez obtida a aprovação e comunicada às outras partes, a entidade tem uma obrigação não formalizada de reestruturar, se as condições do subitem 11.3.1 forem atendidas.

Em alguns casos, a alta administração está inserida no conselho cujos membros incluem representantes de interesses diferentes dos de uma administração (por exemplo, empregados) ou a notificação para esses representantes pode ser necessária antes de ser tomada a decisão pela alta administração.

Quando uma decisão desse conselho envolve a comunicação a esses representantes, isso pode resultar em obrigação não formalizada de reestruturar.

11.3.3 Venda de unidade operacional

Nenhuma obrigação surge pela venda de unidade operacional até que a entidade esteja comprometida com essa operação, ou seja, quando há um contrato firme de venda.

Mesmo quando a entidade tiver tomado a decisão de vender uma unidade operacional e anunciado publicamente essa decisão, ela pode não estar comprometida com a venda até que o comprador tenha sido identificado e houver contrato firme de venda.

Até haver contrato firme de venda, a entidade pode mudar de ideia e, de fato, terá de tomar outras medidas se não puder ser encontrado comprador em termos aceitáveis. Quando a venda de uma unidade operacional for vista como parte da reestruturação, os ativos da unidade operacional são avaliados quanto à sua recuperabilidade, conforme o Pronunciamento Técnico CPC 01 – Redução ao Valor Recuperável de Ativos.

NOTA

Quando a venda for somente uma parte da reestruturação, uma obrigação não formalizada poderá surgir para as outras partes da reestruturação antes de existir um contrato de venda firme.

11.3.4 O que deve conter a provisão para reestruturação

A provisão para reestruturação deve incluir somente os desembolsos diretos decorrentes da reestruturação, que simultaneamente sejam:

a) necessariamente ocasionados pela reestruturação; e

b) não associados às atividades em andamento da entidade.

11.3.5   O que não deve conter a provisão para reestruturação

A provisão para reestruturação não inclui custos como:

a) novo treinamento ou remanejamento da equipe permanente;

b) *marketing*; ou

c) investimento em novos sistemas e redes de distribuição.

Esses desembolsos relacionam-se com a conduta futura da empresa e não são passivos de reestruturação na data do balanço. Tais desembolsos devem ser reconhecidos da mesma forma que o seriam se surgissem independentemente da reestruturação.

NOTAS

1) Perdas operacionais futuras, identificáveis até a data da reestruturação, não devem ser incluídas em uma provisão, a menos que se relacionem a contrato oneroso, conforme definido no item 3.

2) Conforme exigido pelo subitem 7.5, os ganhos na alienação esperada de ativos não devem ser levados em consideração ao mensurar uma provisão para reestruturação, mesmo que a venda de ativos seja vista como parte da reestruturação.

12 DIVULGAÇÃO

Para cada classe de provisão, a entidade deve divulgar:

a) o valor contábil no início e no fim do período;

b) provisões adicionais feitas no período, incluindo aumentos nas provisões existentes;

c) valores utilizados (ou seja, incorridos e baixados contra a provisão) durante o período;

d) valores não utilizados revertidos durante o período; e

e) o aumento durante o período no valor descontado a valor presente proveniente da passagem do tempo e o efeito de qualquer mudança na taxa de desconto.

Lembra-se que não é exigida informação comparativa.

12.1 Outras divulgações para cada classe de provisão

A entidade deve divulgar para cada classe de provisão:

a) uma breve descrição da natureza da obrigação e o cronograma esperado de quaisquer saídas de benefícios econômicos resultantes;

b) uma indicação das incertezas sobre o valor ou o cronograma dessas saídas. Sempre que necessário para fornecer informações adequadas, a entidade deve divulgar as principais premissas adotadas em relação a eventos futuros, conforme tratado no subitem 7.4; e

c) o valor de qualquer reembolso esperado, declarando o valor de qualquer ativo que tenha sido reconhecido por conta desse reembolso esperado.

12.2 Divulgação para cada classe do passivo contingente

A menos que seja remota a possibilidade de ocorrer qualquer desembolso na liquidação, a entidade deve divulgar, para cada classe de passivo contingente na data do balanço, uma breve descrição da natureza do passivo contingente e, quando praticável:

a) a estimativa do seu efeito financeiro, mensurada no item 7;

b) a indicação das incertezas relacionadas ao valor ou momento de ocorrência de qualquer saída; e

c) a possibilidade de qualquer reembolso.

12.2.1 Formação das classes – Critérios a serem adotados

Na determinação de quais provisões ou passivos contingentes podem ser agregados para formar uma única classe, é necessário considerar se a natureza dos itens é suficientemente similar para divulgação única que cumpra as exigências das letras "a" e "b" do subitem 12.1 e das letras "a" e "b" do subitem 12.2.

Assim, pode ser apropriado tratar como uma classe única de provisão os valores relacionados a garantias de produtos diferentes, mas não seria apropriado tratar como uma classe única os valores relacionados a garantias normais e valores relativos a processos judiciais.

12.2.1.1 Provisão e passivo contingente oriundos do mesmo conjunto de circunstâncias

Quando a provisão e o passivo contingente surgirem do mesmo conjunto de circunstâncias, a entidade deve fazer as divulgações requeridas pelo item 12 e subitens 12.1. e 12.2 de maneira que evidencie a ligação entre a provisão e o passivo contingente.

Quando for provável a entrada de benefícios econômicos, a entidade deve divulgar breve descrição da natureza dos ativos contingentes na data do balanço e, quando praticável, uma estimativa dos seus efeitos financeiros, mensurada usando os princípios estabelecidos para as provisões no item 7.

NOTAS

1) É importante que as divulgações de ativos contingentes evitem dar indicações indevidas da probabilidade de surgirem ganhos.

2) Quando algumas das informações exigidas pelos subitens 12.2, 12.2.1 e 12.2.1.1 não forem divulgadas por não ser praticável fazê-lo, a entidade deve divulgar esse fato.

3) Em casos extremamente raros, pode-se esperar que a divulgação de alguma ou de todas as informações exigidas por este item 12 e seus subitens prejudique seriamente a posição da entidade em uma disputa com outras partes sobre os assuntos da provisão, passivo contingente ou ativo contingente. Em tais casos, a entidade não precisa divulgar as informações, mas deve divulgar a natureza geral da disputa, juntamente com o fato de que as informações não foram divulgadas, com a devida justificativa.

13 APÊNDICE

Acima tratamos dos aspectos que envolvem a constituição de provisões de acordo com o CPC 25.

Adiante, divulgamos os apêndices que acompanham o referido Pronunciamento. Esses apêndices são:

- Apêndice A – Tabelas – Provisões, passivos contingentes e ativos contingentes e reembolso
- Apêndice B – Árvore de decisão
- Apêndice C – Exemplos: reconhecimento
- Apêndice D – Exemplos: divulgação

Lembra-se que os referidos apêndices são apenas ilustrativos e não fazem parte do Pronunciamento Técnico 25.

Segue íntegra dos citados apêndices.

"Apêndice A

Tabelas – Provisões, passivos contingentes e ativos contingentes e reembolso

Este apêndice é apenas ilustrativo e não faz parte do Pronunciamento Técnico. Seu propósito é resumir os principais requerimentos do Pronunciamento.

Provisão e passivo contingente

São caracterizados em situações nas quais, como resultado de eventos passados, pode haver uma saída de recursos envolvendo benefícios econômicos futuros na liquidação de: (a) obrigação presente; ou (b) obrigação possível cuja existência será confirmada apenas pela ocorrência ou não de um ou mais eventos futuros incertos não totalmente sob controle da entidade.		
Há obrigação presente que provavelmente requer uma saída de recursos.	Há obrigação possível ou obrigação presente que pode requerer, mas provavelmente não irá requerer, uma saída de recursos.	Há obrigação possível ou obrigação presente cuja probabilidade de uma saída de recursos é remota.
A provisão é reconhecida (item 14).	Nenhuma provisão é reconhecida (item 27).	Nenhuma provisão é reconhecida (item 27).
Divulgação é exigida para a provisão (itens 84 e 85).	Divulgação é exigida para o passivo contingente (item 86).	Nenhuma divulgação é exigida (item 86).

Uma contingência passiva também é originada em casos extremamente raros nos quais há um passivo que não pode ser reconhecido porque não pode ser mensurado confiavelmente. Divulgação é requerida para o passivo contingente.

Ativo contingente

São caracterizados em situações nas quais, como resultado de eventos passados, há um ativo possível cuja existência será confirmada apenas pela ocorrência ou não de um ou mais eventos futuros incertos não totalmente sob controle da entidade.		
A entrada de benefícios econômicos é praticamente certa.	A entrada de benefícios econômicos é provável, mas não praticamente certa.	A entrada não é provável.
O ativo não é contingente (item 33).	Nenhum ativo é reconhecido (item 31).	Nenhum ativo é reconhecido (item 31).
	Divulgação é exigida (item 89).	Nenhuma divulgação é exigida (item 89).

Reembolso

São caracterizados em situações nas quais se espera que parte ou todo o desembolso necessário para liquidar a provisão seja reembolsado por outra parte.		
A entidade não tem obrigação em relação à parcela do desembolso a ser reembolsado pela outra parte.	O passivo relativo ao valor que se espera ser reembolsado permanece com a entidade e é praticamente certo que o reembolso será recebido se a entidade liquidar a provisão.	O passivo relativo ao valor que se espera ser reembolsado permanece com a entidade e não é praticamente certo que o reembolso será recebido se a entidade liquidar a provisão.
A entidade não tem passivo em relação ao valor a ser reembolsado (item 57).	O reembolso é reconhecido como ativo separado no balanço patrimonial e pode ser compensado contra a despesa na demonstração de resultados. O valor reconhecido para o reembolso esperado não ultrapassa o passivo (itens 53 e 54).	O reembolso esperado não é reconhecido como ativo (item 53).
Nenhuma divulgação é exigida.	O reembolso é divulgado juntamente com o valor reconhecido para o desembolso (item 85(c)).	O reembolso esperado é divulgado (item 85(c)).

Apêndice B

Árvore de decisão

Este apêndice é apenas ilustrativo e não faz parte do Pronunciamento Técnico. Seu propósito é resumir os principais requerimentos de reconhecimento do Pronunciamento para provisões e passivos contingentes.

NOTA:

Em casos raros, não é claro se há uma obrigação presente. Nessas hipóteses, presume-se que um evento passado dá origem a uma obrigação presente se, levando em consideração toda a evidência disponível, é mais provável que sim do que não que existe obrigação presente na data do balanço (item 15 desse Pronunciamento Técnico).

Apêndice C

Exemplos: reconhecimento

Este apêndice é apenas ilustrativo e não faz parte do Pronunciamento Técnico.

Todas as entidades dos exemplos encerram suas demonstrações contábeis em 31 de dezembro. Em todos os casos, assume-se que uma estimativa confiável pode ser feita para quaisquer saídas esperadas. Em alguns exemplos, as circunstâncias descritas podem ter resultado em reduções ao valor recuperável de ativos – esse aspecto não é tratado nos exemplos.

As referências cruzadas fornecidas nos exemplos indicam itens do Pronunciamento Técnico que são particularmente relevantes.

As referências sobre a "melhor estimativa" se referem ao montante do valor presente, em que o efeito do valor do dinheiro no tempo é material.

Exemplo 1 – Garantia

Um fabricante dá garantias no momento da venda para os compradores do seu produto. De acordo com os termos do contrato de venda, o fabricante compromete a consertar, por reparo ou substituição, defeitos de produtos que se tornarem aparentes dentro de três anos desde a data da venda. De acordo com a experiência passada, é provável (ou seja, mais provável que sim do que não) que haverá algumas reclamações dentro das garantias.

Obrigação presente como resultado de evento passado que gera obrigação – O evento que gera a obrigação é a venda do produto com a garantia, o que dá origem a uma obrigação legal.

Saída de recursos envolvendo benefícios futuros na liquidação – Provável para as garantias como um todo (ver item 24).

Conclusão – A provisão é reconhecida pela melhor estimativa dos custos para consertos de produtos com garantia vendidos antes da data do balanço (ver itens 14 e 24).

Exemplo 2A – Terreno contaminado – é praticamente certo que a legislação será aprovada

Uma entidade do setor de petróleo causa contaminação, mas efetua a limpeza apenas quando é requerida a fazê-la nos termos da legislação de um país em particular no qual ela opera. O país no qual ela opera não possui legislação requerendo a limpeza, e a entidade vem contaminando o terreno nesse país há diversos anos. Em 31 de dezembro de 20X0, é praticamente certo que um projeto de lei requerendo a limpeza do terreno já contaminado será aprovado rapidamente após o final do ano.

Obrigação presente como resultado de evento passado que gera obrigação – O evento que gera a obrigação é a contaminação do terreno, pois é praticamente certo que a legislação requeira a limpeza.

Saída de recursos envolvendo benefícios futuros na liquidação – Provável.

Conclusão – Uma provisão é reconhecida pela melhor estimativa dos custos de limpeza (ver itens 14 e 22).

Exemplo 2B – Terreno contaminado e obrigação não formalizada

Uma entidade do setor de petróleo causa contaminação e opera em um país onde não há legislação ambiental. Entretanto, a entidade possui uma política ambiental amplamente divulgada, na qual ela assume a limpeza de toda a contaminação que causa. A entidade tem um histórico de honrar essa política publicada.

Obrigação presente como resultado de evento passado que gera obrigação – O evento que gera a obrigação é a contaminação do terreno, que dá origem a uma obrigação não formalizada, pois a conduta da entidade criou uma expectativa válida na parte afetada pela contaminação de que a entidade irá limpar a contaminação.

Saída de recursos envolvendo benefícios futuros na liquidação – Provável.

Conclusão – Uma provisão é reconhecida pela melhor estimativa dos custos de limpeza (ver itens 10 – a definição de obrigação não formalizada 14 e 17).

Exemplo 3 – Atividade de extração de petróleo

Uma entidade opera em uma atividade de extração de petróleo na qual seu contrato de licença prevê a remoção da perfuratriz petrolífera ao final da produção e a restauração do solo oceânico. Noventa por cento dos custos eventuais são relativos à remoção da perfuratriz petrolífera e a restauração dos danos causados pela sua construção, e dez por cento advêm da extração do petróleo. Na data do balanço, a perfuratriz foi construída, mas o petróleo não está sendo extraído.

Obrigação presente como resultado de evento passado que gera obrigação – A construção da perfuratriz petrolífera cria uma obrigação legal nos termos da licença para remoção da perfuratriz e restauração do solo oceânico e, portanto, esse é o evento que gera a obrigação. Na data do balanço, entretanto, não há obrigação de corrigir o dano que será causado pela extração do petróleo.

Saída de recursos envolvendo benefícios futuros na liquidação – Provável.

Conclusão: Uma provisão é reconhecida pela melhor estimativa de noventa por cento dos custos eventuais que se relacionam com a perfuratriz petrolífera e a restauração dos danos causados pela sua construção (ver item 14). Esses custos são incluídos como parte dos custos da perfuratriz petrolífera. Os dez por cento de custos que são originados a partir da extração do petróleo são reconhecidos como passivo quando o petróleo é extraído.

Exemplo 4 – Política de reembolso

Uma loja de varejo tem a política de reembolsar compras de clientes insatisfeitos, mesmo que não haja obrigação legal para isso. Sua política de efetuar reembolso é amplamente conhecida.

Obrigação presente como resultado de evento passado que gera obrigação – O evento que gera a obrigação é a venda do produto, que dá origem à obrigação não formalizada porque a conduta da loja criou uma expectativa válida nos seus clientes de que a loja irá reembolsar as compras.

Saída de recursos envolvendo benefícios futuros na liquidação – Provável, haja vista que bens, em certa proporção, são devolvidos para reembolso (ver item 24).

Conclusão – Uma provisão é reconhecida pela melhor estimativa dos custos de reembolso (ver itens 10 – a definição de obrigação não formalizada –, 14, 17 e 24).

Exemplo 5A – Fechamento de divisão – nenhuma implementação antes do fechamento do balanço

Em 12 de dezembro de 20X0, o conselho da entidade decidiu encerrar as atividades de uma divisão. Antes do fechamento do balanço (31 de dezembro de 20X0), a decisão não havia sido comunicada a qualquer um dos afetados por ela, e nenhuma outra providência havia sido tomada para implementar a decisão.

Saída de recursos envolvendo benefícios futuros na liquidação – Não há evento que gera obrigação e, portanto, não há obrigação.

Conclusão – Nenhuma provisão é reconhecida (ver itens 14 e 72).

Exemplo 5B – Fechamento de divisão – comunicação/implementação antes do fechamento do balanço

Em 12 de dezembro de 20X0, o conselho da entidade decidiu encerrar as atividades de uma divisão que produz um produto específico. Em 20 de dezembro de 20X0, um plano detalhado para o fechamento da divisão foi aprovado pelo conselho; cartas foram enviadas aos clientes alertando-os para procurar uma fonte alternativa de fornecimento, e comunicações diversas sobre demissões foram enviadas para o pessoal da divisão.

Obrigação presente como resultado de evento passado que gera obrigação – O evento que gera a obrigação é a comunicação da decisão aos clientes e empregados, o que dá origem a uma obrigação não formalizada a partir dessa data, porque cria uma expectativa válida de que a divisão será fechada.

Saída de recursos envolvendo benefícios futuros na liquidação – Provável.

Conclusão – Uma provisão é reconhecida em 31 de dezembro de 20X0 pela melhor estimativa dos custos de fechamento da divisão (ver itens 14 e 72).

Exemplo 6 – Requerimento legal para a instalação de filtro de fumaça

De acordo com a nova legislação, a entidade é requerida a instalar filtros de fumaça nas suas fábricas até 30 de junho de 20X1. A entidade não fez a instalação dos filtros de fumaça.

a) Em 31 de dezembro de 20X0, na data do balanço.

Obrigação presente como resultado de evento passado que gera obrigação – Não há obrigação porque não há o evento que gera a obrigação mesmo para os custos de instalação dos filtros de fumaça ou para as multas de acordo com a nova legislação.

Conclusão – Nenhuma provisão é reconhecida para os custos de instalação dos filtros de fumaça (ver itens 14 e 17 a 19).

b) Em 31 de dezembro de 20X1, na data do balanço.

Obrigação presente como resultado de um evento passado que gera obrigação – Novamente não há obrigação para os custos de instalação dos filtros de fumaça porque nenhum evento que gera a obrigação ocorreu (a instalação dos filtros). Entretanto, uma obrigação pode surgir do pagamento de multas ou penalidades de acordo com a nova legislação, pois o evento que gera a obrigação ocorreu (a operação da fábrica em não conformidade com a legislação).

Uma saída de recursos envolvendo benefícios futuros na liquidação – A avaliação da probabilidade de incorrência de multas e penalidades pela não conformidade da operação depende dos detalhes da legislação e da severidade do regime de execução da lei.

Conclusão – Nenhuma provisão é reconhecida para os custos de instalação dos filtros de fumaça. Entretanto, uma provisão é reconhecida pela melhor estimativa de quaisquer multas ou penalidades que sejam mais prováveis de serem impostas (ver itens 14 e 17 a 19).

Exemplo 7 – Treinamento para atualização de pessoal como resultado de mudança na tributação do imposto de renda

O governo introduz certo número de mudanças na tributação do imposto de renda. Como resultado dessas mudanças, a entidade do setor financeiro irá necessitar de treinamento para atualização de grande número de seus empregados da área administrativa e de vendas para garantir a conformidade contínua com a regulação bancária. Na data do balanço, nenhum treinamento do pessoal havia sido feito.

Obrigação presente como resultado de evento passado que gera obrigação – Não há obrigação porque o evento que gera a obrigação (treinamento para atualização) não foi realizado.

Conclusão – Nenhuma provisão é reconhecida

Exemplo 8 – Contrato oneroso

Uma entidade opera de maneira lucrativa em uma fábrica arrendada conforme arrendamento operacional. Durante dezembro de 20X0, a entidade transfere suas operações para nova fábrica. O arrendamento da antiga fábrica ainda terá que ser pago por mais quatro anos, não pode ser cancelado e a fábrica não pode ser subarrendada para outro usuário.

Obrigação presente como resultado de evento passado que gera obrigação – O evento que gera a obrigação é a assinatura do contrato de arrendamento mercantil, que dá origem a uma obrigação legal.

Uma saída de recursos envolvendo benefícios futuros na liquidação – quando o arrendamento se torna oneroso, uma saída de recursos envolvendo benefícios econômicos é provável (até que o arrendamento mercantil se torne oneroso, a entidade contabiliza o arrendamento mercantil de acordo com o Pronunciamento Técnico CPC 06 – Operações de Arrendamento Mercantil).

Conclusão – Uma provisão é reconhecida pela melhor estimativa dos pagamentos inevitáveis do arrendamento mercantil (ver itens 5(c), 14 e 66).

Exemplo 9 – Garantia individual

Em 31 de dezembro de 20X0, a Entidade A dá garantia a certos empréstimos da Entidade B, cuja condição financeira naquele momento é sólida. Durante 20X1, a condição financeira da Entidade B se deteriora, e em 30 de junho de 20X1 a Entidade B entra em processo de recuperação judicial.

Esse contrato atende à definição de contrato de seguro de acordo com o Pronunciamento Técnico CPC 11 – Contratos de Seguro, mas está dentro do alcance do Pronunciamento Técnico CPC 38 – Instrumentos Financeiros: Reconhecimento e Mensuração, porque também atende à definição de contrato de garantia financeira do Pronunciamento Técnico CPC 38. Se o emissor previamente declarou explicitamente que trata tais contratos como contratos de seguro e tem utilizado a contabilidade aplicável a contratos de seguro, o emissor pode eleger aplicar tanto o CPC 38 quanto o CPC 11 em tais contratos de garantia. O Pronunciamento Técnico CPC 11 permite ao emissor continuar com as suas políticas contábeis existentes para contratos de seguro se determinados requisitos mínimos são atendidos. O Pronunciamento Técnico CPC 11 também permite mudanças em políticas contábeis que atendam a critérios específicos. O exemplo a seguir ilustra uma política contábil que o Pronunciamento Técnico CPC 11 permite e também está em conformidade com os requisitos do Pronunciamento Técnico CPC 38 com relação aos contratos de garantia financeira dentro do alcance do CPC 38.

a) Em 31 de dezembro de 20X0

Obrigação presente como resultado de evento passado que gera obrigação – O evento que gera a obrigação é a concessão da garantia, que dá origem a uma obrigação legal.

Saída de recursos envolvendo benefícios futuros na liquidação – Nenhuma saída de benefícios é provável em 31 de dezembro de 20X0.

Conclusão – A garantia é reconhecida pelo valor justo.

b) Em 31 de dezembro de 20X1

Obrigação presente como resultado de evento passado que gera obrigação – O evento que gera a obrigação é a concessão da garantia, que dá origem a uma obrigação legal.

Uma saída de recursos envolvendo benefícios futuros na liquidação – Em 31 de dezembro de 20X1, é provável que uma saída de recursos envolvendo benefícios econômicos futuros será requerida para liquidar a obrigação.

Conclusão – A garantia é posteriormente mensurada pelo maior dos seguintes valores: (a) a melhor estimativa da obrigação (ver itens 14 e 23), e (b) o valor inicialmente reconhecido menos, quando apropriado, a amortização acumulada de acordo com o Pronunciamento Técnico CPC 30 – Receitas.

Exemplo 10A – Caso judicial

Após um casamento em 20X0, dez pessoas morreram, possivelmente por resultado de alimentos envenenados oriundos de produtos vendidos pela entidade. Procedimentos legais são instaurados para solicitar indenização da entidade, mas esta disputa o caso judicialmente. Até a data da autorização para a publicação das demonstrações contábeis do exercício findo em 31 de dezembro de 20X0, os advogados da entidade aconselham que é provável que a entidade não será responsabilizada. Entretanto, quando a entidade elabora as suas demonstrações contábeis para o exercício findo em 31 de dezembro de 20X1, os seus advogados aconselham que, dado o desenvolvimento do caso, é provável que a entidade será responsabilizada.

(a) Em 31 de dezembro de 20X0

Obrigação presente como resultado de evento passado que gera obrigação – Baseado nas evidências disponíveis até o momento em que as demonstrações contábeis foram aprovadas, não há obrigação como resultado de eventos passados.

Conclusão – Nenhuma provisão é reconhecida (ver itens 15 e 16). A questão é divulgada como passivo contingente, a menos que a probabilidade de qualquer saída seja considerada remota (item 86).

(b) Em 31 de dezembro de 20X1

Obrigação presente como resultado de evento passado que gera obrigação – Baseado na evidência disponível, há uma obrigação presente.

Saída de recursos envolvendo benefícios futuros na liquidação – Provável.

Conclusão – Uma provisão é reconhecida pela melhor estimativa do valor necessário para liquidar a obrigação (itens 14 a 16).

Exemplo 11 – Reparo e manutenção

Alguns ativos necessitam, além de manutenção de rotina, de gastos substanciais a cada período de alguns anos, para reparos ou reformas principais e a substituição de componentes principais. O Pronunciamento Técnico CPC 27 – Ativo Imobilizado fornece orientação para a alocação de desembolsos com um ativo aos seus componentes quando esses componentes possuem vidas úteis diferentes ou fornecem benefícios em um padrão diferente.

Exemplo 11A – Custo de reforma – não há requisito legal

Um forno possui um revestimento que precisa ser substituído a cada cinco anos por razões técnicas. Na data do balanço, o revestimento foi utilizado por três anos.

Obrigação presente como resultado de evento passado que gera obrigação – Não há obrigação presente.

Conclusão – Nenhuma provisão é reconhecida (ver itens 14 e 17 a 19).

O custo de substituição do revestimento não é reconhecido porque, na data do balanço, não há obrigação de substituir o revestimento existente independentemente das ações futuras da companhia – mesmo que a intenção de incorrer no desembolso dependa da decisão da companhia de continuar operando o forno ou de substituir o revestimento. Ao invés de uma provisão ser reconhecida, a depreciação do revestimento leva em consideração o seu consumo, ou seja, é depreciado em cinco anos. Os custos do novo revestimento, quando incorridos, são capitalizados e o consumo de cada novo revestimento é capturado pela depreciação ao longo dos cinco anos subsequentes.

Exemplo 11B – Custo de reforma – há requisito legal

Uma companhia aérea é requerida por lei a vistoriar as suas aeronaves a cada três anos.

Obrigação presente como resultado de evento passado que gera obrigação – Não há obrigação presente.

Conclusão – Nenhuma provisão é reconhecida (ver itens 14 e 17 a 19).

Os custos de vistoria da aeronave não são reconhecidos como provisão pelas mesmas razões de não reconhecimento de provisão para os custos de substituição do revestimento do exemplo 11A. Mesmo o requisito legal para realizar a vistoria não torna os custos de vistoria um passivo, porque nenhuma obrigação existe para vistoriar a aeronave, independentemente das ações futuras da entidade – a entidade poderia evitar os desembolsos futuros pelas suas ações futuras, por exemplo, mediante a venda da aeronave. Ao invés da provisão ser reconhecida, a depreciação da aeronave leva em consideração a incidência futura de custos de manutenção, ou seja, um valor equivalente aos custos de manutenção esperados é depreciado em três anos.

Apêndice D

Exemplos: divulgação

Este apêndice é apenas ilustrativo e não faz parte do Pronunciamento Técnico.

Dois exemplos de divulgações requeridas pelo item 85 são fornecidos abaixo.

Exemplo 1 – Garantia

Um fabricante dá garantia no momento da venda aos clientes de suas três linhas de produtos. De acordo com os termos da garantia, o fabricante se responsabiliza pelo reparo ou substituição de itens que não funcionem adequadamente por dois anos a partir da data da venda. Na data do balanço, uma provisão de $ 60.000 foi reconhecida. A provisão não foi descontada, pois o efeito do desconto não é material. A seguinte informação é divulgada:

Uma provisão de $ 60.000 foi reconhecida para as reclamações esperadas relativas às garantias de produtos vendidos durante os últimos três anos. Espera-se que a maioria desse desembolso seja incorrida no próximo ano, e a totalidade será incorrida dentro de dois anos após a data do balanço.

Exemplo 2 – Custo de desmontagem

Em 2000, uma entidade envolvida em atividades nucleares reconhece uma provisão para custos de desmontagem de $ 300 milhões. A provisão é estimada usando a premissa de que a desmontagem irá ocorrer daqui a um período de 60 a 70 anos. Entretanto, há a possibilidade de que a desmontagem não irá ocorrer daqui até o período de 100 a 110 anos, e nesse caso, o valor presente dos custos será significativamente reduzido. A informação seguinte é divulgada:

Uma provisão de $ 300 milhões foi reconhecida para custos de desmontagem. Espera-se incorrer nesses custos entre 2060 e 2070; entretanto, há a possibilidade de que a desmontagem não ocorrerá antes de 2100-2110. Se os custos fossem mensurados baseados na expectativa de que eles não incorreriam até antes de 2100-2110, a provisão seria reduzida para $ 136 milhões. A provisão foi estimada utilizando a tecnologia hoje existente, a preços correntes, e descontada utilizando a taxa de desconto real de 2% a.a.

Um exemplo é dado a seguir para as divulgações requeridas pelo item 92 em que algumas das informações requeridas não são dadas, pois pode prejudicar seriamente a posição da entidade.

Exemplo 3 – Dispensa de divulgação

Uma entidade está envolvida em disputa com um concorrente, que está alegando que a entidade infringiu patentes e está reclamando indenização de $ 100 milhões. A entidade reconhece uma provisão pela sua melhor estimativa da obrigação, mas não divulga nenhuma informação requerida pelos itens 84 e 85 do Pronunciamento Técnico. A seguinte informação é divulgada:

Uma ação está em processo contra a companhia relativa a uma disputa com um concorrente que alega que a companhia infringiu patentes e está reclamando indenização de $ 100 milhões. A informação usualmente requerida pelo Pronunciamento Técnico CPC 25 – Provisões, Passivos Contingentes e Ativos Contingentes não é divulgada porque isso pode prejudicar seriamente o resultado da ação. Os administradores são da opinião de que o processo pode ser concluído de forma favorável à companhia."

12

Ajuste a Valor Presente (AVP)

1   INTRODUÇÃO

Neste Capítulo, discorremos sobre os requisitos básicos a serem observados quando da apuração do Ajuste a Valor Presente (AVP) de elementos do ativo e do passivo para fins de elaboração de demonstrações contábeis.

O tema é disciplinado pelo Pronunciamento Técnico CPC 12, que tem o objetivo de dirimir algumas questões controversas advindas da adoção do ajuste a valor presente, tais como:

a) se a adoção do ajuste a valor presente é aplicável tão somente a fluxos de caixa contratados ou se porventura seria aplicada também a fluxos de caixa estimados ou esperados;

b) em que situações é requerida a adoção do ajuste a valor presente de ativos e passivos, se no momento de registro inicial de ativos e passivos, se na mudança da base de avaliação de ativos e passivos, ou se em ambos os momentos;

c) se passivos não contratuais, como aqueles decorrentes de obrigações não formalizadas ou legais, são alcançados pelo ajuste a valor presente;

d) qual a taxa apropriada de desconto para um ativo ou um passivo e quais os cuidados necessários para se evitarem distorções de cômputo e viés;

e) qual o método de alocação de descontos (juros) recomendado;

f) se o ajuste a valor presente deve ser efetivado líquido de efeitos fiscais.

2 DEMONSTRAÇÕES CONTÁBEIS COM MAIOR GRAU DE RELEVÂNCIA

A utilização de informações com base no valor presente concorre para o incremento do valor preditivo da Contabilidade. Permite, também, a correção de julgamentos acerca de eventos passados já registrados e traz melhoria na forma pela qual eventos presentes são reconhecidos.

Se ditas informações são registradas de modo oportuno, à luz do que prescreve a Estrutura Conceitual para a Elaboração e Apresentação das Demonstrações Contábeis (Pronunciamento Conceitual Básico, itens 26 e 28), obtêm-se demonstrações contábeis com maior grau de relevância – característica qualitativa imprescindível.

Deve-se sempre atentar do mesmo modo para a confiabilidade, outra característica qualitativa imprescindível prevista na citada Estrutura Conceitual (itens 31 e 32). Nesse particular, o uso de estimativas e julgamentos acerca de eventos probabilísticos deve estar livre de viés.

As premissas, os cálculos levados a efeito e os modelos de precificação utilizados devem ser passíveis de verificação por terceiros independentes, o que requer que a custódia dessas informações seja feita com todo o zelo e sob condições ideais.

Para que terceiros independentes possam chegar a resultados similares ou aproximados daqueles produzidos pelo prestador da informação, condição essencial para o atributo confiabilidade, torna-se imperativo que o processo na origem seja conduzido com total neutralidade.

3 MENSURAÇÃO *VERSUS* RECONHECIMENTO

É importante esclarecer que a dimensão contábil do "reconhecimento" envolve a decisão de "quando registrar" ao passo que a dimensão contábil da "mensuração" envolve a decisão de "por quanto registrar".

A Estrutura Conceitual para a Elaboração e Apresentação das Demonstrações Contábeis, Pronunciamento Conceitual Básico, em seu item 82, assim define reconhecimento:

> *"Reconhecimento é o processo que consiste em incorporar ao balanço patrimonial ou à demonstração do resultado um item que se enquadre na definição de um elemento e que satisfaça os critérios de reconhecimento mencionados no item 83. Envolve a descrição do item, a atribuição do seu valor e a sua inclusão no balanço patrimonial ou na demonstração do*

resultado. Os itens que satisfazem os critérios de reconhecimento devem ser registrados no balanço ou na demonstração do resultado. A falta de reconhecimento de tais itens não é corrigida pela divulgação das práticas contábeis adotadas nem pelas notas ou material explicativo."

Nesse sentido, tem-se que a mensuração contábil a valor presente seja aplicada no reconhecimento inicial de ativos e passivos. Apenas em certas situações excepcionais, como a que é adotada numa renegociação de dívida em que novos termos são estabelecidos, o ajuste a valor presente deve ser aplicado como se fosse nova medição de ativos e passivos.

NOTA

É de se ressaltar que essas situações de nova medição de ativos e passivos são raras e são matéria para julgamento daqueles que preparam e auditam demonstrações contábeis, *vis-à-vis* Pronunciamentos específicos.

4 AJUSTE A VALOR PRESENTE *VERSUS* VALOR JUSTO

É necessário observar que a aplicação do conceito de ajuste a valor presente nem sempre equipara o ativo ou o passivo a seu valor justo. Por isso, valor presente e valor justo não são sinônimos. Por exemplo, a compra financiada de um veículo por um cliente especial que, por causa dessa situação, obtenha taxa não de mercado para esse financiamento, faz com que a aplicação do conceito de valor presente com a taxa característica da transação e do risco desse cliente leve o ativo, no comprador, a um valor inferior ao seu valor justo. Nesse caso, prevalece contabilmente o valor calculado a valor presente, inferior ao valor justo, por representar melhor o efetivo custo de aquisição para o comprador. Em contrapartida, o vendedor reconhece a contrapartida do ajuste a valor presente do seu recebível como redução da receita, evidenciando que, nesse caso, terá obtido um valor de venda inferior ao praticado no mercado.

5 MENSURAÇÃO

5.1 Diretrizes gerais

A questão mais relevante para a aplicação do conceito de valor presente não é a enumeração minuciosa de quais ativos ou passivos são abarcados pela norma, mas o estabelecimento de diretrizes gerais e de metas a serem alcançadas.

Nesse sentido, como diretriz geral a ser observada, ativos, passivos e situações que apresentarem uma ou mais das características abaixo devem estar sujeitos aos seguintes procedimentos de mensuração (PT CPC, 12):

a) transação que dá origem a um ativo, a um passivo, a uma receita ou a uma despesa (conforme definidos no Pronunciamento Conceitual Básico Estrutura Conceitual para a Elaboração e Apresentação das Demonstrações Contábeis deste CPC) ou outra mutação do patrimônio líquido cuja contrapartida é um ativo ou um passivo com liquidação financeira (recebimento ou pagamento) em data diferente da data do reconhecimento desses elementos;

b) reconhecimento periódico de mudanças de valor, utilidade ou substância de ativos ou passivos similares emprega método de alocação de descontos;

c) conjunto particular de fluxos de caixa estimados claramente associado a um ativo ou a um passivo.

5.1.1 Obtenção de informações para uma melhor avaliação e alocação de recursos

Em termos de meta a ser alcançada, ao se aplicar o conceito de valor presente, deve-se associar tal procedimento à mensuração de ativos e passivos levando-se em consideração o valor do dinheiro no tempo e as incertezas a eles associados.

Desse modo, as informações prestadas possibilitam a análise e a tomada de decisões econômicas que resultam na melhor avaliação e alocação de recursos escassos. Para tanto, diferenças econômicas entre ativos e passivos precisam ser refletidas adequadamente pela Contabilidade a fim de que os agentes econômicos possam definir com menor margem de erro os prêmios requeridos em contrapartida aos riscos assumidos.

5.1.2 Ativos e passivos monetários com juros embutidos – Mensuração pelo valor presente

Ativos e passivos monetários com juros implícitos ou explícitos embutidos devem ser mensurados pelo seu valor presente quando do seu reconhecimento inicial, por ser este o valor de custo original dentro da filosofia de valor justo (*fair value*). Por isso, quando aplicável, o custo de ativos não monetários deve ser ajustado em contrapartida ou, então, a conta de receita, despesa ou outra conforme a situação.

A esse respeito, uma vez ajustado o item não monetário, não deve mais ser submetido a ajustes subsequentes no que respeita à figura de juros embutidos.

Ressalte-se que nem todo ativo ou passivo não monetário está sujeito ao efeito do ajuste a valor presente. Por exemplo, um item não monetário que, pela sua natureza, não está sujeito ao ajuste a valor presente é o adiantamento em dinheiro para recebimento ou pagamento em bens e serviços.

NOTA

Quando houver Pronunciamento específico do CPC que discipline a forma pela qual um ativo ou passivo em particular deva ser mensurado com base no ajuste a valor presente de seus fluxos de caixa, referido pronunciamento específico deve ser observado. A regra específica sempre prevalece à regra geral. Caso especial é o relativo à figura do Imposto de Renda Diferido Ativo e à do Imposto de Renda Diferido Passivo, objeto de Pronunciamento Técnico específico, mas que, conforme previsto nas Normas Internacionais de Contabilidade, não são passíveis de ajuste a valor presente.

5.1.3   Empréstimos e financiamentos subsidiados

Com relação a empréstimos e financiamentos subsidiados, cabem as considerações a seguir.

Por questões das mais variadas naturezas, não há mercado consolidado de dívidas de longo prazo no Brasil, ficando a oferta de crédito ao mercado em geral com essa característica de longo prazo normalmente limitada a um único ente governamental. Assim, excepcionalmente, até que surja um efetivo mercado competitivo de crédito de longo prazo no Brasil, passivos dessa natureza (e ativos correspondentes no credor) não estão contemplados pelo Pronunciamento Técnico CPC 12 como sujeitos à aplicação do conceito de valor presente por taxas diversas daquelas a que tais empréstimos e financiamentos já estão sujeitos.

5.1.4 Alocação em resultado de descontos advindos do ajuste a valor presente de ativos e passivos (juros)

Outra questão relevante para fins de mensuração diz respeito à forma pela qual devem ser alocados em resultado os descontos advindos do ajuste a valor presente de ativos e passivos (juros).

A abordagem corrente deve ser eleita como método de alocação de descontos por apresentar uma informação de qualidade a um custo desprezível para sua obtenção.

Por essa sistemática, vale dizer, deve ser utilizada para desconto a taxa contratual ou implícita (para o caso de fluxos de caixa não contratuais) e, uma vez aplicada, deve ser adotada consistentemente até a realização do ativo ou liquidação do passivo.

5.2 Risco e incerteza: taxa de desconto

Ao se utilizarem, para fins contábeis, informações com base no fluxo de caixa e no valor presente, incertezas inerentes são obrigatoriamente levadas em consideração para efeito de mensuração, conforme já comentado anteriormente.

Do mesmo modo, o "preço" que participantes do mercado estão dispostos a "cobrar" para assumir riscos advindos de incertezas associadas a fluxos de caixa (ou em linguagem de finanças "o prêmio pelo risco") deve ser igualmente avaliado.

Ao se ignorar tal fato, há o concurso para a produção de informação contábil incompatível com o que seria uma representação adequada da realidade, imperativo da Estrutura Conceitual para a Elaboração e Apresentação das Demonstrações Contábeis (Pronunciamento Conceitual Básico, itens 33 e 34).

Por outro lado, não são admissíveis ajustes arbitrários para prêmios por risco, mesmo com a justificativa de quase impossibilidade de se angariarem informações de participantes de mercado, pois, assim procedendo, é trazido viés para a mensuração.

Em muitas situações, não é possível se chegar a uma estimativa confiável para o prêmio pelo risco ou, em sendo possível, o montante estimado pode ser relativamente pequeno se comparado a erros potenciais nos fluxos de caixa estimados.

Nesses casos, excepcionalmente, o valor presente de fluxos de caixa esperados pode ser obtido com a adoção de taxa de desconto que reflita unicamente a taxa de juros livre de risco, desde que com ampla divulgação do fato e das razões que levaram a esse procedimento. Não obstante, em geral, os participantes de mercado são qualificados como tendo aversão a riscos ou aversão a perdas e procuram compensações para assunção desses riscos.

Em última análise, o objetivo de se incluir incerteza e risco na mensuração contábil é replicar, na extensão e na medida possível, o comportamento do mercado no que concerne a ativos e passivos com fluxos de caixa incertos. Por hipótese, um ativo com fluxo de caixa certo para 5 anos de $ 10.000 (título público emitido pelo Tesouro de país desenvolvido, por exemplo) e outro título com fluxo de caixa incerto para 5 anos de $ 10.000 teriam avaliações distintas por parte do mercado.

Um participante racional estaria disposto a pagar, no máximo, $ 6.806 ($10.000 \times 1,08^{-5}$) pelo primeiro título, caso a taxa de juros livre de risco fosse de 8% a.a., ao passo que para o segundo pagaria um preço bem inferior (ajustado por incertezas na realização do fluxo e pelo prêmio requerido para compensar tais incertezas).

A tarefa de calcular riscos não é das mais simples. Por outro lado, a teoria das finanças oferece alguns modelos que, apesar de suas limitações (todo modelo tem a sua), podem ser utilizados para tal fim. Modelos econométricos parcimoniosos puramente estatísticos podem ser do mesmo modo adotados, desde que suportados por premissas economicamente válidas e reconhecidos no mercado. Equipe multidisciplinar de profissionais pode ser requerida em determinadas circunstâncias na execução dessa tarefa.

5.3 Relevância e confiabilidade

Conforme já abordado anteriormente, a adoção pela Contabilidade de informações com base no valor presente de fluxo de caixa, inevitavelmente, provoca discussões em torno de suas características qualitativas: relevância e confiabilidade.

Emitir juízo de valor acerca do balanceamento ideal de uma característica em função da outra, caso a caso, deve ser um exercício recorrente para aqueles que preparam e auditam demonstrações contábeis. Do mesmo modo, o julgamento da relevância do ajuste a valor presente de ativos e passivos de curto prazo deve ser exercido por esses indivíduos, levando em consideração os efeitos comparativos antes e depois da adoção desse procedimento sobre itens do ativo, do passivo, do patrimônio líquido e do resultado.

Objetivamente, sob determinadas circunstâncias, a mensuração de um ativo ou um passivo a valor presente pode ser obtida sem maiores dificuldades, caso se disponha de fluxos contratuais com razoável grau de certeza e de taxas de desconto observáveis no mercado.

Por outro lado, pode ser que em alguns casos os fluxos de caixa tenham que ser estimados com alto grau de incerteza, e as taxas de desconto tenham que ser obtidas por modelos voltados a tal fim. O peso dado para a relevância nesse segundo caso é maior que o dado para a confiabilidade, uma vez que não seria apropriado apresentar informações com base em fluxos nominais. Conforme seja o caso, a abordagem tradicional ou de fluxo de caixa esperado deve ser eleita como técnica para cômputo do ajuste a valor presente.

5.4   Custos *versus* benefícios

Na elaboração de demonstrações contábeis utilizando informações com base no fluxo de caixa e no valor presente o Pronunciamento que trata da Estrutura Conceitual para a Elaboração e Apresentação das Demonstrações Contábeis, em seu item 44 assim estabelece:

"O equilíbrio entre o custo e o benefício é uma limitação de ordem prática, ao invés de uma característica qualitativa. Os benefícios decorrentes da informação devem exceder o custo de produzi-la. A avaliação dos custos e benefícios é, entretanto, em essência, um exercício de julgamento. Além disso, os custos não recaem, necessariamente, sobre aqueles usuários que usufruem os benefícios. Os benefícios podem também ser aproveitados por outros usuários, além daqueles para os quais as informações foram preparadas. Por exemplo, o fornecimento de maiores informações aos credores por empréstimos pode reduzir os custos financeiros da entidade. Por essas razões, é difícil aplicar o teste de custo-benefício em qualquer caso específico. Não obstante, os órgãos normativos em especial, assim como os elaboradores e usuários das demonstrações contábeis, devem estar conscientes dessa limitação."

Assim, a depender do conjunto de informações disponíveis e do custo de obtê-las, a entidade pode, ou não, traçar múltiplos cenários para estimar fluxos de caixa; pode, ou não, recorrer a modelos econométricos mais sofisticados para chegar a uma taxa de desconto para um dado período; pode, ou não, recorrer a modelos de precificação mais sofisticados para mensurar seus ativos e/ou passivos; pode, ou não, adotar um método ou outro de alocação de juros.

Importante salientar que os custos a serem incorridos para obtenção da informação são mais objetivamente identificáveis ao passo que os benefícios não o são nesse mesmo nível.

Uma informação prestada, todavia, pode alcançar inúmeros usuários e gerar, por vezes, benefícios por mais de um exercício social, ao passo que o custo de produzi-la é incorrido em um único momento. Ademais, podem ocorrer ganhos em termos de eficiência, à medida que dita informação vai sendo prestada com maior frequência.

5.5 Diretrizes mais específicas

Os elementos integrantes do ativo e do passivo decorrentes de operações de longo prazo, ou de curto prazo quando houver efeito relevante, devem ser ajustados a valor presente com base em taxas de desconto que reflitam as melhores avaliações do mercado quanto ao valor do dinheiro no tempo e os riscos específicos do ativo e do passivo em suas datas originais.

A quantificação do ajuste a valor presente deve ser realizada em base exponencial *pro rata die,* a partir da origem de cada transação, sendo os seus efeitos apropriados nas contas a que se vinculam.

As reversões dos ajustes a valor presente dos ativos e passivos monetários qualificáveis devem ser apropriadas como receitas ou despesas financeiras, a não ser que a entidade possa devidamente fundamentar que o financiamento feito a seus clientes faça parte de suas atividades operacionais, quando então as reversões serão apropriadas como receita operacional. Esse é o caso, por exemplo, quando a entidade opera em dois segmentos distintos:

i.   venda de produtos e serviços; e

ii. financiamento das vendas a prazo, e desde que sejam relevantes esse ajuste e os efeitos de sua evidenciação.

NOTA

Para esses casos, devem ser utilizados, no que for aplicável e não conflitante, os conceitos, as análises e as especificações sobre ajuste a valor presente, especialmente sobre elaboração de fluxos de caixa estimados e definição de taxas de desconto contidas no Pronunciamento Técnico CPC 01 – Redução ao Valor Recuperável de Ativos, inclusive no seu Anexo. Subsídios também podem ser obtidos no item 36 do Pronunciamento Técnico CPC 14 – Instrumentos Financeiros: Reconhecimento, Mensuração e Evidenciação.

6   PASSIVOS NÃO CONTRATUAIS

Passivos não contratuais são aqueles que apresentam maior complexidade para fins de mensuração contábil pelo uso de informações com base no valor presente.

Fluxos de caixa ou séries de fluxos de caixa estimados são carregados de incerteza, assim como são os períodos para os quais se tem a expectativa de desencaixe ou de entrega de produto/prestação de serviço. Logo, muito senso crítico, sensibilidade e experiência são requeridos na condução de cálculos probabilísticos. Pode ser que em determinadas situações a participação de equipe multidisciplinar de profissionais seja imperativo para execução da tarefa.

6.1   A questão do reconhecimento de provisões e de passivos

O reconhecimento de provisões e passivos está disciplinado no ambiente contábil brasileiro. São contempladas as obrigações legais e as não formalizadas (estas últimas também denominadas pela Teoria Contábil Normativa como "obrigações justas ou construtivas"), que nada mais são do que espécies do gênero "passivo não contratual". Obrigações justas resultam de limitações éticas ou morais e não de restrições legais.

Já as obrigações construtivas decorrem de práticas e costumes. Garantias concedidas a clientes discricionariamente, assistência financeira frequente a comunidades nativas situadas em regiões nas quais sejam desenvolvidas atividades econômicas exploratórias, entre outros, são alguns exemplos.

O desconto a valor presente é requerido quer se trate de passivos contratuais, quer se trate de passivos não contratuais, sendo que a taxa de desconto necessariamente deve considerar o risco de crédito da entidade.

Quando da edição de norma que dê legitimidade à aplicação do conceito de ajuste a valor presente, como é o caso do Pronunciamento Técnico CPC 12, a técnica deve ser aplicada a todos os passivos, inclusive às provisões.

NOTA

A obrigação para retirada de serviço de ativos de longo prazo, qualificada pela literatura como *Asset Retirement Obligation* (ARO), é um exemplo de passivo não contratual já observado em companhias que atuam no segmento de extração de minérios metálicos, de petróleo e termonuclear, ajustando-o a valor presente.

7 EFEITOS FISCAIS

Para fins de desconto a valor presente de ativos e passivos, a taxa a ser aplicada não deve ser líquida de efeitos fiscais, mas, sim, antes dos impostos.

No tocante às diferenças temporárias observadas entre a base contábil e fiscal de ativos e passivos ajustados a valor presente, essas diferenças temporárias devem receber o tratamento requerido pelas regras contábeis vigentes para reconhecimento e mensuração de imposto de renda e contribuição social diferidos.

8 CLASSIFICAÇÃO

Na classificação dos itens que surgem em decorrência do ajuste a valor presente de ativos e passivos, quer seja em situações de reconhecimento inicial, quer seja nos casos de nova medição, dentro da filosofia do valor justo, deve ser observado o que prescreve a Estrutura Conceitual para a Elaboração e Apresentação das Demonstrações Contábeis, especificamente o seu item 35, que trata da questão da primazia da essência sobre a forma.

A operação comercial que se caracterize como de financiamento, deve ser reconhecida como tal, sendo que o valor consignado na documentação fiscal que serve de suporte para a operação deve ser adequadamente decomposto para efeito contábil.

Por sua vez, juros embutidos devem ser expurgados do custo de aquisição das mercadorias e devem ser apropriados pela fluência do prazo. É importante relembrar que o ajuste de passivos, por vezes, implica ajuste no custo de aquisição de ativos. É o caso, por exemplo, de operações de aquisição e de venda a prazo de estoques e ativo imobilizado, posto que juros imputados nos preços devem ser expurgados na mensuração inicial desses ativos.

9 DIVULGAÇÃO

Em se tratando de evidenciação em nota explicativa, devem ser prestadas informações mínimas que permitam que os usuários das demonstrações contábeis obtenham entendimento inequívoco das mensurações a valor presente levadas a efeito para ativos e passivos, compreendendo o seguinte rol não exaustivo:

a) descrição pormenorizada do item objeto da mensuração a valor presente, natureza de seus fluxos de caixa (contratuais ou não) e, se aplicável, o seu valor de entrada cotado a mercado;

b) premissas utilizadas pela administração, taxas de juros decompostas por prêmios incorporados e por fatores de risco (*risk-free*, risco de crédito, etc.), montantes dos fluxos de caixa estimados ou séries de montantes dos fluxos de caixa estimados, horizonte temporal estimado ou esperado, expectativas em termos de montante e temporalidade dos fluxos (probabilidades associadas);

c) modelos utilizados para cálculo de riscos e *inputs* dos modelos;

d) breve descrição do método de alocação dos descontos e do procedimento adotado para acomodar mudanças de premissas da administração;

e) propósito da mensuração a valor presente, se para reconhecimento inicial; ou

f) nova medição e motivação da administração para levar a efeito tal procedimento;

g) outras informações consideradas relevantes.

10 PERGUNTAS E RESPOSTAS SOBRE AJUSTE A VALOR PRESENTE (AVP)

Neste capítulo, vimos os requisitos básicos a serem observados quando da apuração do Ajuste a Valor Presente (AVP) de elementos do ativo e do passivo para fins de elaboração de demonstrações contábeis, tendo como base o Pronunciamento Técnico 12, emitido pelo Comitê de Pronunciamentos Contábeis (CPC).

Adiante, reproduzimos o seu anexo que traz uma série de perguntas e respostas e fornece orientação sobre o AVP. Nota-se que o CPC enfatiza que o referido anexo não é parte integrante do Pronunciamento Técnico 12.

O CPC ainda destaca que o referido anexo foi elaborado com base no PT 12 e em textos encontrados nas normas internacionais emitidas pelo *International Accounting Standards Board* (IASB) sobre o tema Ajuste a Valor Presente – AVP (IAS 12, IAS 18, IAS 39, etc.). O objetivo é refletir sobre algumas das principais discussões existentes sobre o tema com base nas mencionadas normas.

Segue teor do referido anexo.

"1. Qual a diferença entre AVP e valor justo?

Resposta – Para responder a essa pergunta, é necessário entender o conceito de valor justo (conforme expressão da Lei das Sociedades por Ações após modificações introduzidas pela Lei nº 11.638/07 e Medida Provisória nº449/08) e valor presente, de acordo com as definições a seguir transcritas, retiradas do glossário das normas internacionais de contabilidade:

Valor justo (*fair value*) – é o valor pelo qual um ativo pode ser negociado, ou um passivo liquidado, entre partes interessadas, conhecedoras do negócio e independentes entre si, com a ausência de fatores que pressionem para a liquidação da transação ou que caracterizem uma transação compulsória.

Valor presente (*present value*) – é a estimativa do valor corrente de um fluxo de caixa futuro, no curso normal das operações da entidade.

Com base nessas definições, devemos distinguir AVP de valor justo da seguinte forma:

AVP: tem como objetivo efetuar o ajuste para demonstrar o valor presente de um fluxo de caixa futuro. Esse fluxo de caixa pode estar representado por ingressos ou saídas de recursos (ou montante equivalente; por exemplo, créditos que diminuam a saída de caixa futuro seriam equivalentes a ingressos de recursos). Para determinar o valor presente de um fluxo de caixa, três informações são requeridas: valor do fluxo futuro (considerando todos os termos e as condições contratados), data do referido fluxo financeiro e taxa de desconto aplicável à transação.

Valor justo: tem como primeiro objetivo demonstrar o valor de mercado de determinado ativo ou passivo; na impossibilidade disso, demonstrar o provável valor que seria o de mercado por comparação a outros ativos ou passivos que tenham valor de mercado; na impossibilidade dessa alternativa também, demonstrar o provável valor que seria o de mercado por utilização do ajuste a valor presente dos valores estimados futuros de fluxos de caixa vinculados a esse ativo ou passivo; finalmente, na impossibilidade dessas alternativas, pela utilização de fórmulas econométricas reconhecidas pelo mercado.

Vê-se, pois, que em algumas circunstâncias o valor justo e o valor presente podem coincidir.

As práticas contábeis adotadas no Brasil e o padrão internacional de contabilidade (*International Financial Reporting Standards* – IFRS) estabelecem a necessidade de apresentar, na data-base de cada balanço, determinados ativos e passivos por seu justo, bem como determinados ativos e passivos ajustados a valor presente. Esse aspecto é bem caracterizado na norma internacional para registro e mensuração de ativos e passivos financeiros (IAS 39), inclusive as contas a receber relativas a vendas (IAS 18) e ativos de longo prazo destinados à venda (IFRS 5), entre outros. Com as alterações na Lei das Sociedades por Ações (Lei nº 6.404/76) introduzidas pela Lei nº 11.638/07 e Medida Provisória nº 449/08, a prática contábil adotada no Brasil aproxima-se e em alguns casos se iguala ao padrão internacional no momento da edição deste documento.

Apesar das diferenças existentes entre os conceitos, ainda podem existir dúvidas na aplicação prática do valor justo e do valor presente, até mesmo em sua diferenciação.

Assim, o exemplo ilustrativo, a seguir apresentado, objetiva a elucidar a questão:

Cenário: a entidade efetua uma venda a prazo no valor de $ 10.000 mil para receber o valor em parcela única, com vencimento em cinco anos. Caso a venda fosse efetuada à vista, de acordo com opção disponível, o valor da venda teria sido de $ 6.210 mil, o que equivale a um custo financeiro anual de 10%. Verifica-se que essa taxa é igual à taxa de mercado, na data da transação. No primeiro momento, a transação deve ser contabilizada considerando o seu valor presente, cujo montante de $ 6.210 mil é registrado como contas a receber, em contrapartida de receita de vendas pelo mesmo montante. Nota-se que, nesse primeiro momento, o valor presente da transação é equivalente a seu valor de mercado ou valor justo (*fair value*).

No caso de aplicação da técnica de ajuste a valor presente, passado o primeiro ano, o reconhecimento da receita financeira deve respeitar a taxa de juros da transação na data de sua origem (ou seja, 10% ao ano), independentemente da taxa de juros de mercado em períodos subsequentes. Assim, depois de um ano, o valor das contas a receber, para fins de registros contábeis, será de $ 6.830 mil, independentemente de variações da taxa de juros no mercado. Ao fim de cada um dos cinco exercícios, a contabilidade deverá refletir os seguintes efeitos:

$ mil

Ano	Valor	Juros (taxa efetiva)	Saldo atualizado
1	6.210	620	6.830
2	6.830	683	7.513
3	7.513	751	8.264
4	8.264	827	9.091
5	9.091	909	10.000

A aplicação da técnica de marcação a mercado, apenas para fins de referência e comparação, poderia ser ilustrada com uma situação na qual a taxa de juros saísse de 10% ao ano, no momento inicial da transação, para 15% ao ano, no fim do primeiro ano. Nessa situação, o valor justo das contas a receber, calculado mediante o ajuste a valor presente nessa nova data e com a atual condição de mercado, seria de $ 5.718 mil ($ 10.000 mil/1,15⁴), ou seja, seu valor justo no fim do primeiro ano é bem inferior ao valor contabilizado com base na técnica do ajuste a valor presente.

Dessa forma, embora no momento inicial o valor presente e o valor justo de uma operação sejam normalmente iguais, com o passar do tempo esses valores não guardam, necessariamente, nenhum tipo de relação. Enquanto o valor presente tem relação com a taxa de juros específica intrínseca do contrato, considerando as condições na data de sua origem, o valor justo pode sofrer alterações com o passar do tempo em decorrência de condições do mercado (taxas de juros e outros fatores), que apenas devem ser consideradas nos casos em que for aplicável o reconhecimento de um saldo pelo seu valor justo. Independentemente disso, sempre que na data de cada balanço, como na tabela anterior, o valor contábil for diferente do valor justo. Deve-se atentar para as disposições legais e normativas sobre a aplicação de um e outro conceito. Mas, em caso de discrepância como no exemplo dado, em função da relevância da diferença pode ser necessário que essa informação deva ser divulgada nas notas explicativas.

2. Caso seja aplicável o conceito do AVP a uma transação, em que momento deverá ser contabilizado? Quais os reflexos contábeis depois do registro inicial de uma transação a seu valor presente?

Resposta – Conforme discutido na Questão 1 anterior, o AVP deve ser calculado no momento inicial da operação, considerando os fluxos de caixa da correspondente operação (valor, data e todos os termos e as condições contratados), bem como a taxa de desconto aplicável à transação, na data de sua ocorrência.

A dúvida surge em relação aos efeitos contábeis depois do registro inicial da operação (transcorridos meses ou anos depois da data inicial da transação). O presente Pronunciamento e as normas internacionais apresentam o método que deve ser utilizado para refletir tais efeitos; nas do IASB isso aparece em diversas normas (IAS 17 – *Leases*, IAS 18 – *Revenue* e IAS 39 – *Financial Instruments: Recognition and Measurement*, entre outros). Essas normas e este Pronunciamento prevêem a adoção do método de taxa efetiva de juros no registro inicial da operação. Assim, os juros embutidos na operação (receita ou despesa financeira) devem ser contabilizados de acordo com a taxa efetiva de juros relacionada à transação (*vide* também exemplo na Questão 1).

Nota-se que o mecanismo do AVP não pode mudar o valor contratado entre as partes. Se o título ou contrato prevê um valor para determinada data, ele precisa estar contabilizado por esse montante nessa data. No exemplo anteriormente visto, previa-se que o valor depois de cinco anos seria de $ 10.000 mil; assim, a apropriação dos juros deverá restabelecer esse valor até a data do vencimento.

3. Como deve ser definida a taxa de juros para fins de cálculo do AVP?

Resposta – Há operações cuja taxa de juros é explícita (por exemplo, descrita e conhecida no contrato da operação) ou implícita (por exemplo, desconhecida, mas embutida na precificação inicial da operação pela entidade no ato da compra ou da venda). Em ambos os casos, é necessário utilizar uma taxa de desconto que reflita juros compatíveis com a natureza, o prazo e os riscos relacionados à transação, levando-se em consideração, ainda, as taxas de mercado praticadas na data inicial da transação entre partes conhecedoras do negócio, que tenham a intenção de efetuar a transação e em condições usuais de mercado.

Nos casos em que a taxa é explícita, o processo de avaliação passa por uma comparação entre a taxa de juros da operação e a taxa de juros de mercado, na data da origem da transação. Nos casos em que a taxa estiver implícita, é necessário estimar a taxa da transação, considerando as taxas de juros de mercado, conforme anteriormente mencionado. Mesmo nos casos em que as partes afirmem que os valores à vista e a prazo são os mesmos, o AVP deve ser calculado e, se relevante, registrado. Por definição, valor presente "é a estimativa do valor corrente de um fluxo de caixa futuro".

Para algumas entidades (por exemplo, varejistas), não é praticável efetuar uma análise detalhada (prazo, riscos, etc.) de cada transação, e, nesses casos, a taxa mais evidente para o cálculo do AVP é a própria taxa utilizada pela tesouraria da entidade para determinação das condições e dos preços a serem praticados. De acordo com o mencionado no parágrafo anterior, a menos que a taxa definida pela tesouraria e utilizada em determinada operação a prazo seja claramente fora de um padrão de mercado para a indústria ou o tipo de atividade, essa taxa é adequada para desconto a valor presente.

A fim de ilustrar essa discussão, veja-se o cenário a seguir:

Cenário: uma entidade apresenta as seguintes operações:

a) Venda com prazo de 12 meses, para a qual a entidade normalmente cobra juros de 10% ao ano, considerando os riscos relacionados com prazos mais elevados.

b) Venda com prazo de 6 meses, para a qual a entidade cobra juros de 6% ao ano, considerando que o risco é relativamente inferior ao de uma venda com prazo de 12 meses.

   Observação: esses juros são claramente evidenciados pela entidade na aplicação de descontos para pagamentos antecipados; os valores são faturados de acordo com o valor a receber no vencimento final da operação.

c) Contas a receber oriundas de venda de ativo imobilizado, com garantia real do próprio ativo, com vencimento em um prazo de 18 meses, cuja taxa de juros embutida na operação foi de 5% ao ano.

Considerando o cenário apresentado, observa-se que, para diferentes situações em uma mesma entidade, a taxa de juros utilizada como base para o cálculo do valor presente pode ser diferente. Dessa forma, deve ser efetuada análise da transação em si, na data em que ocorreu (e não na data do fechamento do balanço – ver Questão 1 anterior), para fins de determinação da adequada taxa de juros a ser utilizada no cálculo do AVP e sua recomposição subsequente.

Algumas considerações de custo *versus* benefício podem ser adequadas na avaliação e na definição de taxa de juros. Todavia, cabe ressaltar que o uso de taxa de juros única para todas as transações que envolvem ativos e passivos não é, em geral, um procedimento aceitável, embora se possa admitir o uso de uma única taxa para um grupo de ativos e passivos com características semelhantes (por exemplo, uma única taxa de juros para todo o grupo de contas a receber e uma única taxa para todo o grupo de fornecedores), em que esse uso reflete, de fato, a taxa de juros usualmente aplicável.

4. Os arts. 183 e 184 da Lei das Sociedades por Ações, alterados pela Lei nº 11.638/07 e Medida Provisória nº 449/08, fazem referência a elementos de ativos e passivos da entidade. Como esses artigos interagem com a apuração do resultado de uma entidade?

Resposta – Embora a nova redação da Lei mencione claramente os ajustes para saldos de ativos e passivos, esses ajustes têm relação direta com as transações de compra e venda que envolvem, preponderantemente, as contas do resultado do exercício (por exemplo, AVP de transação de vendas e o respectivo saldo das contas a receber). Nesse caso, considerando que o reflexo do AVP de determinado saldo ativo ou passivo tenha contrapartida direta em conta do resultado do exercício, o AVP também afeta essas linhas do resultado (que é o caso específico da receita bruta *versus* o registro do saldo de contas a receber).

Para ilustrar essa questão, veja-se o cenário a seguir:

Cenário: operação de venda com prazo de seis meses para recebimento, com as seguintes características:

Venda com prazo de seis meses = $ 100, com ICMS de 10% = $ 10

Venda à vista = $ 80, com ICMS de 10% = $ 8

Observe-se que o AVP guarda relação com a operação de financiamento das contas a receber em seu todo ($ 100) e não somente sobre o saldo, depois de deduzidos os impostos a recuperar. A entidade, ao conceder prazo para o recebimento, está financiando o cliente. Nesse caso, a base para o cálculo do AVP é o valor que está sendo financiado, ou seja, o valor total da nota fiscal ($ 100).

No exemplo anterior, assumindo que uma boa referência do valor presente da transação seja o valor de venda à vista, a contabilização da transação a prazo ficaria da seguinte forma:

a) No vendedor:

Débito	– Contas a receber –	$ 80
Crédito	– Receita de vendas –	$ 80
Débito	– Despesa com ICMS[1] –	$ 10
Crédito	– ICMS a pagar –	$ 10

Com o passar do tempo, a diferença ($ 20) entre o valor presente das contas a receber ($ 80) e o valor que será recebido no final de seis meses ($ 100) é apropriada ao resultado do período como receita financeira, utilizando o método da taxa efetiva de juros.

b) No comprador:

No lado do comprador, ao contrário do vendedor, a taxa de juros imputada pelos seus fornecedores não é conhecida e a tarefa de determinação de qual taxa utilizar se torna mais complexa, mas deve ser estimada tomando-se por base a carteira de fornecedores como um todo.

Débito	– Estoques –	$ 70
Débito	– ICMS a recuperar –	$ 10
Crédito	– Contas a pagar – Fornecedores –	$ 80

---

[1] Há discussão quanto à necessidade de reclassificar, no caso do vendedor, a parcela do ICMS calculada sobre os juros embutidos na operação para o resultado financeiro comercial. Se, por um lado, a justificativa de não efetuar o desconto a valor presente para o ICMS decorre do fato de este ser utilizado para apuração já no próprio mês da transação, por outro, essa reclassificação parte do pressuposto de que o ICMS incide também sobre os juros embutidos em uma operação de venda financiada. Esse aspecto também deve ser avaliado, levando-se em consideração a materialidade dos montantes envolvidos.

A diferença ($ 20) entre o valor presente das contas a pagar ($ 80) e o valor que será pago no final de seis meses ($ 100) é apropriada ao resultado do período como despesa financeira, utilizando o método da taxa efetiva de juros.

Essa questão da reclassificação da parcela do ICMS calculada sobre os juros embutidos na operação para o resultado financeiro comercial altera o lucro bruto, o resultado financeiro e também o LAJIDA (ou EBITDA, na sigla em inglês, se a entidade faz uso dessa medida não contábil). Dessa forma, essa questão pode ser relevante para algumas entidades. Qualquer que seja o método utilizado, ele deve ser divulgado em nota explicativa para melhor entendimento do usuário das demonstrações contábeis e aplicado de maneira uniforme ao longo dos exercícios.

O quadro a seguir ilustra esses efeitos, depois de decorrido todo o período desde a venda até o recebimento, com apropriação dos juros no prazo da transação:

ICMS sem segregação		ICMS com segregação entre a parcela sobre venda e a parcela sobre receita financeira	
Receita de vendas	80	Receita de vendas	80
Deduções de vendas – ICMS	(10)	Deduções de vendas – ICMS	(8)
CPV	(50)	CPV	(50)
Lucro bruto	20	Lucro bruto	22
Receita financeira	20	Receita financeira	20
		ICMS sobre receita financeira	(2)
Lucro antes do IR/CS	40	Lucro antes do IR/CS	40

Esse mesmo conceito é aplicável para os demais tributos incidentes sobre venda, tais como IPI, PIS e Cofins.

Para algumas entidades, a diferença ($20) entre o valor presente das contas a receber ($80) e o valor que será recebido no final de seis meses ($100) poderá ser apropriada como receita financeira comercial, no mesmo grupo que as receitas de vendas, em lugar de receita financeira, desde que a entidade demonstre que o financiamento feito a seus clientes faça parte de seus negócios e que opera com, por exemplo, dois segmentos: (i) venda de produtos e serviços e (ii) financiamento das vendas a prazo. Essa demonstração poderá ser evidenciada por meio da combinação de algumas das seguintes circunstâncias (na entidade e/ou por ocasião da preparação das demonstrações contábeis): a atividade financeira é parte de seus negócios; previsão da atividade de financiamento no estatuto da entidade; organização e condução da atividade de financiamento como um segmento operacional distinto; portfólio de serviços como oferta de crédito pessoal e outros serviços correlatos a todos os seus clientes; etc. Observada essa situação, os custos financeiros com terceiros, decorrentes dos passivos (tais como fornecedores e financiamentos) utilizados como *funding* para sustentar a carteira de valores a receber de clientes, deverão também compor o custo das receitas com vendas, para uma adequada apuração da margem bruta. Nesses casos, tanto a receita, quanto o custo, devem ser apresentados por segmento de negócios.

5. Transação de venda com vencimentos em 30, 60 ou 90 dias – prazos normalmente aplicados pela entidade – deve ser contabilizada considerando o AVP, conforme anteriormente descrito?

Resposta – Considerando a busca da convergência com as normas internacionais, é importante observar o que estabelece o IAS 18, que trata do registro de receitas:

'9. A receita deve ser mensurada pelo valor justo do montante recebido ou a receber.

10. O montante da receita proveniente de uma transação é usualmente determinado por acordo entre a entidade e o comprador ou o usuário do ativo. É mensurada pelo valor justo do montante recebido ou a receber, levando em consideração a quantia de quaisquer descontos comerciais ou abatimentos concedidos pela entidade.

11. Na maior parte dos casos, o pagamento é em caixa ou equivalente, e a receita é a quantia em caixa ou equivalente recebido ou a receber. Porém, quando o ingresso do caixa ou equivalente de caixa for diferido, o valor justo pode ser menor do que a quantia nominal de caixa a receber. Por exemplo, uma entidade pode conceder crédito sem juros ao comprador ou aceitar do comprador um título a receber com taxa de juros inferior à do mercado em pagamento pela venda dos bens. **Quando a transação**

se constitui efetivamente em uma transação de financiamento, o valor justo do recebível é determinado, descontando-se todos os recebimentos futuros, usando uma taxa de juros imputada. A taxa de juros imputada é a que for mais claramente determinável entre as seguintes:

(a) a taxa prevalecente de instrumento similar de emitente com classificação (rating) de crédito similar; ou (b) uma taxa de juros que desconte o valor nominal do instrumento para o preço de venda corrente dos bens ou serviços.' (Grifos nossos)

Pelo destacado, o AVP é aplicável para operações que possam ser consideradas como atividades de financiamento e não para operações que são liquidadas em curto espaço de tempo, cujo efeito não seja material. Em geral, quando aplicável, o AVP será calculado com a taxa de juros que possa estar embutida nas operações. Um exemplo, mas não limitado a, de evidência da existência ou não de juros é a concessão de descontos financeiros (descontos dados depois das vendas) para pagamento antes do prazo de vencimento estipulado, ou a existência de tabela de preços distinta para pagamentos à vista.

O desconto aqui mencionado está relacionado ao aspecto financeiro da transação e não ao desconto comercial eventual concedido. O desconto condicionado a aspectos comerciais deve ser registrado como redutor da venda.

Em muitos casos, a entidade concede normalmente prazos para pagamento da fatura. Esse prazo pode ser considerado como parte das condições comerciais normais ou inerentes das operações da entidade, sem que isso leve à caracterização de uma atividade de financiamento. Em outros casos, mesmo que não sejam concedidos descontos financeiros, as operações são efetuadas para prazos maiores. Isso representa, na essência, uma atividade de financiamento (por exemplo, entidades de varejo e de incorporação imobiliária) e, nessa situação, é aplicável o conceito do AVP.

A aplicação do conceito de AVP nas transações de vendas deve considerar os conceitos do IAS 18 e também os princípios da Lei das Sociedades por Ações, ambos na mesma direção. Segundo o inciso VIII do art. 183 e o inciso III do art. 184 da Lei das Sociedades por Ações, com a nova redação dada pela Lei nº 11.638/2007 e Medida Provisória nº

449/2008, os elementos decorrentes de operações de longo prazo serão ajustados a valor presente (objetivo principal), e os demais, ajustados quando houver efeito relevante.

Uma avaliação criteriosa desse aspecto é importante, levando-se em consideração as taxas de juros praticadas no Brasil. Como referência, a taxa de juros em um grande número de países pode girar em torno de 2% ao ano ou até menos. No caso do Brasil, financiamentos de varejo podem utilizar taxas próximas ou acima de 2% ao mês. Desse modo, um padrão que pode ser considerado razoável para fins internacionais (por exemplo, 90 dias ou até um ano) pode não ser adequado para transações realizadas no Brasil, dependendo das taxas de juros que tenham sido embutidas nessas transações e da situação específica de cada entidade. Por exemplo, uma entidade que tenha um giro rápido em seus estoques e prazos curtos, tanto para as contas a receber quanto para as contas a pagar a fornecedores, pode apresentar efeitos não relevantes quando aplicar o conceito do AVP. Por outro lado, se a entidade financia seus clientes sem o financiamento de fornecedores, os valores podem ser eventualmente relevantes, conforme os prazos e as taxas de juros praticados.

A decisão e a avaliação da entidade para não registrar contabilmente o AVP de saldos a receber ou a pagar devem estar documentadas com os cálculos e os efeitos dos respectivos valores, a fim de fundamentar a correspondente conclusão. Adicionalmente, a prática contábil deve ser adotada de forma consistente ao longo dos exercícios e divulgada em nota explicativa às demonstrações contábeis.

6. É aceitável avaliar a necessidade e aplicar o AVP somente para transações que apresentem saldos em aberto nas datas dos balanços?

Resposta – Não. A aplicação do conceito de AVP é feita na data da transação. Mesmo que o saldo gerador do AVP não esteja mais em aberto, pode haver efeitos relevantes entre as linhas da demonstração do resultado (vide quadro da Questão 4). Isso é relevante nas entidades que financiam seus clientes e que trabalham com margens pequenas, bem como nas situações ou transações que envolvem compras de estoques de longa maturação ou ativo imobilizado. A aplicação somente para saldos em aberto na data do balanço, especialmente aquelas entidades que não elaboram demonstrações contábeis intermediárias ou que tenham atividades sazonais, além de gerar distorções de margem e natureza, fere uma característica qualitativa importante das demonstrações contábeis, que é a comparabilidade, já que todas as transações geradas durante o período devem ter o mesmo tratamento.

7. Os saldos de imposto de renda e de contribuição social diferidos devem ser ajustados a valor presente?

Resposta – Não. Utilizando como referência o padrão contábil internacional, deparamono que, textualmente (IAS 12 – Item 53 – *Deferred tax assets and liabilities shall not be discounted*), não é permitido efetuar descontos a valor presente para saldos de imposto de renda diferidos (e contribuição social, no caso brasileiro).

Basicamente, essa vedação foi efetuada com o argumento de não ser possível determinar com exatidão as datas em que os referidos valores serão realizados. Dessa forma, esse tipo de desconto não é requerido ou permitido pelas normas internacionais de contabilidade.

8. Quais saldos oriundos de tributos seriam passíveis de desconto a valor presente?

Resposta – Para fins de entendimento, estamos aqui tratando dos seguintes tributos (acompanhados de suas características):

8.1. Tributos estaduais:

Introdução – **geral**: o principal tributo estadual é o ICMS, que apresenta a característica de não cumulatividade por meio do processo de apuração mensal de créditos e débitos.

Exceto pelo ICMS na compra de ativo fixo, para o qual o crédito é geralmente apropriado em parcelas por um certo número de meses, e algumas situações de entidades que acumulam créditos para recuperação, os saldos apurados depois da compensação dos créditos ficam disponíveis para liquidação mensalmente.

Portanto, como regra geral, e utilizando-se dos conceitos do Pronunciamento, não se aplica AVP para saldos credores de ICMS, que estão disponíveis para compensação imediata.

Por outro lado, os saldos de impostos a compensar ou recuperar, como todos os ativos, estão sujeitos à aplicação do teste de recuperabilidade, nos termos do Pronunciamento Técnico CPC 01.

Por fim, importante observar as situações de parcelamentos de ICMS como forma de incentivos fiscais, concedidos por diversos Estados, em que o saldo do ICMS a pagar é diferido para pagamento a longo prazo, sem a incidência de juros ou atualização monetária, ou com juros bem aquém das condições normais de mercado.

Esses incentivos têm, normalmente o objetivo de atrair entidades para determinadas localidades, em que a menor eficiência ou o maior custo ou as dificuldades de logística seriam compensados pelo incentivo.

É necessário determinar os desembolsos efetivos de caixa e ajustá-los a valor presente mediante taxa de juros que reflita as condições normais de mercado, a fim de permitir que o custo tributário seja apresentado de forma ajustada pelo ganho financeiro gerado pelo incentivo fiscal e que seja devidamente registrada a subvenção pelo regime de competência. O objetivo dessa prática é também permitir que a transação seja registrada considerando-se sua essência. Nesse caso, a contrapartida do AVP, na data da transação, deve ser registrada a crédito na mesma linha no resultado em que a dedução da despesa com ICMS foi registrada.

Exemplo: saldo de ICMS a pagar no montante de $ 10.000, com prazo para pagamento incentivado de cinco anos, sem atualização monetária e com juros de 3% ao ano, pagável em uma única parcela ao fim de 60 meses. Assumindo que a taxa de juros, de acordo com as condições atuais de mercado, seja de 15% ao ano, o seguinte cálculo deve ser praticado na data da transação:

$ 10.000 * (1,03^5) = $ 11.593 (saldo a ser pago após cinco anos); $ 11.593/(1,15^5) = $ 5.764 (valor que reflete o montante, na data da transação, a ser registrado como dedução de vendas e ICMS a pagar).

Pela fluência do prazo, o saldo devedor (apurado conforme demonstrado no parágrafo anterior) será atualizado monetariamente, com base na taxa de juros definida e aplicável na data da transação, tendo como contrapartida despesa financeira. Decorrido um ano, o saldo de ICMS a pagar será $ 6.629, e o montante de $ 865 será registrado como despesa financeira e assim sucessivamente, até atingir o valor futuro ao fim de 60 meses ($ 11.593).

(No caso de esse incentivo estar vinculado a investimento e puder ser caracterizado como subvenção fiscal para investimento, deve-se observar o determinado no Pronunciamento Técnico CPC 07 – *Subvenção e Assistência Governamentais*. Nesse caso, ao invés de crédito à conta de ICMS no resultado no início da transação, o crédito seria no passivo para apropriação ao resultado quando cumpridas as condições necessárias para o efetivo ganho da subvenção).

8.2. Tributos federais:

Introdução: os principais tributos são imposto de renda, contribuição social, PIS, Cofins e IPI. Esses tributos geram diversos reflexos contábeis considerando que podem existir tanto em saldos a recuperar decorrentes de antecipações, pagamentos a maior ou outros créditos quanto em saldos a pagar decorrentes da apuração de impostos devidos ou parcelamentos.

Os saldos a recuperar e a pagar podem estar sujeitos a atualizações monetárias e juros (a depender de cada situação) e, também, é comum observarmos saldos significativos relacionados com programas de parcelamento de débitos federais, por exemplo, REFIS.

A seguir, estão listados alguns dos principais cenários em relação a saldos de tributos federais:

(a) Créditos de impostos (por exemplo, IRRF – Imposto de Renda Retido na Fonte) ou outros tributos parcelados que são atualizados monetariamente com base na taxa Selic:

Considerando que os valores são registrados originalmente a valor presente e atualizados monetariamente pela taxa Selic (juros pós-fixados), bem como que essa taxa (Selic) se aproxima da taxa de juros de mercado para transações dessa natureza, entende-se que esses valores já devem estar registrados por valores equivalentes a seu valor presente.

(b) Créditos de imposto de renda a serem utilizados em pedidos de compensação ou restituição:

Para esses casos, a situação aqui tratada parte do pressuposto de que a entidade tem histórico recente de sucesso em seus pedidos de compensação ou restituição, e aplicou o CPC 01 que trata de recuperação de ativos de forma adequada. Seguindo a regra geral explicada na Questão 7 e acima referenciada para a situação de ICMS de entidades que acumulam créditos, a orientação é para que não se aplique o AVP.

Não se deve desprezar, por outro lado, as situações em que não há incidência de juros sobre o valor do crédito a recuperar (ou estão abaixo do mercado para transações dessa natureza) e a administração consegue estimar com razoável precisão as datas de realização desses créditos. Nessas situações, devido à essa possibilidade de estimar com razoável precisão as datas de realização, deve ser efetuado o reconhecimento contábil do AVP.

(c) REFIS e outros parcelamentos:

Em relação a esse tema, já existe Instrução da CVM (Instrução nº 346/00) que trata de caso específico relacionado a situações em que a dívida consolidada esteja sujeita à liquidação com base em percentual da receita bruta.

De acordo com a nota explicativa da Instrução CVM nº 346/00, as incertezas dos montantes do faturamento futuro e os riscos de inadimplência e de não-cumprimento das condições e restrições impostas no programa do REFIS indicam que não é prudente o reconhecimento imediato de um possível ganho pela redução da dívida a seu valor presente determinado com base em taxas de juros de mercado aplicáveis para empréstimos no mercado financeiro. Em lugar disso, a entidade deve efetuar adequada divulgação das circunstâncias em notas explicativas.

Acima de tudo, relembre-se que o Pronunciamento Técnico Conceitual do CPC, que dispõe sobre a Estrutura Conceitual para a Elaboração e Apresentação das Demonstrações Contábeis, reafirma a Prudência como uma das características qualitativas que deve estar presente quando da preparação das demonstrações contábeis, reforçando, dessa forma, os termos trazidos na Instrução CVM nº 346/2000.

Deve-se observar que, na data da adesão ao REFIS, o saldo devedor já está a valor presente, com base nas condições de juros previstas para esse tipo de transação e que referido saldo é sujeito a juros (aqueles previstos para o REFIS), pela fluência do prazo.

Assim, desde que contabilizado adequadamente, de acordo com as condições aplicáveis a esse tipo de refinanciamento, o saldo devedor já deve estar registrado pelo valor presente na data de cada balanço. A questão que surge é que o montante dos desembolsos de caixa previstos, ajustados a valor presente com base em uma taxa de juros normal de mercado, resultaria em um montante inferior ao saldo devedor em determinada data-base; essa é uma informação para ser divulgada em nota explicativa, não sendo requerido nenhum ajuste contábil, já que o inciso III do art. 184 da Lei das Sociedades por Ações (com a nova redação) define o ajuste a valor presente e não o ajuste a valor justo do passivo.

Para os demais casos em que o pagamento do parcelamento não tem relação com o percentual da receita bruta, há outras restrições que constam do programa do REFIS, discutidas na referida norma da CVM. Por exemplo, caso a única exigência seja o pagamento em dia das parcelas, a entidade será capaz de demonstrar essa capacidade no momento do registro inicial do parcelamento, mas, por outro lado, as taxas do parcelamento refletem taxas de mercado; por exemplo, no caso das atuais taxas Selic, não cabe AVP – essa taxa aproxima-se da taxa de juros de mercado para transações dessa natureza e, assim, os correspondentes valores já se encontram registrados por valores equivalentes a seu valor presente.

9. Valores a receber e a pagar, sujeitos à atualização monetária com base em índices de preços ou inflacionários, sem juros, devem ser objetivo de AVP?

Resposta – Sim. Índice de preços ou inflacionários podem ser alguns componentes de uma taxa de encargos, mas não podem ser confundidos com taxas reais de juros.

Obviamente, para cálculo e determinação do valor presente para os ativos e os passivos indexados somente a índices inflacionários, a taxa de juros a ser considerada deve ser a taxa real (expurgados então, da taxa nominal, os efeitos dessas variações de preços), levando em consideração instrumentos semelhantes, prazos e riscos, conforme discutido na Questão 3.

10. No caso de empréstimos, financiamentos e mútuos com encargos financeiros diferentes das atuais taxas de juros praticadas pelo mercado, deve ser feito o AVP?

(a) Financiamentos do BNDES, contratados com taxas de juros diferentes das taxas praticadas pelo mercado em geral para outras modalidades de empréstimos, estão sujeitos ao AVP?

Resposta – Não. Esses financiamentos reúnem características próprias e as condições definidas nos contratos de financiamento do BNDES, entre partes independentes, e refletem as condições para aqueles tipos de financiamentos. Em alguns casos, os encargos financeiros são inferiores às taxas de juros aplicáveis para empréstimos em geral e/ou para capital de giro, mas deve-se levar em consideração que o BNDES financia projetos, com características próprias, em geral aplicando taxas que seriam aplicáveis a qualquer entidade, ajustadas apenas pelo risco específico de crédito das entidades e projetos envolvidos.

No Brasil, não há um mercado consolidado de dívidas de longo prazo com as características dos financiamentos do BNDES, com o que a oferta de crédito às entidades em geral, com essa característica de longo prazo, normalmente está limitada ao BNDES.

Esse tratamento está alinhado às normas internacionais, mais especificamente os IAS 20 e 37 e com este Pronunciamento.

(b) Mútuos entre partes relacionadas contratados sem encargos financeiros ou com juros diferentes das condições normais de mercado estão sujeitos a AVP?

Resposta – Muitos dos contratos de mútuos entre partes relacionadas não possuem data prevista para vencimento, o que impossibilita o cálculo do AVP. Por exemplo, uma entidade pode ter mútuo a receber de uma investida cuja liquidação não está planejada nem há probabilidade de ocorrer no futuro previsível ou, ainda, o mútuo apresenta movimentações e o vencimento é considerado a qualquer momento (*on demand*), isto é, considera-se que o vencimento é à vista, a critério do credor.

Em outros casos, porém, quando o contrato de mútuo possui data definida de vencimento, a entidade deve, em princípio, ajustar a transação a valor presente. Todavia, surge uma questão a ser considerada, que é o que fazer com a diferença entre o valor presente na data inicial (*fair value*) e o caixa transferido/recebido. Não é adequado que a entidade que concedeu o caixa tenha perda imediata nem que a entidade que tenha recebido o caixa tenha um ganho imediato.

O registro imediato do ganho/perda, discutido nas normas internacionais – IAS 39 (AG 74 a AG 79), apenas deveria ser feito, no reconhecimento inicial da operação, se o valor justo pudesse ser diretamente observável no mercado, em instrumentos similares, ou se a técnica de avaliação utilizada pela entidade utilizasse variáveis que incluíssem somente informações observáveis no mercado, a partir de transações recentes em condições usuais de mercado e entre contrapartes independentes, que conheçam e desejem efetuar a transação.

Portanto, os mútuos entre partes relacionadas contratados sem encargos financeiros ou com juros diferentes das condições normais de mercado não estão sujeitos ao AVP, mas todas as condições devem ser divulgadas em notas explicativas com detalhamento necessário (prazos, juros e demais condições), em atendimento ao Pronunciamento Técnico CPC 05 – Divulgação sobre Partes Relacionadas, a fim de fornecer ao leitor das demonstrações contábeis os elementos informativos suficientes para compreender a magnitude, as características e os efeitos desses tipos de transações sobre a situação financeira e sobre os resultados da entidade. Entretanto, quando uma prática contábil diferente dessa for editada a respeito de ajustes sobre instrumentos financeiros decorrentes de atividades com partes relacionadas, aquela nova prática contábil deve prevalecer.

11. Considerando que o AVP é uma mudança de prática contábil, é necessário efetuar os ajustes de forma retrospectiva para os períodos apresentados?

Resposta – Sim. O reconhecimento do AVP caracteriza-se como uma mudança de prática contábil. Assim, as mudanças de prática contábil deveriam ser consideradas de forma retrospectiva para todos os períodos apresentados, e os ajustes contabilizados na conta de lucros (ou prejuízos) acumulados, líquidos dos efeitos tributários, bem como demonstrados como se tivessem sido contabilizados no início do período mais antigo, o qual está sendo apresentado.

Todavia, há que se considerar, no caso do exercício social iniciado a partir de 1º de janeiro de 2008, o disposto no Pronunciamento Técnico CPC 13 – Adoção Inicial da Lei nº 11.638/07 e da Medida Provisória nº 449/2008.

12. Como se contabilizam a compra e venda de bens a prazo cuja contrapartida requeira o ajuste a valor presente?

No caso de venda, por exemplo, de imóvel a prazo, por valor nominal, sem especificação de juros, após os procedimentos de determinação do ajuste a valor presente deve esse ajuste retificar o ativo realizável e a receita de venda, podendo o ajuste ao ativo realizável ser feito em conta retificadora. Conta essa que deverá ser apropriada como receita financeira até o vencimento.

No comprador o ajuste retifica o custo do ativo imobilizado que deve ser registrado pelo seu valor presente e a retificação do passivo pode também contar com conta redutora a gerar despesa financeira até o vencimento.

Por exemplo, suponha-se uma venda de imóvel por $ 10.000 mil, pago com entrada de $ 4.000 mil em dinheiro e 3 (três) notas promissórias anuais de $ 2.000 mil cada uma, sem juros, efetuada num momento em que a taxa de juros, para o tipo de vendedor e comprador, seja, para ambos, de 18% ao ano (essas taxas podem ser diferentes para eles).

O vendedor, na transação, registra:

D – Caixa	$ 4.000.000	
D – Notas Promissórias a Receber	$ 6.000.000	
C – Juros a Apropriar		$ 1.651.454
C – Receita de Venda de Imóveis		$ 8.348.546

O comprador:

D – Imóveis	$ 8.348.546	
D – Juros a Apropriar	$ 1.651.454	
C – Caixa		$ 4.000.000
C – Notas Promissórias a Pagar		$ 6.000.000

Em ambas as Notas Promissórias aparecerão (em um no seu ativo; no outro, no seu passivo) pelo seu saldo líquido constituído do valor nominal diminuído dos Juros a Apropriar, e esse saldo irá crescendo pela apropriação dos juros ao resultado, até que no vencimento essas contas retificadoras zerem.